AF328894

**ANNALES DE L'INSTITUT DE PHILOSOPHIE
ET DE SCIENCES MORALES**

(UNIVERSITÉ LIBRE DE BRUXELLES)

La collection des *Annales de l'Institut de Philosophie et de Sciences Morales de l'Université libre de Bruxelles* est la lointaine descendante de la revue *Morale et Enseignement* fondée en 1951 sous la direction du professeur Jeanne Croissant-Goedert. De simple liasse de seize à vingt pages agrafées, elle est reliée et dotée d'une couverture à partir des n° 33-34 en 1960. Le n° 64 publié fin 1967 est le dernier de *Morale et Enseignement* proprement dit. La revue revient sous le titre *Annales de l'Institut de Philosophie* et la direction du professeur Chaïm Perelman en 1969. « Morale et Enseignement » apparaît désormais comme une sorte de sous-titre, reconnaissance symbolique du passé, car un éditorial souligne qu'il ne s'agit plus de se limiter à « des problèmes de morale » mais bien de pouvoir « couvrir la totalité du champ de la philosophie ». Les volumes sont annuels et, à partir de 1974, édités par Ch. Perelman et J. Sojcher. En 1979, les *Annales* deviennent thématiques et sont éditées par J. Sojcher et G. Hottois. En 1985, Gilbert Hottois devient le directeur de la collection qui quitte, en 1989, les Éditions de l'Université de Bruxelles pour être désormais publiée chez Vrin. C'est en 1992, avec le titre « H. Arendt et la Modernité », que les *Annales* acquièrent tout à fait leur forme actuelle : celle d'un livre collectif sur un thème ou un auteur traité par des spécialistes internationaux sous la responsabilité scientifique d'un coordinateur. La référence aux anciennes *Annales* n'apparaît plus qu'en pages intérieures. Il demeure cependant que, depuis plus d'un demi-siècle, la série de publications qui va de *Morale et Enseignement* à la collection d'aujourd'hui (dirigée depuis 2017 par Thierry Lenain) constitue un bon témoignage historique de l'activité philosophique à l'Université libre de Bruxelles.

PERSPECTIVISMES MÉTAPHYSIQUES

ANNALES DE L'INSTITUT DE PHILOSOPHIE DE BRUXELLES

Directeur : Thierry LENAIN

PERSPECTIVISMES MÉTAPHYSIQUES

coordination scientifique

Camille Chamois et Didier Debaise

PARIS

LIBRAIRIE PHILOSOPHIQUE J. VRIN

6, place de la Sorbonne, Vᵉ

2023

ISSN 0778-4600
ISBN 978-2-7116-3127-8

www.vrin.fr

INTRODUCTION

Dans un essai influent, le forestier Aldo Leopold affirme qu'une entreprise écologique cohérente implique de « penser comme une montagne ». Cette métaphore suggère la nécessité de comprendre les interactions qui unissent les différentes espèces à leur environnement, tout en anticipant les conséquences de son action au niveau de la communauté biotique dans son ensemble :

> Pour le cerf, [le hurlement du loup] est un rappel du destin de toute chair ; pour le pin, c'est un pronostic de rixes nocturnes et de sang sur la neige ; pour le coyote, c'est une promesse de glanures à venir ; pour le vacher, une menace de découvert à la banque et pour le chasseur c'est un défi, crocs contre poudre. Pourtant, derrière ces espoirs et ces craintes évidentes et immédiates se cache une signification plus profonde, que la montagne est seule à connaître. Seule la montagne a vécu assez longtemps pour écouter objectivement le hurlement du loup [1].

Le caractère métaphorique, voire poétique, du passage ne doit évidemment cacher ni l'urgence des problèmes écologiques auxquels il se réfère, ni la difficulté à en rendre compte dans un système métaphysique cohérent. Si on cherche à prendre au sérieux la connaissance dont témoigne alors le forestier, on ne peut négliger ni son caractère socio-historiquement situé ni sa dimension dynamique de compréhension. Les connaissances éthologiques et écologiques dont témoigne l'auteur sont en effet décrites comme des manières soit d'aborder l'expérience vécue d'autres espèces, soit d'envisager la situation depuis une dimension qui relativise justement l'ancrage anthropocentré initial : on peut donc les envisager soit comme

1. A. Leopold, *Almanach d'un comté des sables* [1949], Paris, GF Flammarion, 2000, p. 168. Nous tenons à remercier Daphné Le Roux pour ses remarques sur des versions antérieures de ce texte ainsi que pour la mise en page intégrale du présent document.

des capacités d'endosser d'autres perspectives que la sienne propre soit comme une ascension objectivante qui conduit à désubjectiver tendanciellement une perspective initiale. Cette reformulation de la scène de Leopold en termes de « perspective » permet de cerner directement un certain nombre de difficultés théoriques qui traversent les discussions contemporaines concernant les métaphysiques dites « perspectivistes » dont cet ouvrage cherche à faire état.

La situation décrite par Aldo Leopold conduit premièrement à s'interroger sur les enjeux épistémiques qui entourent la notion de perspectivisme. On le sait, une interprétation courante du perspectivisme l'envisage comme un effort pour relativiser la portée épistémique d'une affirmation en l'indexant à une position, par nature partielle ou partiale. Une telle relativisation peut alors éventuellement être généralisée dans le cadre d'une critique sceptique adressée à toute prétention à vouloir énoncer quoi que ce soit sur la réalité. Pour autant, cette assimilation du perspectivisme au relativisme a été maintes fois contestée[1] ; et, de fait, si on accepte la lecture « perspectiviste » de la situation de Leopold, celle-ci nous entraîne dans une démarche épistémique qui n'a rien à voir avec un relativisme plat. *L'Almanach d'un comté des sables* ne décrit pas la simple « juxtaposition » statique du point de vue du forestier et de celui des différents animaux de la forêt, mais le processus au sein duquel celui-ci est engagé afin de comprendre le fonctionnement systémique d'un écosystème et l'expérience vécue de chacune de ses espèces. Or, cette dynamique, loin de conduire à un relativisme sceptique, semble plutôt être une condition pour l'accès à une position (plus) objective. Si on accepte de prendre au sérieux cette question, plusieurs problématiques centrales pour toute définition du perspectivisme s'ouvrent alors. D'abord, quels sont les liens entre « perspectivisme » et « pragmatisme » ? Les deux traditions semblent refuser d'envisager la connaissance comme un « point de vue de nulle part », selon l'expression influente de Thomas Nagel. Mais alors à quelle théorie de la vérité renvoie-t-on ? Et dans quelle mesure celle-ci est-elle susceptible de rendre compte, concrètement, de l'historicité des pratiques et des théories scientifiques ? Ensuite, quel est l'opérateur de pluralisation des perspectives ? Un biais inhérent à la métaphore visuelle de la perspective consiste à penser la pluralité sur un modèle spatial. Toute une tradition phénoménologique a ainsi soutenu que « la maison elle-même

---

1. Pour une version récente de la critique : E. Alloa, *Partages de la perspective*, Paris, Fayard, 2020.

n'est pas la maison vue de nulle part, mais la maison vue de toutes parts »[1]. Mais ce faisant, ne perd-on pas toute la portée dynamique de la formation et du maintien d'une perspective? Jusqu'où la métaphore visuelle est-elle alors heuristique? Symétriquement, à quelle théorie temporelle un perspectivisme processuel peut-il se rapporter? Enfin, jusqu'où faut-il assimiler perspectivisme et objectivisme? Dans le champ de la philosophie des sciences, Michela Massimi a en effet défendu une approche réaliste du perspectivisme, qui reconnaît l'origine anthropologique de la connaissance sans pour autant en conclure à un « constructivisme des faits »[2]. La variation des perspectives est alors conçue comme une variation des gabarits épistémiques susceptibles de rendre compte d'un phénomène quelconque. En ce sens, loin d'assimiler perspectivisme et relativisme, tout un courant théorique cherche à faire de la variation de perspectives une condition de l'objectivité, affirmant que « plus nous savons nous donner d'yeux, d'yeux différents pour cette même chose, et plus notre "concept" de cette chose, notre "objectivité" seront complets »[3]. Mais l'alternative entre relativisme et objectivisme est-elle justifiée?

L'extrait de Leopold permet d'interroger un second plan, qui travaille en profondeur les modèles dits perspectivistes : à savoir, quel sens faut-il attribuer à l'idée selon laquelle « pour le pin, [le hurlement du loup] est un pronostic de rixes nocturnes »[4]? La formule peut là aussi sembler essentiellement poétique. Pourtant, elle n'en permet pas moins d'aborder une problématique qui travaille nombre de modèles métaphysiques dans un régime proprement spéculatif : jusqu'où peut-on étendre la notion de « point de vue » au-delà de la sphère de l'humanité? Si le perspectivisme consiste à « faire de tout être une subjectivité »[5], tout l'enjeu est alors de s'entendre sur la notion de « point de vue » à même d'en rendre compte. Ainsi, dans le champ des « ontologies-orientées-objet » (OOO), on assiste à une extension maximaliste de la notion d'intentionnalité appliquée au-delà de la sphère du vivant en tant que tel. Un exemple, avancé par Graham Harman, joue à cet égard un rôle paradigmatique :

1. M. Merleau-Ponty, *Phénoménologie de la perception*, Paris, Gallimard, 1945, p. 83

2. M. Massimi et C. D. McCoy (eds), *Understanding Perspectivism. Scientific Challenges and Methodological Prospects*, New York-London, Routledge, 2020.

3. F. Nietzsche, *La Généalogie de la morale*, III, § 12, trad. fr P. Wotling, Paris, Le Livre de Poche, 2000, p. 213.

4. A. Leopold, *Almanach d'un comté des sables*, *op. cit.*, p. 168.

5. D. Debaise, « L'univers perspectiviste. Nature et subjectivité dans la métaphysique contemporaine », dans E. Alloa et É. During (éd.), *Choses en soi. Métaphysique du réalisme*, Paris, P.U.F., 2018, p. 500.

> Lorsque le feu brûle le coton, il entre en contact uniquement avec le caractère inflammable de ce matériau. Selon toute vraisemblance, le feu n'interagit pas du tout avec l'odeur ou la couleur du coton qui n'ont de pertinence que pour des créatures munies d'organes sensoriels. [...] L'être du coton se soustrait aux flammes quand bien même il serait consumé et détruit par elles. L'être-coton est caché non seulement aux phénoménologues et aux ouvriers du textile, mais aussi à toutes les entités qui ont des contacts avec lui[1].

À ce niveau, c'est le recoupement éventuel entre les notions de « point de vue » et de « qualia » qui est en question, c'est-à-dire entre les modèles perspectiviste et panpsychiste. La difficulté à laquelle les tenants de l'OOO se voient confrontés concerne alors la définition exacte de la notion de « relation » qu'ils mobilisent. L'objection immédiate à laquelle les partisans de ce modèle sont régulièrement confrontés a été clairement formulée par Steven Shaviro :

> Jusqu'où peut-on légitimement poser la question de « l'effet que cela fait » ? Est-ce que le homard a une expérience intérieure et qualitative ? Est-ce que l'arbre en a ? Combien de personnes non-minérales seraient d'accord avec Rudy Rucker pour dire que cela a un sens de se demander « l'effet que cela fait » d'être une pierre[2] ?

Reste que le caractère non-intuitif d'une extension maximale de la notion de « point de vue » ne constitue probablement pas un argument définitif. La difficulté théorique qui consiste à préciser le statut ontologique des « épisodes internes » (qu'on les appelle « pensées », « expériences » ou « qualia ») a été relevée à de nombreuses reprises[3]. La réponse éliminativiste consiste à dénier aux expériences mentales tout statut ontologique particulier pour les reconduire à des états matériels[4]. Ray Brassier a récemment transposé cette approche dans le champ de la métaphysique continentale, en appelant à abandonner toutes les notions qui ne renvoient pas ultimement à un matérialisme strict (comme la pensée, la vie, l'expérience, etc.)[5]. Or, si on les envisage par rapport à cette prémisse, les positions « perspectivistes » se présentent comme une alternative

---

1. G. Harman, *L'objet quadruple. Une métaphysique des choses après Heidegger*, trad. fr. O. Dubouclez, Paris, France, P.U.F., 2010, p. 53-54.

2. S. Shaviro, « Consequences of panpsychism », *in* R. Grussin (ed.), *The nonhuman turn*, Minneapolis (MN), University of Minnesota, 2015, p. 19-44.

3. V. S. Ramachandran, *The Tell-Tale Brain*, New York, W. W. Norton, 2011, p. 248.

4. P. M. Churchland, *Matière et conscience* [1984], Champ Vallon, Seyssel, 1998, p. 44-45.

5. R. Brassier, *Le néant déchaîné. Lumières et extinction*, Paris, P.U.F., 2017.

cohérente au matérialisme éliminativiste. En effet, en développant une lignée anti-réductionniste (qui affirme donc que les états mentaux ne peuvent être correctement dérivés des propriétés de la matière inerte) et anti-émergentiste (qui stipule que les propriétés des êtres vivants et conscients ne peuvent jaillir de manière inintelligible du monde inerte), on en vient à affirmer l'existence de « points de vue » inhérents à la matière même. Ainsi, Thomas Nagel « postule les propriétés protopsychiques de la matière seulement parce qu'on en a besoin pour expliquer l'apparition de la conscience à des niveaux supérieurs de complexité organique »[1].

Ces deux groupes de remarques n'ont de valeur qu'introductive et n'épuisent évidemment pas la grande diversité qui entoure aujourd'hui l'utilisation des notions de « perspective » et de « perspectivisme » dans le champ métaphysique contemporain. En effet, outre les références déjà évoquées, une série de travaux s'est récemment intéressée à la notion de perspectivisme, que ce soit dans le champ de l'histoire de la philosophie[2], ou dans ses rapports à l'anthropologie[3]. Le but de cet ouvrage n'est ainsi pas de réduire la diversité des approches proposées mais d'en souligner la richesse et l'actualité : les diverses contributions tentent ainsi de couvrir un spectre large – bien qu'évidemment non-exhaustif – tant par ses références historiques que par ses domaines d'application.

Si le concept de « perspective » s'avérait n'être qu'un synonyme vague de « jugement » ou d'« opinion », la doctrine perspectiviste ne s'en trouverait-elle pas par là même profondément limitée ? C'est la thèse forte qu'avance Mathias Gibert dans « Pourquoi la perspective ? Le problème des origines du perspectivisme ». Afin d'éviter une telle assimilation entre les notions de « perspective » et d'« opinion », l'auteur propose de revenir sur le dispositif *pictural* de la perspective : le but de cette approche généalogique est de cerner la spécificité d'un tel dispositif par rapport à la problématique épistémique en général, et d'en retracer le sens et l'influence sur l'histoire de la métaphysique. Partant d'une critique de l'analyse panofskienne, Mathias Gibert prolonge une lecture avancée par Daniel Arasse selon laquelle la perspective moderne ne figure pas tant un

---

1. T. Nagel, *L'esprit et le cosmos. Pourquoi la conception matérialiste néo-darwinienne de la nature est très probablement fausse*, Paris, Vrin, 2018, p. 94.

2. Voir notamment B. Timmermans (éd.), *Perspective. Leibniz, Whitehead, Deleuze*, Paris, Vrin, 2006 ; Q. Landenne (éd.), *Philosopher en points de vue. Histoire des perspectivismes philosophiques*, Bruxelles, Presses de l'Université Saint-Louis de Bruxelles, 2020.

3. Voir les contributions d'Eduardo Viveiros de Castro, Baptiste Gille et Patrice Maniglier dans E. Alloa et É. During (éd.), *Choses en soi, op. cit.*, p. 429-478. Ainsi que É. Bimbenet, *L'invention du réalisme*, Paris, Cerf, 2015.

espace rationnel que l'advenue d'un infini divin dans un espace fini et humain. Cette lecture, qui provient donc de l'histoire de l'art, est alors articulée à une analyse qui relève spécifiquement de l'histoire de la philosophie : à savoir que ce motif résonne avec la pensée contemporaine de Nicolas de Cues que l'auteur présente alors. Il en résulte une approche résolument non-subjectiviste et non-relativiste qui fait du motif de l'enveloppement de l'infini dans le fini le trait distinctif d'une définition « forte » du perspectivisme.

Dans « Le perspectivisme immanentiste », Pierre Montebello prend acte de la diversité des acceptions possibles de la notion de perspectivisme, que ce soit dans le champ de la philosophie ou dans certaines disciplines connexes (l'éthologie et l'ethnologie notamment). Selon l'auteur, cette multiplicité est préjudiciable car elle conduit à perdre de vue ce qui fait la spécificité d'une tradition perspectiviste dans la philosophie occidentale, à savoir la prise en charge de l'idée d'infini en acte. Ce motif répond d'abord à une exigence théologique : à savoir la difficulté rencontrée par les penseurs médiévaux d'appliquer à Dieu une théorie aristotélicienne de l'infini entendue comme strictement quantitative ou uniquement en puissance. Pierre Montebello retrace alors l'irruption de ce motif, chez Duns Scot et Nicolas de Cues notamment; puis en souligne l'importance, tant chez Spinoza que chez Leibniz ou Nietzsche. L'auteur souligne alors l'importance de ce modèle pour la philosophie occidentale de la nature et laisse entrevoir sur cette base les possibilités d'une approche comparative avec certains modèles non-occidentaux rapportés par l'ethnologie.

Arnaud Pelletier retrace un héritage ambivalent de la théorie leibnizienne dans « Ouvrir les monades ? Retour sur ce qui fait perspective selon Leibniz ». D'une part, l'idée selon laquelle on peut étendre la notion de « point de vue » aux choses les plus infimes de la nature a été reprise et revendiquée à de nombreuses reprises. D'autre part, l'idée selon laquelle les monades « n'ont point de fenêtres » a reçu une série de critiques unanimes. Arnaud Pelletier restitue l'histoire d'une telle réception critique, dans son ascendance française (d'Émile Boutroux à Bruno Latour) et allemande (d'Eduard Dillmann à Martin Heidegger). Afin de clarifier cette question, l'auteur distingue deux sens de la notion d'harmonie chez Leibniz : il montre notamment que cette notion concerne essentiellement l'union d'une monade et d'un corps propre associé, plutôt que l'accommodement des êtres compossibles dans un monde. Arnaud Pelletier montre également en quel sens le motif du « meilleur des mondes possibles » comme la théorie des sections coniques ont pu orienter les commentateurs vers de fausses pistes : contre l'idée selon laquelle les substances exprimeraient un monde qui leur préexiste, l'auteur défend alors une théorie fine du perspectivisme où les perspectives font l'exprimé.

Dans « D'un perspectivisme monadologique à un universalisme pluriel », Martine de Gaudemar situe la spécificité du perspectivisme par rapport à deux modèles contraires : d'une part, un dogmatisme qui absolutise un point de vue unique ; d'autre part, un relativisme cynique qui nie toute valeur de vérité aux différents points de vue envisagés. À mi-chemin entre ces deux opposés, Martine de Gaudemar en appelle à un « perspectivisme » à la fois théorique et méthodologique : l'ontologie perspectiviste consiste à définir les êtres comme des points de vue singuliers ; et la méthode perspectiviste consiste à multiplier les points de vue sur une même réalité. Pour en rendre compte, elle s'appuie sur la métaphore musicale de la « chorale » qui s'exprime à travers une mélodie dominante sans pour autant comporter d'accord terminal. Ces éclairages permettent alors d'ouvrir les propositions leibniziennes à certaines préoccupations majeures de la philosophie contemporaine – qu'il s'agisse du problème de la hiérarchie culturelle ou du statut attribué aux vivants.

Antoine Daratos propose une lecture de l'œuvre de la maturité de Nietzsche, envisagée à partir de la catégorie de « mouvement » dans « "Monter, grimper, voler". Perspective et mouvement chez Nietzsche ». Cette lecture permet à l'auteur d'articuler deux dimensions hétérogènes. D'une part, en tant que système d'interprétation du monde, le perspectivisme nietzschéen conduit à redéfinir toute perspective comme active, agonistique et événementielle – ces trois caractéristiques étant synthétisées par l'idée de « mouvement ». D'autre part, en tant que pratique philosophique, le perspectivisme de Nietzsche peut être pensé comme une démarche de transformation de ses propres valeurs et de ses propres grilles d'interprétation : en prenant en compte les conditions concrètes de l'existence en général, et de la pensée en particulier, la pratique philosophique est alors envisagée comme un effort de transformation des conditions de l'expérience. Le schème du « changement de perspective » ou de la « perspective en mouvement » permet ainsi à Antoine Daratos de réunifier des dimensions de l'œuvre nietzschéenne qu'on présente souvent de manière isolée afin d'en souligner la cohérence profonde.

Dans « "Une école un peu secrète". Une thèse comparatiste sur les perspectivismes de Leibniz, Nietzsche, Whitehead et Deleuze », Dorian Astor cherche à rendre compte d'une affirmation deleuzienne, à la fois célèbre et sous-déterminée : à savoir l'existence d'une histoire cachée du perspectivisme en Occident, dont les noms propres seraient Leibniz, Nietzsche et Whitehead. À deux reprises, Deleuze cherche en effet à élaborer un concept de « synthèse disjonctive » en comparant les approches de Leibniz, d'une part, de Nietzsche et Whitehead, d'autre part. Dorian Astor reconstitue alors les étapes de ce raisonnement : d'un côté, la notion de point de vue est progressivement dégagée de toute définition solipsiste ou idéaliste par une insistance sur l'interaction entretenue avec le monde (ce qu'il nomme le pôle « empiriste » de la définition); de l'autre, l'interaction entre perspectives hétérogènes n'est rabattue ni sur une perspective transcendante ni sur une simple juxtaposition relativiste. L'auteur dégage ainsi les racines théoriques d'une « chaosmopolitique » qu'il voit à l'œuvre chez certains anthropologues contemporains (en l'occurrence, essentiellement Bruno Latour, Philippe Descola et Eduardo Viveiros de Castro).

Existe-t-il une théorie spécifiquement deleuzienne du perspectivisme ? C'est cette question que nous posons dans notre propre contribution intitulée « Se rendre sensible. Une théorie participative de l'apprentissage ». Pour ce faire, nous proposons d'articuler la théorie des mondes possibles hétérogènes, sur laquelle repose la théorie deleuzienne d'Autrui, et la figure de l'apprentissage transcendantal, promue par Deleuze au rang d'image de la pensée. Cette articulation conduit à appréhender l'apprentissage comme une manière de se rendre sensible aux signes émis par autrui, selon un modèle que Deleuze nomme « explication », « enveloppement » ou « participation ». L'article cherche alors à décrire les modalités d'une telle interaction, en montrant l'originalité de la théorie de la « participation » ainsi entendue par rapport à d'autres figures relationnelles (imitation, projection, simulation…).

Dans « Relations perspectivistes et entrelacement des vivants », Arnauld Rochereau explore l'intérêt d'une articulation entre la théorie perspectiviste – entendue ici surtout dans son ascendance deleuzienne – et certains travaux de biologie contemporaine. Plus précisément, il s'agit de faire droit aux analyses récentes des phénomènes de symbiose ou de coévolution afin de donner un cadre conceptuel satisfaisant à la notion d'« holobionte » que la microbiologiste Lynn Margulis a avancé pour désigner les interactions entre un organisme et les micro-organismes qu'il héberge. L'argument central de l'auteur est que la notion de « perspectivisme » peut alors s'avérer heuristique si elle est appréhendée, d'une part, au niveau pré-individuel des composantes qui constituent l'organisme et, d'autre part, à partir des dynamiques relationnelles qui les transforment. Arnauld Rochereau s'appuie alors à la fois sur l'analyse de l'« individuation » chez Gilbert Simondon et sur la théorie du « devenir » de Deleuze et Guattari pour décrire ces phénomènes de coadaptation dynamique.

Les modèles perspectivistes recoupent-ils la théorie des savoirs situés ? Dans « Épaissir le perspectivisme scientifique. De Donald Giere à Donna Haraway », Thibault De Meyer propose une comparaison entre le « réalisme perspectiviste » défendu par Giere et la théorie des « savoirs situés » avancée par Haraway. Giere a en effet lui-même affirmé la proximité entre son modèle et celui des savoirs situés. À rebours d'une telle déclaration, Thibault De Meyer montre au contraire ce qui sépare irréductiblement ces deux approches : il souligne ainsi que la première se focalise essentiellement sur des perspectives existantes, dont on décrit alors la partialité ou la compatibilité avec d'autres points de vue alternatifs, alors que la seconde étudie des perspectives en devenir, dont on décrit la constitution ou le maintien dans le temps. Il en résulte une série de déplacements fondamentaux concernant les conditions sociales de la pratique scientifique ou la redéfinition pragmatique d'une perspective entendue, non plus comme une simple vision passive, mais bien comme une action sur le monde. Ce faisant, l'auteur cherche à redonner à la notion de perspective l'« épaisseur » nécessaire pour faire jouer ce concept dans le champ de l'histoire des sciences.

Dans « Ébauche d'une descente à la poursuite des champs phénouménologiques », Gabriel Catren propose une critique de la conception « invariantiste » de la vérité : il entend par là l'idée selon laquelle la compréhension scientifique d'un phénomène ne consiste qu'à saisir ce qui se soustrait à la variation des points de vue sur ce phénomène. Un des arguments avancés par l'auteur contre ce modèle est qu'un invariant ne peut être envisagé comme tel que par rapport à un « type transcendantal » donné. Pour complexifier cette approche, Gabriel Catren propose alors de rendre compte d'un « espace transcendantal », c'est-à-dire l'espace topologique constitué par une diversité de subjectivités possibles, chacune étant assimilable à une « perspective » particulière. En situant ces analyses dans le cadre d'une discussion de la théorie des faisceaux, l'auteur thématise alors des phénomènes d'intégration de perspectives partiellement coïncidentes, sur le modèle de la disparation visuelle. Ce faisant, il articule une analyse rigoureuse de la vérité scientifique et une prise en compte du caractère à la fois situé et changeant des points de vue qui y prétendent.

Comment réagir face à un conflit explicite où personne ne semble avoir tort ? Dans « Le problème des conflits perspectifs et sa revanche », Alexandre Billon aborde le perspectivisme de manière épistémique à partir de la question des conflits sans faute apparente – c'est-à-dire des conflits manifestes où chacun des contrevenants semble avoir raison. L'auteur commence par distinguer les conflits qui dépendent du contexte d'énonciation des conflits de « perspective » à proprement parler : dans chaque cas, il s'agit de s'interroger sur le type d'ontologie susceptible de rendre compte de cette conflictualité. Alexandre Billon distingue alors le « perspectivisme » au sens strict – entendu comme une pluralité de perspectives sur un monde unifié – du « polycosmisme » et du « fragmentalisme », qu'on peut respectivement envisager comme des manières de se rapporter à un monde intrinsèquement pluriel ou constitué de plusieurs fragments. Pour rendre compte de ces phénomènes, l'auteur plaide alors pour une épistémologie subjectiviste : celle-ci est considérée comme la seule en mesure de prendre en charge l'importance du « contact » comme principe de légitimation de nos jugements, et de l'« ascension objective » comme modalité de prise de recul par rapport au conflit.

Camille CHAMOIS
Université libre de Bruxelles / FNRS

POURQUOI LA PERSPECTIVE ?
LE PROBLÈME DES ORIGINES DU PERSPECTIVISME

> *Qu'est-ce donc que peindre, si ce n'est*
> *embrasser avec art la surface d'une fontaine* [1] *?*

« L'ÉLÉMENT PERSPECTIF »

Le sens philosophique du « perspectivisme » n'existe pas avant la publication des œuvres de Nietzsche[2]. Son institution en France date du *Dictionnaire* de Lalande qui le définit chez Nietzsche comme : « le fait que toute connaissance est perspective, c'est-à-dire relative aux besoins et spécialement aux besoins vitaux, de l'être qui connaît »[3]. Elle est donc inséparable de la première réception de son auteur[4]. En revanche, l'expression *das Perspektivische,* que l'on peut traduire par « l'élément ou le caractère "perspectiviste" ou "perspectif"[5] de quelque chose », apparaît

---

1. L. B. Alberti, *La peinture,* trad. fr. T. Golsenne et B. Prévost, revue Y. Hersant, Paris, Seuil, 2004, II, 26, p. 101.

2. F. Nietzsche, *Le Gai Savoir* [1886], V, § 354, trad. fr. P. Wotling, dans *Œuvres*, Paris, Flammarion, 2001, p. 270.

3. A. Lalande, *Vocabulaire technique et critique de la philosophie*, Paris, P.U.F., 1988, p. 762-763.

4. R. Berthelot, *Un romantisme utilitaire. Étude sur le mouvement pragmatiste*, t. I : *Le pragmatisme chez Nietzsche et chez Poincaré,* Paris, Félix Alcan, 1911, chap. premier : « Le perspectivisme de Nietzsche », p. 33-81.

5. « Perspectif » est attesté au moins depuis le XVIe siècle, alors que « perspectiviste » est un néologisme moins clair et plus récent.

souvent chez lui à partir des années 1883-1885[1], suite à la lecture de Teichmüller, qui distinguait le « monde vrai » de la science[2], du « monde apparent », illusoire et donc perspectif, du sensible. Or Nietzche, refusant un tel partage, défend au contraire un « phénoménalisme authentique »[3] qui est précisément le « perspectivisme tel qu'[il] le comprend »[4] : le monde de la vérité n'est qu'une « fable »[5], « toute vie repose sur apparence, art, illusion, optique, nécessité du perspectivisme et de l'erreur »[6], c'est-à-dire sur la nécessité vitale d'un « perspectivisme du monde »[7] qui « abolit »[8] dans son « apparaître » le monde platonicien des « apparences » et le monde kantien des « phénomènes ».

Toutefois, l'auteur de *Par-delà bien et mal* aurait sans doute été surpris de savoir qu'il était « perspectiviste », si on entend par là que sa pensée, sa « thèse »[9] de la volonté de puissance, est une « perspective » équivalente à d'autres. C'est le paradoxe de l'auto-référentialité qu'objectait déjà Socrate à Protagoras, inhérent à tout relativisme vulgaire : pourquoi le relativisme ne serait-il pas lui-même relatif ? Cela dit, nous défendrons qu'une compréhension adéquate du perspectivisme ne peut le réduire à la bêtise du relativisme vulgaire. Mais comment en sortir ?

Notre fil d'Ariane est d'interroger l'idée de *perspective*, au-delà de la trivialité qui l'identifie à une représentation ou à un jugement subjectif, c'est-à-dire à son sens *faible*. *Perspectiva* est la traduction de Boèce d'*optikē*[10]. De façon générale, elle désigne un « voir au travers »[1],

---

1. E. Salanskis, « Le perspectivisme de Nietzsche : philosophie de la réalité, méthode de travail », dans Q. Landenne (dir.), *Philosopher en points de vue. Histoire des perspectivismes philosophiques*, Bruxelles, Université de Saint-Louis, 2020, p. 227 *sq.*

2. G. Teichmüller, *Die wirkliche und die scheinbare Welt. Neue Grundlegung der Metaphysik,* Breslau, Verlag von Wilhelm Koebner, 1882, p. XX : la vision des étoiles n'est pas « l'essence de la chose » mais « la simple perspective accompagnant le phénomène [*bloss die perspectivischen begleitenden Erscheinungen*]. »

3. F. Nietzsche, *Le Gai Savoir,* V, § 354, *op. cit.*, p. 270.

4. *Ibid.*

5. *Id.*, *Le crépuscule des idoles*, trad. fr. H. Albert, dans *Œuvres*, Paris, Flammarion, 2001, p. 1045.

6. *Id.*, « Essai d'autocritique », § 5, trad. fr. J. Marnold et J. Morland, dans *Œuvres*, Paris, Robert Laffont, 1993, p. 29.

7. *Id.*, *Fragments posthumes, automne 1884-automne 1885*, trad. fr. M. Haar et M. B. de Launay, dans *Œuvres philosophiques complètes*, t. XI, Paris, Gallimard, 1982, 40 [39], p. 385.

8. *Id.*, *Le crépuscule des idoles, op. cit.*, p. 1047.

9. *Id.*, *Par-delà bien et mal*, § 36, trad. fr. P. Wotling, dans *Œuvres*, Paris, Flammarion, 2001, p. 662.

10. Boèce, *Posterium analyticorum Aristotelis interpretatio*, 1,7.

une « vision claire » qui renvoie en effet à un examen plus approfondi que la simple vision[2]. Dès lors, une définition philosophique *forte* en est-elle possible ? Par-là, nous entendons un concept qui ne se limiterait pas à l'*équivocité* de son usage ordinaire comme opinion ou représentation subjective, dont l'extension dans le relativisme correspond au sens faible que nous écartons. À quoi bon, en effet, parler de perspectivisme, si nous pouvons substituer au concept flou de « perspective » une notion plus claire comme celle de jugement, de perception ou d'opinion ?

Il s'agirait donc de savoir s'il existe quelque chose comme un concept philosophique de perspectivisme dont le sens tendrait vers l'*univocité*, concept qui ne serait pas indépendant des usages du dispositif de la perspective dans son histoire. D'un point de vue heuristique, ce n'est donc pas le perspectivisme que l'on devrait réduire à un relativisme vulgaire, mais plutôt le relativisme vulgaire qui serait en réalité un perspectivisme faible, c'est-à-dire inconsistant et dévoyé. En outre, ce sens faible masque ce que pouvait vouloir dire « point de vue » ou « perspective » comme « vérité d'une variation »[3] chez des penseurs antérieurs à l'usage ordinaire, relativement récent. Or, l'hypothèse que nous souhaitons esquisser est que l'idée de perspectivisme n'est pas une extension narcissique de la « forme-sujet »[4] de l'idéalisme moderne ou « sa réalisation la plus achevée »[5], car le concept de « perspective » qu'il enveloppe *n'est pas* celui de l'usage ordinaire.

Voilà pourquoi il est nécessaire de savoir si l'on peut mettre fin au contresens subjectiviste qui le hante ou si le perspectivisme est un concept équivoque que l'on doit abandonner à ses usages techniques, en assumant avec Davidson que l'idée de « point de vue » n'a aucun sens[6]. Nous avons donc besoin d'une enquête sur les *origines* du perspectivisme, avant de pouvoir penser le sens de cette idée dans l'histoire de la philosophie.

---

1. A. Dürer dira *Durchsehung* « vision traversante », voir E. Panofsky, *La perspective comme forme symbolique*, Paris, Éditions de Minuit, 1975, p. 37.

2. A. Ernout et A. Meillet, *Dictionnaire étymologique de la langue latine*, Paris, Klincksieck, 2001, entrée « Speciō » : perspiciō, « percevoir en profondeur », « voir avec clarté » ; *cf.* La racine *spek** : lat. *inspectio, speculatio* ; gr. *skopéō, sképtomai*, « *voir, regarder, réfléchir, examiner, juger* ».

3. G. Deleuze, *Le pli. Leibniz et le baroque*, Paris, Éditions de Minuit, 1988, p. 27.

4. A. Jappe, *La société autophage*, Paris, La Découverte, 2007, chap. premier, p. 13-62.

5. I. Thomas-Fogiel, *Le lieu de l'universel*, Paris, Seuil, 2015, p. 20.

6. Voir la critique de la « métaphore dominante du relativisme conceptuel » (*dominant metaphor of conceptual relativism*), à savoir celle de la « différence des points de vues » (*differing points of view*), dans D. Davidson, *Inquiries into Truth and Interpretation*, Oxford, Clarendon Press, 1986, p. 183 *sq.*

Aussi, quel rapport l'idée philosophique de perspectivisme entretient-elle avec l'histoire de la perspective, et en retour, l'histoire de la perspective avec celle de la subjectivité?

Par ailleurs, il est souvent admis que le dispositif albertien serait devenu le « paradigme »[1] de la représentation, sa « forme constitutive »[2] ou sa « valeur réalisante »[3], par la définition du tableau comme « intersection » de la pyramide visuelle[4] avec un plan à projection centrale[5] au moyen de quoi il apparaît comme une « fenêtre ouverte »[6] simulant les conditions naturelles de la vision. Or, ce dispositif, en produisant « une conception ordonnée de l'objet », aurait permis « la transformation du monde en représentation »[7]; d'où « l'impasse » du réalisme contemporain qui chercherait à le dépasser, en raison d'une « impossible rétrocession »[8] en deçà de son modèle corrélationnel. Ainsi, sans pouvoir renoncer au registre métaphorique, nous allons maintenir le sens du perspectivisme en contact avec l'histoire de la perspective, tout en cherchant à dépasser le subjectivisme qui culmine dans le relativisme vulgaire. Notre but est de comprendre pourquoi, dans ce « maëlstrom de la métaphore »[9], la perspective a pu produire l'idée de « perspectivisme », autrement dit, si ce concept veut vraiment dire quelque chose. Nous partirons donc de l'une des premières interprétations philosophiques de l'invention de ce dispositif chez Panofsky.

SCHÈME ET SYMBOLE

Nous ne pouvons décrire que rapidement le contenu philosophique de cette interprétation érudite de la perspective comme « forme symbolique »[10]. Une de ses idées les plus fortes est de montrer que la rationalisation de la représentation par le dispositif de la *perspectiva artificialis* à la

---

1. H. Damisch, *L'origine de la perspective*, Paris, Flammarion, 1987, p. 47 *sq.*
2. M. Hagelstein, *Origine et survivance des symboles*, Hidelsteim, Olms, 2014, p. 202.
3. E. Alloa, « Réaliser. Pourquoi le perspectivisme n'est pas un relativisme », dans E. Alloa, É. During, *Choses en soi. Métaphysique du réalisme*, Paris, P.U.F., 2017, p. 149-163.
4. L. B. Alberti, *La peinture*, I, 13, *op. cit.*, p. 71.
5. J. White, *Naissance et renaissance de l'espace pictural*, Paris, Adam Biro, 2003, chap. VII, p. 117 *sq.*
6. L. B. Alberti, *La peinture*, I, 19, *op. cit.*, p. 82-83.
7. I. Thomas-Fogiel, *Le lieu de l'universel*, *op. cit.*, p. 14-16.
8. *Ibid.*, p. 365 *sq.*
9. J. Elkins, *The poetics of perspective*, *op. cit.*, chap. premier, p. 1-44.
10. E. Panofsky, *La perspective comme forme symbolique*, *op. cit.*, p. 78-79.

Renaissance aurait anticipé en tant que forme symbolique les conceptions modernes de l'espace infini et l'idée d'une activité transcendantale de la subjectivité, donnant forme aux impressions sensibles. La perspective aurait offert une vision de l'espace « que le cartésianisme devait plus tard rationaliser et le kantisme formaliser »[1]. Elle n'est pas une vérité optique, faisant l'objet d'une « reconnaissance spontanée et peut-être innée »[2], qui eût été investie par le génie solitaire de la peinture occidentale, mais plutôt une « information poétique du monde »[3] qui annonce la science moderne et l'idéalisme kantien. Dès lors, si la perspective antique peut être « mise en parallèle »[4] avec le scepticisme, la fonction de la perspective moderne « pourrait se comparer à celle du criticisme »[5] comme dispositif d' « objectivation du subjectif »[6].

La perspective serait donc la synthèse d'un double mouvement : l'intériorisation des données de la vision et l'extériorisation de la puissance de l'esprit au sens où

> toutes les fonctions synthétiques *a priori* de l'esprit opèrent par et dans des symboles, c'est-à-dire des formes sensibles (signes, images) « mettant en scène » le contenu spirituel en tant que sens représenté[7].

Panofsky paraît reprendre le concept de forme symbolique, qui désigne chez Cassirer « toute énergie de l'esprit par laquelle une signification spirituelle est attachée à un signe sensible concret et intimement appropriée à ce signe »[8], pour rendre raison de sa fonction « schématique » dans l'histoire de la culture. La perspective serait donc une sorte d'*a priori* historique du « régime scopique de la modernité »[9] qui culminera dans la représentation classique au sens où : « le rapport de l'œil au monde est en réalité un rapport de l'âme au monde de l'œil »[10]. Effectivement, dans la *Dioptrique*,

1. *Ibid.*, p. 159.

2. A. Danto, *L'assujettissement philosophique de l'art*, Paris, Seuil, 1993, p. 121.

3. M. Merleau-Ponty, *L'Œil et l'Esprit*, Paris, Gallimard, 1994, p. 51.

4. E. Panofsky, *La perspective comme forme symbolique*, *op. cit.*, p. 159.

5. *Ibid.*

6. *Ibid.*

7. A. Stanguennec, « Néokantisme et hégélianisme chez Ernst Cassirer » dans J. Seidengart (dir.), *Ernst Cassirer. De Marbourg à New York*, Paris, Cerf, 1990, p. 79.

8. E. Cassirer, « Der Begriff der symbolischen Form im Aufbau der Geisteswissenschaften », in *Wesen und Wirkung des Symbolsbegriff, Wissenschaftliche Buchgesellschaft* [1823], Darmstadt, Wissenschaftliche Buchgesellschaft, 1976, p. 175, cité dans P. Quillet, *Ernst Cassirer,* Paris, Ellipses, 2001, p. 13.

9. M. Jay, « Les régimes scopiques de la modernité », *Réseaux* 61/5, 1993, p. 99-112.

10. E. Panofsky, *La perspective comme forme symbolique*, *op. cit.*, p. 185.

Descartes affirme que « ce n'est pas l'œil, c'est l'âme qui voit »[1] ; de même pour Kant, « c'est de la représentation et d'elle seulement que je puis dire qu'à travers elle (*dadurch irgend*) je pense quelque chose »[2].

Toutefois, la thèse panofksienne, si séduisante, comporte deux limites : son anachronisme et sa téléologie[3]. Didi-Huberman a analysé en détail les raisons de cette projection du criticisme trois siècles avant lui : face à l'iconologie nietzschéenne de Warburg marquée par l'« impureté du temps »[4], la « survivance » (*Nachleben*) et « l'image-*pathos* »[5], Panofsky réécrit sa « *Kunstgeschichte* comme une *histoire d'exorcismes*, de garde-fous et de mises à distance raisonnables »[6], au moyen des « mots magiques »[7] qui structurent le « ton kantien »[8] de ses interprétations. En outre, si la validité de sa thèse est aujourd'hui contestée, l'interprétation panofskiennne pourrait avoir une conséquence inattendue : tout d'abord, chez Cassirer, la perspective n'est pas une forme symbolique comme le sont le langage, les mythes ou la connaissance, et Panofsky, contre la lecture cassirérienne, « réserve l'usage du concept de forme symbolique au domaine de l'art »[9]. En effet, pour le philosophe de Marbourg, la forme symbolique sert à articuler la contingence de la forme du monde avec l'*a priori* d'une nécessité qui réside dans l'unité de l'esprit. Mais, à la différence du kantisme, cette unité *a priori* n'est pas donnée dans des catégories anhistoriques : le transcendantal est dans l'histoire. Ainsi, puisque « l'infini (ou toute forme d'absolu) nous est inaccessible » tout au mieux comme « idée régulatrice », il ne reste qu' « à parcourir en tout sens le fini, à construire à partir de "cas saillants" des séries, des groupes, des ensembles » afin d'organiser « le petit nombre d'invariants trouvés » selon le système d'une « anthropologie qui ne renonce pas à sa prétention légitime à l'universel »[10]. C'est pour cela

---

1. R. Descartes, *Dioptrique*, « De la vision. Sixième discours », AT, VI, 141.

2. E. Kant, *Critique de la raison pure*, trad. fr. A. Renaut, Paris, GF-Flammarion, 2001, p. 401.

3. H. Damisch, *L'origine de la perspective, op. cit.*, p. 23 *sq.* ; L. Vinciguerra, *Archéologie de la perspective*, Paris, P.U.F., 2007, p. 9 *sq.* ; E. Alloa, *Partages de la perspective*, Paris, Fayard, 2020, p. 191 *sq.*

4. G. Didi-Huberman, *L'image survivante*, Paris, Éditions de Minuit, 2002, p. 96.

5. *Ibid.*, p. 90 *sq.*

6. *Id.*, « L'exorciste », dans *Relire Panofsky*, Paris, Musée du Louvre, 2008, p. 67-88.

7. G. Didi-Huberman, *Devant l'image*, Paris, Éditions de Minuit, 1991, p. 105 *sq.* : « Humanisme », « iconologie », « forme symbolique » et « schématisme ».

8. *Ibid.*, p. 138. *Cf.* aussi E. Panofsky, *L'œuvre d'art et ses significations*, Paris, Gallimard, 1969, p. 43.

9. A. Rieber, *Art, histoire et signification*, Paris, L'Harmattan, 2012, p. 77-78.

10. M. Van Vliet, *La forme selon Ernst Cassirer*, Rennes, Presses universitaires de Rennes, 2013, p. 337.

que la philosophie des formes symboliques exige un travail d'une envergure leibnizienne : c'est un « humanisme ouvert, un universalisme reconnaissant à une pluralité de principes un rang d'égale importance »[1] qui, en dépit de son kantisme décomplexé, n'est pas si éloigné du structuralisme voire de l'archéologie foucaldienne[2].

Or, l'anachronisme panofskien nous pousse à inverser les rapports entre perspective et schématisme, transcendantal et historicité : est-ce l'universalité de la fonction transcendantale qui rend raison du sens humaniste de la perspective, ou ne serait-ce pas plutôt l'histoire matérielle de ce dispositif qui rendrait raison de cette prescription de l'unité *a priori* de la représentation que Kant fonde dans ce *« je pense »* qui « doit nécessairement pouvoir accompagner toutes mes représentations »[3] ? En d'autres termes, est-ce la philosophie kantienne de la subjectivité qui explique le sens de la perspective, ou bien n'est-ce pas plutôt l'histoire de ce dispositif qui rendrait raison des postulats de la philosophie du sujet et de la *mise en scène* du motif transcendantal, de Descartes à Kant ? C'est en ce sens que nous pensons, avec Philippe Hamou, qu'après Panofsky une « interprétation de l'illusionnisme perspectif reste à faire »[4]. On peut dès lors revenir au *Quattrocento* et partir du sens du tableau comme « fenêtre » qu'Alberti théorise dans ce « texte fondateur de la pensée occidentale »[5] que serait son traité *La peinture* paru en 1435.

Représenter, figurer

Dans un passage souvent cité, Alberti affirme que le tableau est une « fenêtre » qui s'ouvre, par l'effet du point central, sur « l'histoire représentée (*historia*) »[6]. Il ne s'agit donc pas d'une fenêtre qui « s'ouvre sur le monde ». C'est une *historia* dont la composition représente « le grand œuvre du peintre »[7]. Qu'est-ce que cela veut dire ?

Alberti n'en donne jamais de définition « formelle ». C'est une notion « moins expliquée qu'impliquée et mise en jeu dans l'ensemble du

---

1. *Ibid.*, p. 331.
2. *Ibid.*, « Cassirer et le structuralisme », p. 308 *sq.*
3. E. Kant, *Critique de la raison pure*, *op. cit.*, p. 198.
4. P. Hamou, *La vision perspective (1435-1740). L'art et la science du regard, de la Renaissance à l'âge classique*, Paris, Payot et Rivages, 1995, p. 16.
5. H. Damisch, *L'origine de la perspective*, *op. cit.*, p. 17.
6. L. B. Alberti, *De la peinture*, I, 19, *op. cit.*, p. 83.
7. *Ibid.*, II, 33, p. 122-123.

De pictura »[1]. L'*historia* désigne une composition avec plusieurs personnages dont on représente « l'histoire » fictive[2]. Mais elle témoigne d'un « infléchissement sans pareil » et d'une « consistance théorique » qui autoriserait à affirmer qu'elle ne signifie pas seulement « récit, narration »[3] au sens purement discursif du terme. C'est un concept ambivalent qui désigne « non seulement ce qui est peint, mais encore la surface picturale elle-même, l'étendue de la peinture »[4]. S'il ne s'agit pas de nier l'élément narratif; le sens de « l'histoire représentée » se fonde d'abord sur la « congruence » (*congruendam*)[5] des rapports entre des corps en mouvements, que rend possible le « cadrage » du dispositif : l'*historia* réunit donc en elle le caractère « intelligible » du signe représenté et la matière « sensible »[6] du tableau dans l'unité d'une même scène.

Ainsi, la perspective albertienne concerne moins une géométrie « préfigurant la substance étendue cartésienne »[7] que la « composition » d'un régime de visibilité qui annonce l'idée de « Représentation »[8] comme redoublement construit du voir, c'est-à-dire *mise en scène* du visible, par l'effet de « l'évidence » produite au moyen de la géométrie du dispositif. C'est pourquoi la composition albertienne est un problème de mesure, de proportion, de « *commensuration* »[9]. Instrument théorique repris à Vitruve[10], la commensuration permet de composer la scène de l'histoire représentée à partir de la mesure de l'homme. C'est la revanche de Protagoras : puisque « l'homme est ce que l'homme connaît le mieux », l'homme est « la mesure et la règle » de toutes choses dans le tableau « puisqu'on connaît les accidents de toutes choses en les comparant aux accidents de l'homme »[11]. En d'autres termes, *le corps est dans la perspective* comme la « raison picturale » de sa visibilité[12]. Plus encore que pour la peinture, la valeur du dispositif s'étend donc à une *architecture*

---

1. T. Golsenne et B. Prévost « Glossaire », dans L. B. Alberti, *La peinture*, *op. cit.*, p. 332.
2. *Ibid.*, p. 333.
3. *Ibid.*
4. *Ibid.*
5. L. B. Alberti, *ibid.*, p. 149-151.
6. T. Golsenne et B. Prévost « Glossaire », dans *ibid.*, p. 333.
7. P. Hamou, *La vision perspective*, *op. cit.*, p. 14.
8. T. Golsenne et B. Prévost « Glossaire », dans L. B. Alberti, *La peinture*, *op. cit.*, p. 333.
9. L. B. Alberti, *La peinture, ibid.*, II, 36, p. 131-133.
10. *Ibid.*, p. 132-133 ; Vitruve, *De l'architecture*, III, 1, 7-8.
11. L. B. Alberti, *La peinture*, II, 36, *op. cit.*, p. 80-81.
12. B. Prévost, *Peindre sous la lumière*, Rennes, Presses Universitaires de Rennes, 2013, p. 77.

« anthropomorphe »[1] du monde, une « anthropologie de l'espace construit »[2] fondée sur ce corps-mètre ; « anthropologie fondamentale dont l'activité de l'architecte est le paradigme qui en ouvre le chemin »[3]. Dès lors, on a pu dire que, dans le tableau-fenêtre, l'ouverture de « la scène de l'histoire » est, en même temps, une fenêtre ouverte sur « l'histoire du sujet »[4].

Pourtant, chez cet « édificateur de l'espace humain »[5] qu'est Alberti, le statut du corps n'entraîne pas de réflexion théologique sur l'incarnation[6]. Or, l'un des usages de la perspective à l'époque de son invention entretient un rapport clair avec le « drame » de l'incarnation, notamment dans le thème des *Annonciations*[7]. Comment comprendre ce paradoxe d'une sorte de solitude du « formalisme rationnel et mathématique »[8] d'Alberti, avant l'âge de la Représentation ?

En effet une vue rapide sur l'histoire de la peinture au Quattrocento ne peut manquer d'étonner : l'écart, le jeu avec le dispositif perspectif, est la règle ; non son application stricte. Si l'on prend l'exemple de la mesure de certains objets dans les Annonciations italiennes, par exemple la courge chez Crivelli (1486)[9], ou l'escargot chez Francesco del Cossa (1470)[10], on constate que les peintres usent de la commensuration de manière volontairement fautive. Or, si le peintre n'est pas ignorant de la géométrie, c'est que le tableau renvoie à « autre chose »[11] qu'à un souci de représentation mathématique. Ce fait incite Arasse à changer notre lecture du sens du dispositif :

1. C. Norbert-Schulz, *La signification dans l'histoire de l'architecture occidentale*, Paris, Mardaga, 1977, p. 232.

2. M. Perelman, *Construction du corps, fabrique de l'architecture*, Paris, Passion, 1994, p. 12.

3. F. Choay, « Le *De re œdificatoria* comme métaphore du fondement », dans F. Furlan, P. Laurens et S. Matton (éd.) *Leon Battista Alberti. Congrès international*, Paris/Torino, Vrin/Nino Aragno, 1995, p. 852.

4. G. Wajcman, *Fenêtres. Chroniques du regard et de l'intime*, Lagrasse, Verdier, 2004, p. 296.

5. L. Callebat, *Le De Architectura de Vitruve*, « Vitruve, Alberti et le métier d'architecte », Paris, Les Belles-Lettres, 2017, p. 45.

6. B. Prévost, *Peindre sous la lumière, op. cit.* p. 84-85.

7. D. Arasse, *L'Annonciation italienne*, Paris, Hazan, 2012.

8. J. Lavaud, *Grands courants artistiques et esthétiques depuis la Renaissance*, Paris, Ellipses, 1996, p. 13.

9. D. Arasse, *L'Annonciation italienne, op. cit.* p. 189 *sq.*

10. *Ibid.*, p. 203 *sq.*

11. L. Marin, « Présentation et représentation dans le dscours classique : les combles et les marges de la représentation picturale », *Le Discours psychanalytique*, Année 5, n° 4, 1985, p. 10.

> dès l'origine de sa pratique donc, loin d'exprimer, comme le pensait
> Panofsky, une vision « déthéologisée du monde »[1], la construction de la
> perspective régulière constitue un instrument figuratif permettant au
> peintre de donner figure à la venue de la Divinité dans le monde humain[2].

Si nous ne pouvons restituer ici la richesse de son argumentation, on peut en retenir l'idée suivante : le sens du dispositif dans cet usage serait d'être la « figuration »[3] d'un irreprésentable qui se construit par la reproduction illusoire d'un ordre rationnel qui délimite et définit le monde humain, selon une esthétique théologique de la rencontre entre les ordres humains et divins que sont les *Annonciations*. Il ne s'agit donc pas d'une recherche sur l'essence rationnelle de l'espace mais d'une mise en scène de cet ordre fini et humain, afin de mieux en « déchirer les mesures ordinaires »[4], c'est-à-dire d'y *figurer* « la venue de l'Infini dans le fini »[5].

Le dispositif perspectif ne peut donc s'identifier à une subversion symbolique de la « théocratie »[6] médiévale au profit d'une « anthropocratie »[7], d'un « triomphe du sens du réel »[8] ou d'un « élargissement de la sphère du moi »[9] qui anticiperait de deux siècles la pensée moderne. En ce sens, elle est un dispositif « scénique », théâtral ou architectural, le cadre géométrique d'une unité de l' « histoire représentée » qui rend possible la « mise en intrigue » d'une pensée de la finitude humaine et de son incarnation, par la *figuration de l'infini dans une représentation finie,* c'est-à-dire « par un désordre, un écart interne, une disproportion, une "discommensuration" qui illustre le mystère de l'Incarnation »[10].

Or, nous retrouverons exactement cette même tension entre représentation de la finitude et figuration de l'infini dans la pensée de Nicolas de Cues (1401-1464), contemporain de l'invention du dispositif albertien. Et c'est pourquoi nous essaierons de voir, pour terminer, en quoi la philosophie du Cusain pourrait bien revendiquer le droit d'être considérée comme le premier « perspectivisme » *au sens fort* de l'histoire de la métaphysique occidentale.

---

1. E. Panfosky, *La perspective comme forme symbolique, op. cit.*, p. 72.

2. D. Arasse, *L'annonciation* italienne, *op. cit.*, p. 51.

3. G. Didi-Huberman, *Fra Angelico. Dissemblance et figuration,* Paris, Flammarion, 1990, p. 126-128.

4. D. Arasse, *L'annonciation italienne, op. cit.*, p. 92.

5. *Ibid.*, p. 93.

6. E. Panofsky, *La perspective comme forme* symbolique, *op. cit.*, p. 182.

7. *Ibid.*

8. *Ibid.*, p. 160.

9. *Ibid.*

10. D. Arasse, *Histoires de peintures*, Paris, Gallimard, 2006, p. 78-79.

L'ANTI-NARCISSE :
NICOLAS DE CUES ET L'ORIGINE DU PERSPECTIVISME

Selon Cassirer, Nicolas de Cues est le « champion et fondateur de la philosophie moderne »[1]. Mais c'est avant tout parce que sa « métaphysique de la finitude »[2] serait à ses yeux une anticipation du schématisme kantien[3], lorsqu'il affirme par exemple que « l'esprit est une mesure vivante qui, en mesurant les autres choses, mesure sa propre capacité »[4]. En outre, il a été dit que sa pensée serait « en rapport avec ce qui est peut-être l'invention intellectuelle majeure du XVe siècle : l'art de la représentation perspective »[5]. En effet, au-delà d'une simple coïncidence historique, Nicolas fréquentait le cercle d'Alberti, qu'il a sans doute connu en personne à Rome[6]; en quel sens sa philosophie peut-elle apparaître comme la « rencontre de Proclus avec la perspective florentine »[7] ? Pour commencer, on peut définir sa pensée comme une tension permanente entre une métaphysique de l'infini en acte et une anthropologie de la finitude : l'homme est un « dieu humain »[8] qui est aussi un « monde humain »[9], dont le Cusain cherche l'autonomie dans la « coïncidence des opposés »[10]. Son problème est donc d'« affirmer la puissance libre de l'homme en face de la puissance infinie du principe »[11]. Sa solution réside dans l'*inversion* des rapports entre fini et infini : « renverser l'ordre des termes en montrant que l'infinité de la puissance divine s'exprime *à travers* les êtres créés et exalte les réalisations de l'esprit humain »[12]. Or nous aimerions soutenir que cette définition de la finitude comme *expression*[13], par un geste d'*inclusion de l'infini dans le fini*, donne un sens fort à l'idée de

---

1. E. Cassirer, *Le problème de la connaissance dans la philosophie des temps modernes*, trad. fr. R. Fréreux, Paris, Cerf, 2004, p. 29.

2. G. Befo, *Nicolas de Cues ou la métaphysique de la finitude*, Paris, Seghers, 1964.

3. F. Fiorentino, *Il risorgimento filosofico nel Quattrocento*, Bologna, Forni, 1982, p. 142-143.

4. N. de Cues, *Dialogues de l'idiot*, IX, 123, Paris, P.U.F., 2011, p. 179.

5. F. Vengeon, *Nicolas de Cues : le monde humain*, Grenoble, Jérôme Millon, 2007, p. 150.

6. *Ibid.*, p. 149-150.

7. *Ibid.*, p. 13.

8. N. de Cues, *Les conjectures*, II, 14, Paris, Beauchesne, 2011, p. 149.

9. *Ibid.*

10. *Id.*, *La docte ignorance*, I, 4, Paris, GF-Flammarion, 2013, p. 48 *sq.*

11. F. Vengeon, *Nicolas de Cues : le monde humain*, *op. cit.*, p. 7.

12. *Ibid.*

13. G. Deleuze, *Spinoza et le problème de l'expression*, Paris, Éditions de Minuit, 1969, p. 152-168.

perspectivisme, car d'une part elle reste en rapport avec l'usage figural de la perspective, et d'autre part, avec les « origines mathématiques de la notion d'expression »[1] à l'âge classique. Le monde est donc un « infini sur le mode de la privation »[2]; non pas l'infinité en acte du monde des Modernes, mais une *contraction,* « ni finie, ni infinie »[3] de l'absolu; un absolu « réduit »[4], « déchu » dans le relatif car à « distance infinie »[5] de lui. La finité de l'univers s'efface au profit d'une « cosmologie perspectiviste et variationnelle » affirmant l'existence d'un univers in-défini « qui abolit définitivement le *cosmos* aristotélicien »[6] en le décentrant. Nicolas de Cues reprend en effet l'image de « sphère infinie »[7] en la déplaçant de Dieu au monde : la « machine du monde aura, pour ainsi dire, son centre partout et sa circonférence nulle part »[8]. Voilà pourquoi, « où qu'il soit situé, chacun croit être au centre »[9]. La recherche de la vérité ne peut être qu'une « docte ignorance »[10], un savoir du non-savoir, en raison de ce « retrait »[11] originaire de l'absolu dans le relatif; de l'infini dans les « plis » du fini. La finité de la créature est le « développement » (*explicatio*) théophanique de cette infinité qu'elle enveloppe (*complicatio*) : « je veux dire que toutes ces choses compliquées (*complicite*) en Dieu sont Dieu, comme toutes créatures expliquées (*explicite*) dans le monde sont le monde »[12]. Dès lors, puisque toute recherche est « comparative et utilise le moyen de l'analogie »[13] et qu'« il n'y a pas de proportion de l'infini au fini »[14], la conclusion prend une tonalité leibnizienne : « l'esprit humain ne coïncide jamais complètement avec la totalité du réel, car il faudrait

1. Voir V. Debuiche, « La notion d'expression et ses origines mathématiques », *Studia Leibnitiana* 41/1, 2009, p. 88-117.

2. N. de Cues, *La docte ignorance, op. cit.,* II, 1, p. 108.

3. *Inid.*

4. A. Minazzoli rend *contractio* par « réduction » en faisant référence aux tableaux flamands du XVᵉ s., voir N. de Cues, *Le tableau ou la vision de Dieu*, Paris, Cerf, 1986, p. 99.

5. N. de Cues, *La docte ignorance*, II, 8, *op. cit.* p. 136.

6. F. Vengeon, *Nicolas de Cues : le monde humain, op. cit.*, p. 11.

7. *Le livre des XXIV philosophes*, Paris, Vrin, 2009, déf. II.

8. N. de Cues, *La docte ignorance*, II, 12, *op. cit.*, p. 152.

9. *Ibid.*, II, 11, p. 151.

10. *Ibid.*, I, 1., p. 44.

11. G. Federici Vescovini, *Nicolas de Cues. L'homme, atome spirituel*, Paris, Vrin, 2016, p. 21.

12. N. de Cues, *Le « pouvoir-est »,* 9, Paris, P.U.F., 2014, p. 55.

13. *Id.*, *La docte ignorance*, I, 1., p. 43.

14. *Ibid.*, I, 3, p. 47.

pouvoir faire coïncider tous les points de vue de l'univers à la fois, ce qui est réservé au pur regard de Dieu »[1].

Cette conséquence « perspectiviste » est aussi valable pour la noétique. En raison de la nature contractée, incarnée, de son esprit : « l'homme ne peut juger qu'humainement »[2] ; l'esprit humain est comme un œil qui, « voyant toutes choses à travers une vitre rouge, juge que tout ce qu'il voit est rouge »[3]. Nul relativisme sceptique à l'œuvre ici : la pensée étant « la forme d'un monde conjectural »[4], le savoir devient un « art des conjectures », semblable à la « sagesse du profane » (*idiota*) ; l'artisan usant du nombre et de la mesure pour peser, mesurer, compter[5], fait de l'homme « le créateur des êtres de raison et des formes artificielles »[6] qui sont une « similitude des êtres réels »[7] produits par Dieu. S'il faut renoncer à tout savoir de l'absolu, le Cusain ouvre ainsi la voie à un travail expérimental[8] produisant une connaissance approchée du monde naturel – une « conjecture » fait même de l'esprit (*mens*) une mesure (*mensura*)[9] – dont le progrès devient pensable. Sa philosophie aurait ainsi intégré le « paradigme perspectif pour tenter d'assumer les apories anthropologiques d'une métaphysique de l'absolu »[10].

En effet, toute théologie de l'infini bute sur l'aporie du statut « méontologique » de la créature qui fait de l'être créé un « néant »[11] face à la puissance de Dieu : « Car il semble que la créature elle-même, qui n'est ni Dieu ni le néant, soit pour ainsi dire après Dieu et avant le néant, entre Dieu et le néant »[12]. Or, le dispositif théorique de la perspective permettrait de dépasser ces apories pour penser avec Nicolas de Cues un « relativisme rationnel »[13] qui fait des productions finies de l'homme une expression contractée de la puissance infinie de Dieu. Dès lors, on retrouve la commensuration albertienne : « l'homme prête son corps comme module

---

1. F. Vengeon, *Nicolas de Cues. Le monde humain*, *op. cit.*, p. 66.
2. N. de Cues, *L'icône ou la vision de Dieu*, VI, 19, Paris, P.U.F., 2016, p. 67.
3. *Ibid.*
4. *Id.*, *Les conjectures*, I, I, *op. cit.*, p. 9.
5. *Id.*, *Dialogue de l'idiot*, Paris, P.U.F., 2011, p. 39 *sq.*
6. *Id.*, *Le béryl*, VI, trad. fr. M. de Gandillac, *Œuvres choisies*, Paris, Aubier Montaigne, 1942, p. 478.
7. *Id.*, *Les conjectures*, *op. cit.*, I, I, p. 9.
8. *Id.*, *Dialogue de l'idiot*, *op. cit.*, p. 257 *sq.*
9. *Id.*, « *De l'esprit* », 57, *op. cit.*, p. 105.
10. F. Vengeon, *Nicolas de Cues. Le monde humain*, *op. cit.*, p. 152.
11. H. Pasqua *Maître Eckhart. Le procès de l'Un*, Paris, Cerf, 2006, p. 147 *sq.*
12. N. de Cues, *La docte ignorance*, II, 2., *op. cit.*, p. 110.
13. F. Vengeon, *Nicolas de Cues. Le monde humain*, *op. cit.*, p. 150.

pour le système de proportion de son esprit »[1], selon un « ordre de rationalité finie »[2] que la perspective aurait dès lors rendu pensable. De même, Nicolas de Cues se réclame d'un « Protagoras renouvelé, élevé à une dignité métaphysique que sous-tend la perspective artificielle »[3], promouvant l'autonomie d'un monde humain qui « s'organise à partir de lui-même, dans sa relativité »[4] : « Vous noterez en troisième lieu l'affirmation de Protagoras, lorsqu'il dit que l'homme est la mesure des choses »[5]. Cependant, à la différence de ce que Platon laissait entendre du grand sophiste, cette mesure humaine du monde ne se fonde plus sur la réalité individuelle de « l'apparaître » (*phantasía*) esthétique[6], mais sur l'instauration intelligible « du site humain comme système de proportion rationnelle »[7]. Or, si l'homme est la mesure relative de toutes choses, il n'est pas le fondement arbitraire et absolu de cette mesure. C'est pour cela que l'« humanisme christologique »[8] du Cusain, loin d'être une expression de l'idéologie de son temps, est avant tout une critique des prétentions « narcissiques »[9] de ses contemporains, à l'image d'Alberti qui affirme que l'œil est « un roi et presque un dieu »[10].

Ainsi, dans le *De icona,* Nicolas de Cues utilisera « la perspective des peintres et des architectes de l'époque comme paradigme d'un relativisme généralisé à tous les créatures »[11], à travers une méditation mystique sur un portrait omnivoyant de Rogier van der Weyden. Or, il ne s'agit pas d'exalter un œil démiurgique mais de *subvertir* ce « narcissisme foncier de la peinture »[12] au nom d'un renversement du dispositif qui n'est pas sans rappeler la tradition du portrait iconique byzantin qui faisait « peu de cas [...] de la subjectivité du spectateur », s'agissant « d'une relation entre un fidèle et Dieu, dans laquelle il est difficile de dire [...] qui regarde et qui est

---

1. F. Vengeon, *Nicolas de Cues. Le monde humain, op. cit.,* p. 153.

2. *Ibid.*

3. *Ibid.,* p. 152.

4. *Ibid.,* p. 153.

5. N. de Cues, *Le béryl,* V, dans *Œuvres choisies, op. cit.,* p. 477.

6. Platon, *Théétète,* 152b.

7. F. Vengeon, *Nicolas de Cues. Le mone humain, op. cit.,* p. 153.

8. G. Federici Vescovini, « L'humanisme christologique de Nicolas de Cues. L'anthropologie religieuse du *De Ludo Globi* », *Noesis* 26-27, 2016, p. 125-133.

9. L. B. Alberti, *La peinture,* II, 26, p. 101.

10. *Id., Intercenales,* trad. fr. F. Bacchelli et L. D'Ascia, préface A. Tenenti, Bologna, Pendragon, 2003, p. 775.

11. F. Vengeon, *Nicolas de Cues, Le monde humain, op. cit.,* p. 111.

12. H. Damisch, *L'origine de la perspective, op. cit.,* p. 69.

regardé »[1]. Dès lors, l'icône cusaine, dont le regard nous suit « à l'Orient comme à l'Occident », nous pousse à « inverser » le sens du dispositif : « quelle que soit la façon dont ma face se meut, ta face apparaît tournée vers moi »[2]. Enfin, si le regard ou la « face » contractée de l'homme jouit bien d'une autonomie ontologique dans ses productions rationnelles et artificielles, il ne peut sans dommage, tel ce « nouveau narcisse » que semble être devenu le sujet moderne, se détourner de la transcendance de « la face de toutes les faces »[3], au profit « d'un spectateur qui veut faire une icône de son propre regard »[4]. Telle serait une des conséquences de la leçon de perspective du Cusain ; leçon philosophique qui contredit le narcissisme de la leçon albertienne, en la subvertissant de l'intérieur.

CONCLUSION
L'AUTRE ÂGE CLASSIQUE

Si « inscrire l'infini dans le fini » est « le sens de la perspective à la Renaissance »[5], l'univocité conceptuelle recherchée du sens de la perspective pourrait donc bien se trouver dans cette affirmation paradoxale d'un *enveloppement de l'infini dans le fini*, qui détermine le mode d'être de la créature dans la philosophie du Cusain. Dès lors il nous faut immédiatement en tirer une autre conclusion : loin de l'étendre ou de la projeter narcissiquement, « *le perspectivisme marque la fin de la perspective classique* »[6], si on entend par là le *récit* de cette mise en scène « humaniste » d'une auto-institution de l'homme, au moyen de ses puissances rationnelles et techniques seules. La perspective serait ainsi une puissance spéculative de « mise en scène » du drame de l'incarnation par la figuration d'un infini qui vient en « déchirer » la mesure et la proportion : par un écart avec le dispositif dans les *Annonciations*, par une inversion expressive des rapports entre l'infini et le fini dans la philosophie de *La docte ignoranc*e. Ce procédé connaîtra une analogie plus rigoureuse encore, après l'extension cosmologique de l'infinité en acte à l'âge classique et une

---

1. G. Dagron, *Décrire et peindre*, Paris, Gallimard, 2007, p. 10.
2. N. de Cues, *L'icône ou la vision de Dieu*, VI, 19, *op. cit.* p. 66.
3. *Ibid.*, VI, 17, p. 65.
4. H. Belting, *Florence et Bagdad*, *op. cit.*, p. 278.
5. T. Gontier, « Une catégorie historiographique oblitérée : l'humanisme », dans Y.-C. Zarka et B. Pinchard (éd.), *Y a-t-il une histoire de la métaphysique ?* Paris, P.U.F., 2005, p. 279.
6. L. Ferry, *Homo æstheticus,* Paris, Grasset, 1990, p. 325.

formalisation des rapports d'inclusion grâce aux théorèmes géométriques de Desargues, dans la mise en scène monadologique du monde : le langage leibnizien de la « perspective »[1] y trouvera l'une de ses significations philosophiques profondes. Le perspectivisme n'est donc pas l'extension narcissique d'un dispositif qui aurait universalisé la forme-sujet moderne mais son exacte *inversion* dans une métaphysique de l'expression : le fini est de l'infini contracté, enveloppé, qu'il exprime de façon toujours située, locale, partielle, lacunaire.

Ainsi, cette capacité du dispositif perspectif à mettre en scène la finité de l'être du monde, tout en la « déchirant » par la présence d'un infini qu'elle exprime « finiment » pourrait bien être l'origine d'un concept fort de *perspectiv*isme. Le sens fort de la perspective serait donc d'assumer une finité irréductible de la représentation, qui ne renvoie plus au perspecti-visme faible d'une « subjectivité fondatrice » ni au « point de vue subjectif » d'un relativisme arbitraire ou individuel. Mieux, elle en expli-querait peut-être la genèse théorique dans l'histoire de la métaphysique – le passage du point « sujet »[2] de la représentation comme « site ou point de vue que l'art de la perspective […] est en train d'imposer »[3], au « point fixe » de l'édifice métaphysique de l'idéalisme moderne. Ce serait donc au cœur de cet « autre âge classique »[4], structuré par la menace du scepti-cisme, que le « perspectivisme » prendrait tout son sens ; menace d'une relativité immanente de l'apparaître dont il faut contrôler la disproportion, la dissemblance et le chaos, par l'invention de ce point « sujet », central, artificiel, qui ordonne l'horizon du monde ; menace devenue plus inquié-tante encore après Kant, et qui culmine dans l'affirmation nietzschéenne du « caractère perspectif [*perspektivische Charakter*] de l'existence [*des Daseins*] »[5], dont le retentissement est sans doute encore à venir.

Mathias GIBERT
Université Toulouse – Jean-Jaurès

---

1. G. W. Leibniz, *Monadologie*, § 57.
2. C. de Bovelles, *De intellectu* (1511), VIII, 7 cité par P. Magnard, dans C. de Bovelles, *Le livre du néant*, Paris, Vrin, 2014, p. 9 : « Il est conforme à la raison que vis-à-vis de l'objet soit le sujet (*subjectum*), je désigne par ce dernier terme le pouvoir de connaître (*cognitrix potestas*) et la faculté spéculaire (*speculatrix facultas*). »
3. P. Magnard, dans *ibid.*, p. 10.
4. F. Brahami, *Le travail du scepticisme*, Paris, P.U.F., 2001, p. 235.
5. F. Nietzsche, *Le gai savoir, op. cit.*, § 374, p. 289 (trad. mod.).

LE PERSPECTIVISME IMMANENTISTE

Il y a toutes les raisons de se demander si le perspectivisme a jamais été un concept philosophique. Il a souvent été renvoyé à la philosophie, mais a-t-il eu une élaboration philosophique, a-t-il été forgé par la philosophie comme concept clé ? La réponse à cette question est d'autant plus difficile que le perspectivisme est recouvert d'interprétations esthétiques et psychologiques qui toutes tendent à renvoyer le perspectivisme au *perspicio,* à l'action de voir, à l'optique, au sujet. À cela s'ajoute une forme de reconsidération du perspectivisme occidental par l'anthropologie brésilienne, qui oppose dans son analyse le perspectivisme humanisant, relativiste, représentationnel et multiculturaliste des « vieux européens depuis longtemps résignés au solipsisme cosmique de la condition humaine » et un perspectivisme plus complexe, plus distributif, un « maniérisme corporel » inspiré par Leibniz, Nietzsche, Whitehead, Deleuze, et lui servant de pont ou d'*analogon* avec ce qui va être appelé par elle « le perspectivisme amérindien »[1].

Rien pourtant dans toutes ces directions ne me semble s'approcher de la formation du problème qui recevra le nom de perspectivisme en Occident. Celui-ci a d'abord fertilisé sur le plan ontologique. Il n'a jamais rien eu à voir avec un schéma de pensée perceptif, herméneutique, interprétatif, cognitiviste, relativiste, ni même seulement avec l'incarnation du point de vue dans le corps. Il paraît au contraire impossible d'abstraire la formation balbutiante du perspectivisme (problème auquel nous donnons ce nom sans qu'il ne corresponde pour l'instant à rien) de l'invention proprement médiévale de l'infini en acte, qui a produit un bouleversement inimaginable, aux répercussions immenses dans tous les domaines de la pensée. Sans prise en compte de cette coupure, sans rappel de ce bouleversement

---

1. E. Viveiros de Castro, *Métaphysiques cannibales,* Paris, P.U.F., 2009, p. 23 et p. 40.

sans équivalent dans l'histoire de la pensée occidentale, il se peut que ce qu'on a nommé « perspectivisme » en philosophie perde tout son sens.

En 2011, dans un limpide exposé sur l'infini chez Nicolas de Cues, Jean Celeyrette a retracé les étapes de la formidable création métaphysique de l'infini en acte, qui devait avoir une fortune si grande[1]. Ce surgissement de l'infini en acte dans le ciel des idées répondait d'abord à une nécessité purement théologique et ontologique, à un gain de cohérence et de consistance dans la pure conceptualité de ce qu'on nomme Dieu. Ce n'était pas une expérience autre qu'une expérience de pensée, une formidable aventure de pensée. Duns Scot pressent en effet que l'infini quantitatif ou en puissance tel que le définit Aristote dans sa *Physique* ne peut s'appliquer à Dieu. Aristote souligne lui-même qu' « infini » et « tout » ne peuvent se superposer : « Infini est ce au-delà de quoi on peut toujours continuer à prendre quelque chose de nouveau [...] ; ce à quoi, il manque quelque chose qui manque au dehors n'est pas un tout si peu qu'il lui manque »[2]. Un tout est ce à quoi ne manque rien, ce qui ne laisse rien en dehors de lui-même. Duns Scot en déduit que l'infini en puissance n'est pas parfait puisqu'à cet infini potentiel il manque toujours quelque chose[3]. Il imagine alors un type d'infini tel « que toutes les parties susceptibles d'être prises *le soient simultanément*, ou subsistent simultanément » et a l'idée lumineuse de transposer ce problème à l'étant lui-même par un raisonnement en extension porté par l'imagination, autrement dit, il crée un pur concept par la force de la pensée raisonnante imaginative dont toute la cohérence ne tient qu'à la consistance logique qui le constitue :

> Partant de la notion d'infini posée dans le livre III de la *Physique*, si nous passons de là en imagination à celle d'une infinitude actuelle en quantité, en raisonnant comme si une telle infinitude était possible ; puis si, allant plus loin, nous passons à celle d'une infinitude actuelle en étantité, laquelle est possible puisqu'il n'y a pas contradiction entre le fait d'être et l'infinitude, nous parvenons dans une certaine mesure à comprendre en quel sens il faut admettre qu'il y a un étant infini intensivement, autrement dit en perfection

---

1. J. Celeyrette, « Mathématiques et théologie, l'infini chez Nicolas de Cues », *Revue de métaphysique et de morale* 70/2, 2011, p. 151-165.

2. Aristote, *Physique*, III, 6, 207a, trad. fr. H. Carteron, Paris, Les Belles Lettres, 1926, p. 106.

3. J. Celeyrette, « Mathématiques et théologie, l'infini chez Nicolas de Cues », art. cit. ; Duns Scot, *Lectura in IV Sententiarum*, I, 3, § 113, cité dans Duns Scot, *Sur la connaissance de Dieu et l'univocité de l'étant*, introd., trad. fr. et comm. O. Boulnois, Paris, P.U.F., 1988, p. 12.

ou en excellence c'est-à-dire ce à quoi rien ne manque dans l'ordre de l'étantité[1].

L'infinité actuelle appliquée à l'étant et exigeant que rien ne lui manque en perfection ne saurait être un infini illimité. Se dégage le concept d'un infini intensif (*ens infinitum intensive*), infini de magnitude (rien de plus grand que le plus grand, rien de plus parfait que le plus parfait), ordre qualitatif mais non plus quantitatif. Quelques précisions s'avèrent ici nécessaires : dire que Dieu est l'étant infini, c'est d'abord dire qu'il est au-delà de tout rapport assignable avec le fini, qu'il est sans proportion avec le fini, qu'il est sans rapport de limite avec le fini (ce n'est pas l'illimité)[2]. La « disproportion » entre l'infini et le fini est dès cet instant radicale. L'infini est ce qui ne peut être pensé à partir du fini ou de l'illimitation du fini. Nous entrons dans un autre domaine ontologique, celui d'une étantité qui n'est plus pensable à partir du fini. Ce qui importe, c'est désormais l'excès relativement au fini, l'incommensurable, l'improportionnalité, l'infini au-delà du fini, l'« *au-delà de toute proportion* », dit strictement Duns Scot. Ce n'est pas un infini par addition du fini mais un infini par surcroît, une scission absolue avec le fini. Car un infini par addition reste toujours fini mais un infini en excès se sépare du fini, ainsi que l'écrira bien plus tard Bolzano : « Une grandeur susceptible d'être toujours plus grande et de devenir plus grande que toute grandeur donnée, peut malgré tout rester finie, comme c'est le cas de toute grandeur numérique 1, 2, 3, 4 … ». Comment envisager des grandeurs infinies, c'est-à-dire plus « grandes qu'un nombre quelconque d'unités »[3], se demandera alors Bolzano ?

Nous devons aussi penser que l'infini n'est pas un être en lui-même, mais un mode intrinsèque de l'être, comme le fini est un mode intrinsèque de l'être. Il ne s'agit pas de dire en somme que l'infini est Dieu, mais de dire qu'il est le mode intrinsèque de Dieu, comme la lumière est intrinsèque aux rayons. C'est un autre tournant majeur : cela signifie qu'on ne peut retirer l'infini de Dieu, et cela même si on le séparait de tous ses attributs ou noms divins (sagesse, bonté…). L'infinitisation de Dieu se révèle sans doute

---

1. J. Biard et J. Celeyrette, *De la théologie aux mathématiques. L'infini au XIVe siècle*, Paris, Les Belles Lettres, 2005, p. 50-55.

2. Duns Scot, *Ordinatio* I, d 2 : « Nous concevons l'infini par le fini, ce qui excède tout fini donné, l'infini est non seulement ce qui excède tout fini donné selon tout rapport fini déterminé, mais l'excède encore au-delà de tout rapport assignable » ?, cité par Gérard Sondag, qui parle d'un infini « par excès » et qui ajoute : « Cette caractérisation de l'infini en excès par rapport à tout fini, si grand soit-il, constitue un changement décisif par rapport à l'idée classique de l'infini par addition et division », G. Sondag, *Duns Scot*, Paris, Vrin, 2005, p. 107.

3. B. Bolzano, *Paradoxes de l'infini*, Paris, Seuil, 1993, p. 64-66.

comme le trait le plus fondamental de ce renouveau, ainsi que le souligne Nicolas de Cues : « On ne trouve rien d'autre en Dieu que l'infinité »[1]. Cette mutation fondamentale caractérise les philosophies de Descartes, Spinoza, Leibniz, Pascal qui sont toutes incompréhensibles sans cela, et qui toutes nous rappellent que cette nouvelle scène se joue maintenant dans les rapports entre infinité mathématique et infinité métaphysique. Leibniz, qui ne voudra jamais les confondre, affirme avec la plus grande clarté leur séparation dans une lettre à Bernoulli de 1698 :

> J'ai démontré de manière parfaitement vraie il y a déjà de nombreuses années qu'il ne saurait y avoir sans contradiction de nombre ou d'ensemble de tous les nombres qui forme une totalité unifiée. Il en va de même du nombre maximum, du nombre minimum ou de la fraction la plus petite [...]. Mais de même qu'il n'y a pas d'élément des nombres ou de partie minimale de l'unité, ou encore de minimum dans les nombres, de même il n'y a pas de ligne *minima*, ou d'élément linéaire ; la ligne, en effet, comme l'unité, peut toujours être coupée en parties ou fractions[2].

Il n'y a donc pas de nombre infini qui forme un tout. Il n'est pas étonnant que le *Discours de métaphysique* commence par distinguer perfection infinie divine et nombre infini en montrant la contradiction inhérente à la notion de plus grand nombre ou de nombre de tous les nombres tandis que la perfection désigne tout ce qui peut être porté à la plus grande puissance sans contradiction : les perfections « n'ont point de bornes »[3]. La marque des perfections de Dieu, c'est ce passage à l'infini sans contradiction et sans bornes, sagesse, bonté… Pour la même raison (la perfection de Dieu) Leibniz dans une autre lettre à Foucher soutient l'infini actuel dans la nature, à savoir la division actuelle de la nature en une pluralité infinie de monades :

> Je suis tellement pour l'infini actuel, qu'au lieu d'admettre que la nature l'abhorre, comme on le dit vulgairement, je tiens qu'elle l'affecte partout pour mieux marquer les perfections de son auteur[4].

---

1. Nicolas de Cues, *La Docte ignorance*, I, 26, Paris, Garnier Flammarion, 2013, p. 101.

2. G. W. Leibniz, « Lettre à Bernoulli », in *Die philosophischen Schriften von G-W. Leibniz* [désormais GP], éd. C. I. Gerhardt, Berlin, 7 t., 1875-1890, repr. Hildesheim, Olms, 1978, cité par tome et page ; ici GP VI, p. 416. Voir à cet égard : D. Rabouin, « Infini mathématique et infini métaphysique, d'un usage de Leibniz pour lire Nicolas de Cues et (…d'autres) », *Revue de métaphysique et de morale* 70/2, 2011, p. 203-220.

3. G. W. Leibniz, *Discours de métaphysique*, Paris, Félix Alcan, 1907, p. 25.

4. *Id.*, « Lettre à Foucher », GP I, p. 416.

De même chez Spinoza, une substance est infinie quand elle ne peut être « bornée » par rien et consiste en une infinité d'attributs exprimant une essence infinie[1]. Infinité et indivisibilité étant les deux propres inséparables de la substance spinoziste, on devine à quel point l'infini et le divisible seront antinomiques. Sa fameuse lettre à Meyer sur l'infini ne dit pas autre chose en séparant ce qui est infini par son essence (exclusion de toute limite possible et partition) ou infini par sa cause (le mode – immédiat ou non – qui, sans exclure la limite, ne l'inclut pas de soi; l'indéfini n'étant alors pour l'imagination que l'incapacité à trouver une limite) :

> Le problème de l'infini a toujours paru à tous très difficile et même inextricable, parce qu'on n'a pas distingué ce qui est infini par une conséquence de sa nature ou par la vertu de sa définition et ce qui n'a point de limite non par la vertu de son essence mais par celle de sa cause. Et aussi pour cette raison qu'on n'a pas distingué entre ce qui est dit infini parce que sans limites, et une grandeur dont nous ne pouvons déterminer ou représenter les parties par aucun nombre, bien que nous en connaissions la valeur la plus grande et la plus petite[2].

Quant à la lecture que Leibniz fait de Pascal à partir de 1671 et du différent qui apparaît sur la compréhension du nombre au sein de l'infini, elle montre à nouveau la profonde imprégnation de la question de l'infini dans la pensée occidentale en même temps que la naissance de deux voies possibles : d'un côté, l'existence d'un nombre infini, incompréhensible et inatteignable par la juridiction de la raison (Pascal); de l'autre côté, un nombre infini contradictoire (Leibniz), tout tournant autour de savoir si un nombre infini peut exister sans contradiction :

> Le premier affirme une existence incompréhensible, le second pose une impossibilité conceptuelle conduisant démontrablement à une inexistence. Le premier suspend localement l'ordre rationnel devant l'évidence d'un objet qui ne s'y plie pas, mais qui est connu de manière antérieure et supérieure à la raison; le second n'admet aucune exception, dans les nombres, ni au principe de contradiction ni à la relation méréologique de base du tout et de la partie[3].

Un autre partage prend forme, afin de savoir si infini mathématique (statut des infiniment petits) et infini métaphysique relèvent ou non des mêmes principes. Ou, si l'on préfère : peut-on dire qu'avec l'infini en acte,

---

1. B. Spinoza, *Éthique*, I, Prop. VIII, Paris, Gallimard, 1954, p. 69.

2. *Id.*, *Traité Politique/Lettres*, Paris, Garnier Flammarion, 1966, p. 157. Sur ce point, voir M. Gueroult, *Spinoza, Dieu (Éthique, 1)*, Paris, Aubier, 1968, p. 508-509.

3. F. de Buzon, « Que lire dans les deux infinis ? Remarques sur une lecture leibnizienne », *Les Études Philosophiques* 95/4, 2010, p. 535-548, ici p. 545.

les mathématiques soumises au principe de non-contradiction découvrent leur fondement métaphysique dans une légalité nouvelle, comme le pense le Cusain ? Ou alors, doit-on soutenir que les mathématiques ne permettent en réalité aucun passage vers la métaphysique, comme le pense Leibniz qui sépare fermement infini divin et infini potentiel[1] ? Quoi qu'il en soit, cette élaboration intense de la pensée pour introduire un nouvel objet, à savoir un infini radicalement séparé du fini, va générer le champ de ce qu'on peut appeler le « problème perspectiviste en métaphysique ». Car ce qui est dès lors en jeu, c'est non seulement le statut de l'infini (sans proportion au fini), mais le statut du fini lui-même, le problème de la réalité du fini en un mot (qui n'a rien à voir avec la finitude phénoménologique), monade chez Leibniz, mode chez Spinoza, créature chez Duns Scot et Pascal, différence chez Deleuze… Qu'est-ce que le fini (ou l'homme) dans l'infini?, demande Pascal. Nous en avons, avant cela, un excellent témoignage avec la *Docte Ignorance* de Nicolas de Cues qui s'interroge sur le statut du fini entre être et néant avec des expressions qui manifestent un embarras croissant, une énigme qui s'obscurcit : « étant donné le maximum » qui l'a créé, étant donné que Dieu est toutes choses, la créature n'est pas l'être mais n'est pas non plus non-être, médite Nicolas de Cues; elle n'est pas une mais n'est pas non plus multiple, elle est à la fois éternelle (en Dieu) et sur le mode du temps… Et d'inventer ce raccourci saisissant : la créature est semblable à une « infinité finie », à un « Dieu créé ».

> Ni Dieu ni le néant […], après Dieu et avant le néant, entre Dieu et le néant[2].

> Qui réussirait à comprendre comment l'unique forme infinie est participée de diverses manières par les créatures[3] ?

La question de l'infini envahit la théologie, la cosmologie, la théorie de la connaissance et tout autant le problème du fini. Le mouvement d'instauration d'un infini en acte, d'un infini de magnitude, infini intensif ou de

---

1. D. Rabouin, « Infini mathématique et infini métaphysique », art. cit. David Rabouin montre à propos des infiniment petits que, chez Leibniz, ils ne nous font jamais passer à un niveau métaphysique : « Nonobstant mon Calcul infinitésimal, je n'admets point de véritable nombre infini, *quoyque je confesse que la multitude des choses passe tout nombre fini, ou plutôt tout nombre*. […] Le Calcul infinitésimal est utile, quand il s'agit d'appliquer la Mathématique à la Physique, cependant ce n'est point par-là que je prétends rendre compte de la nature des choses. Car je considère les quantités infinitésimales comme des fictions utiles », G. W. Leibniz, « Lettre à Masson », GP VI, p. 629.

2. N. de Cues, *La Docte ignorance*, *op. cit.*, II, 2, p. 110.

3. *Ibid.*, p. 111.

perfection apporte avec lui la contrainte de penser le statut du fini (et du plus petit fini) au sein de cet infini marmoréen, granitique, infrangible. On comprend l'impossibilité de limiter le perspectivisme à un simple rapport psycho-physiologique entre corps et âme ou à la question du *perscipio* subjectif. Même si les limitations psycho-physiologiques jouent un rôle, l'arrière-plan qui conditionne le perspectivisme est d'une toute autre nature en métaphysique. Le perspectivisme, jamais vraiment identifié comme tel toutefois, est né de la stratégie à adopter pour régler la tension irréductible entre fini et infini. Le pluralisme relativiste existait bien avant cela ; il a toujours accompagné l'histoire de la pensée comme problème du sensible ou du jugement. Mais constatons qu'il n'est en rien commun avec la forte prégnance de la question de l'infini en acte chez Duns Scot, Nicolas de Cues, Descartes, Leibniz, Spinoza, Pascal, et cela jusqu'à Deleuze. Le foisonnement des acceptions de sens du perspectivisme que l'on trouve aujourd'hui (relativisme, jugement, psychophysiologie, empirisme, étho-logie, diplomatie latourienne, anthropologie, multiculturalisme, multina-turalisme…) ne peut oblitérer ce mouvement absolument central de la métaphysique occidentale, ni son schéma général. Il est en tout cas néces-saire de donner plus de précision au concept de « perspective » qu'on utilise et de le distinguer le cas échéant de celui qu'on rejette puisque toutes ces acceptions sont inassimilables à ce mouvement de pensée et contra-dictoires prises ensemble.

Reprenons notre fil. Dès que l'infinité en acte est posée, savoir comment penser le fini devient la grande question. La transition de l'infini en acte à l'infini privatif (le monde) et au fini vient buter sur le postulat de départ (la simplicité, l'indivisibilité, la perfection, l'infinité sans parties de Dieu). Dorénavant, ce sera aussi le problème majeur de la philosophie de la nature, le difficile rapport du tout à ses parties. Il me paraît ainsi que le problème de la perspective n'a pas été le problème d'un sujet situé, mais le problème de l'infini altéré, contracté, participé, qui nous éloigne du perspectivisme pictural et de sa construction d'un espace de commensura-bilité. Ce qu'on appelle le perspectivisme métaphysique a découlé de cette tension à résoudre, de ce gouffre à combler de l'infini au fini, du non-autre (*Non-aliud*) à l'autre, de l'enveloppé au développé, du contractant au contracté. Même s'il est impossible de suivre le détail des arguments qui vont en découler, reste que cette appartenance de chaque partie à un tout qu'elle reflète deviendra l'argument majeur de la philosophie de la nature. L'opération par laquelle l'infini s'exprime dans le fini est appelée par Nicolas de Cues *contractio*. L'infini n'accueille en lui ni division, ni morcellement, ni partition, il se manifeste par une sorte de réduction qui n'opère pas sur un seul plan mais sur une multiplicité de plans, de Dieu à l'univers, de l'univers à la créature[1]. Cette manifestation de l'infini dans le fini est la vraie source du perspectivisme puisque désormais le fini ne pourra plus être qu'une variation quasi fractale de l'infini, qu'une expression de la trame infinie (comme un motif de tapisserie qui varierait à l'infini, une broderie leibnizienne et baroque), qu'une réfraction théophanique.

Disons un mot de ces relations d'enveloppement et de développement (*complicatio/explicatio*), que Nicolas de Cues reprend à Scot Érigène (et aux stoïciens) et que nous retrouverons de Leibniz à Deleuze. Elles vont permettre d'établir un chiasme entre une simplicité qui n'est pas fracturable et la diversité du monde, de sorte que la diversité devra bien elle aussi être le reflet de l'infini :

> Constatant la diversité des choses, nous sommes cependant conduits à nous demander, non sans étonnement, comment le principe unique *parfaitement simple*, de toutes les choses singulières est aussi *divers en chacune d'entre elles* [...]. La docte ignorance montre qu'en Dieu, la diversité est identité[2].

Qu'en Dieu la diversité soit identité veut dire que partout ailleurs l'identité est diversité. Mais comment passe-t-on de l'identité à la diversité ? Ce passage, du fait même de la simplicité infinie de Dieu, ne peut qu'être mystérieux, quoique nous sachions qu'il est réel[3]. Il n'est pas utile de nous appesantir sur la coïncidence des opposés chez Duns Scot si ce n'est pour dire que du fait même de son infinité elle échappe au principe de contradiction. En Dieu les opposés coïncident, maximum et minimum, mouvement et repos, droit et courbe... (c'est encore par une exhaustion mathématique qu'on peut le comprendre : la courbure d'une courbe augmentée à l'infini fait tendre celle-ci vers une droite ; une ligne infinie contient donc toutes les courbes, « la courbure est la rectitude »). Ainsi,

---

1. N de Cues, *La Docte ignorance*, *op. cit.*, II, 4, p. 36 : « La contraction signifie contraction en quelque chose, par exemple dans tel ou tel être. Donc Dieu, qui est l'un, est dans l'un de l'univers, tandis que l'univers est dans l'ensemble des choses de l'univers de façon contractée. Et c'est ainsi qu'on réussira à comprendre comment Dieu, qui est l'unité la plus simple, présent dans l'un de l'univers, est, par voie de conséquence, en toutes choses par la médiation pour ainsi dire de l'univers, tandis que la multiplicité des choses est en Dieu par la médiation de l'un de l'univers ».

2. *Ibid.*, II, 9.

3. *Ibid.*, II, 3, p. 133 : « Comment le maximum enveloppe et développe toutes choses "incompréhensiblement" ». *Cf.* p. 117 : « On doit nécessairement avouer que l'on ignore tout à fait comment se produisent l'enveloppement et le développement, mais que l'on sait seulement que l'on en ignore le mode, même si l'on sait que Dieu est l'enveloppement et le développement de toutes choses ».

Dieu n'est pas moins infini dans le maximum que dans le minimum, si bien que grand et petit s'évanouissent en lui. C'est cette théorie qui justifie que nous sachions que Dieu enveloppe toutes choses et se développe en toutes quoique ce soit de manière « incompréhensible » :

> Dieu est ce qui enveloppe toutes choses parce qu'elles sont toutes en lui ; il est ce qui développe toutes choses parce qu'il est en toutes[1].

Le problème de l'un et du multiple, on le comprend, ne pouvait que sortir métamorphosé de cette conception. Car si l'infini en Dieu ne peut être multiple, s'il ne peut contenir de différences sans fracturer sa simplicité (« En Dieu, il ne peut y avoir de différence réelle »), si en lui les opposés coïncident sans s'opposer, la seule solution pour expliquer la diversité des choses est qu'il soit tout entier en chaque chose tout en se différenciant en chacune d'elle[2]. Avec la contraction (réduction et limitation de l'infini), Nicolas de Cues peut ainsi soutenir que, d'un côté, Dieu n'a nulle multiplicité, qu'il est la complication de toutes choses dans la simplicité de l'un ; tandis que, de l'autre côté, il se contracte dans l'univers et l'univers dans le multiple. Entendons que Dieu est *l'un* dans l'univers comme l'univers est *tout entier* en chaque chose. Ce trajet, où l'on va de Dieu à l'univers puis de l'univers aux choses, est capital pour comprendre le statut du singulier : il signifie que la multiplicité absorbe absolument l'unité dans la diversité des choses du monde, ou que Dieu s'immisce totalement en chaque chose. Les assertions de Nicolas de Cues sont éloquentes sur le développement de Dieu dans toutes les choses. Chaque chose accueille de fait l'infini qui se développe en lui par la médiation de l'univers, mais sous une forme contractée et limitée : « Chaque chose de l'univers est l'univers lui-même »[3]. Leibniz ne dira pas autre chose dans son *Discours de métaphysique* :

---

1. *Ibid.*, II, 3, p. 115.

2. N. de Cues, *Le Tableau ou la vision de Dieu*, Paris, Les Belles Lettres, 2012, p. 11.

3. *Id.*, *La Docte ignorance*, II 4-5, « L'univers désigne l'universalité, à savoir l'unité d'une multiplicité ». *Cf.* II, 4 : « Dieu qui est l'un est dans l'un de l'univers, tandis que l'univers est dans l'ensemble des choses de l'univers de façon contractée » ; II, 5 « Dieu est en tout par la médiation de l'univers » ; *ibid.* : « L'univers est en chaque chose de sorte que chacune est en lui, l'univers est en chacune, de façon contractée, ce qu'il est en lui-même de façon contractée, et chaque chose dans l'univers est l'univers lui-même ».

> Que chaque substance singulière exprime tout l'univers à sa manière… Toute substance est comme un monde entier et comme un miroir de Dieu ou bien de tout l'univers, qu'elle exprime chacune à sa façon [1].

Univers « multiplié » par les substances individuelles (Leibniz), ce qui veut aussi bien dire multi-plié en Dieu. « Chaque âme connaît l'infini », enveloppe l'univers et Dieu [2]. Sur cette base, Frédéric Vengeon parlera avec raison d'une « cosmologie perspectiviste et variationnelle » chez Nicolas de Cues, dévoilant à ce propos les contacts du Cusain avec des membres éminents de l'art florentin (Filippo Brunelleschi et Leon Battista Alberti), même si sa philosophie ne saurait être la transposition des questions esthétiques en philosophie [3].

> L'infini cosmologique définit, dit-il, un univers perspectif. L'expressivité de l'infini met en crise une identification locale du centre. L'infinité divine n'a pas de site dans l'univers, elle est à la fois partout et nulle part. De la même manière l'univers n'est pas organisé autour d'une région centrale ; tout être est un point à partir duquel peut se déployer une manifestation de l'univers [4].

Au sein de l'univers, toute singularité est « une totalité contractée », « une ligne active de différenciation », montre-t-il alors magnifiquement, immense chatoiement du monde, où chaque singularité contient l'univers en entier :

> La singularité ne définit pas un mode d'être solitaire, replié sur soi et cultivant jalousement son ipséité. La singularité, dans sa clôture même, se vit comme vibration de l'univers entier dans toutes ses dimensions (sur le modèle de la cithare qui « citharise ») [5].

En chaque point de l'univers, l'infini est une variation, en variation, aucun point ne peut être supprimé sans faire perdre au monde son expressivité maximale et sa consistance à Dieu. Transposé sur un plan esthétique et théologique (le commentaire d'un tableau de Rogier Van Der Weyden avec son autoportrait), Nicolas de Cues parlera d'un « omnivoyant » qui

---

1. G. W. Leibniz, *Discours de métaphysique*, § 9, éd. L. Prenant, Paris, Aubier-Montaigne, 1972, p. 168.

2. G. W. Leibniz, *Principes de la nature et de la grâce, Œuvres*, Paris, Aubier Montaigne, 1972, p. 395.

3. F. Vengeon, *Nicolas de Cues, op. cit.*, p. 11, 13 et 149. Voir aussi l'article de Mathias Gibert, *supra*, p. 17-32.

4. F. Vengeon, « La puissance de l'infini et les paradoxes de la singularité », art. cit., p. 240.

5. *Ibid.*, p. 243.

embrasse tout de son regard, semblable à la « vision absolue » de Dieu qui est en « chaque regard »[1]. Cette contraction de l'infini dans le fini, et cet enveloppement du fini dans l'infini, n'est-ce pas la formule même de l'immanence qui viendra plus tard ? Lorsque la philosophie se libérera de la théologie et de l'infini de perfection – et pour cela elle ne fera qu'inverser les valeurs du Cusain (infini divers et non simple, différences et non identité…) –, elle gardera ce schéma grandiose qui ne laissera plus en jeu que les singularités et le plan de nature infini qui les traverse. La philosophie pourra continuer à dire : « tout est enveloppé dans l'Un mais l'Un est développé en tout ». Deleuze, particulièrement, saura ériger ce thème en fond même de sa philosophie.

Nicolas de Cues	*Gilles Deleuze*
Dieu : infini en acte	Plan de nature : infini actuel
Unité sans différences	Différences libres
Simplicité	Multiplicité de multiplicités infinies
Forme des formes	Plan sans formes, fonction, desseins
Personne Divine	Pré-individuel
Univers : contraction de l'infini	Univers : différences liées en strates
Singularités	Heccéités
Enveloppement et développement de l'infini	Plis de l'infini
Transcendance	Plan d'immanence et d'univocité

Ainsi ce passage de *Mille Plateaux*, où l'on retrouve tous les éléments précédents (infini actuel, nombre, singularités) et dans lequel Deleuze et Guattari s'emploient à définir le plan de consistance de la nature en relisant Spinoza.

> [Les éléments] sont les ultimes parties infiniment petites d'un infini actuel étalées sur un même plan, de consistance ou de composition. Elles ne se définissent pas par le nombre, puisqu'elles vont toujours par infinité. Mais suivant le degré de vitesse ou le rapport de mouvement et de repos dans lequel elles entrent, elles appartiennent à tel ou tel Individu, qui peut être lui-même partie d'un autre Individu sous un autre rapport plus complexe, à l'infini. Il y a donc des infinis plus ou moins grands, non d'après le nombre, mais d'après la composition du rapport où entrent leurs parties. Si bien que chaque individu est une multiplicité infinie, et la Nature, une multiplicité de multiplicités parfaitement individuée[2].

---

1. N. de Cues, *Le Tableau ou la vision de Dieu, op. cit.*, p. 10.
2. G. Deleuze et F. Guattari, *Mille plateaux*, Paris, Éditions de Minuit, 1980, p. 311.

Ce chiasme du fini et de l'infini imprègne fondamentalement les philosophies de la nature qui ne doivent rien à un subjectivisme quelconque ni ne se restreignent à un « maniérisme des corps ». Il s'agit de couper les choses par un plan de nature, capable de rendre compte de la spontanéité agissante, de l'élan intérieur qui emporte les choses du monde. Guéroult, à propos de Spinoza, a très bien mis en évidence cette expressivité du mode qui tient à son enveloppement dans l'infini, ce lien intrinsèque du mode à la vie de l'infini :

> 1° Nous sommes en Dieu (*In deo sumus*), sans être Dieu, puisque nous sommes en lui *ut in alio*, différant de lui par l'essence et par l'existence ; 2° la force qui est en nous, par quoi nous existons et faisons effort pour persévérer dans notre être (le *conatus*), est la force, la puissance ou la vie même de Dieu (*in Deo vivimus et movemus*) ; 3° nous ne sommes pas seulement les effets de la puissance, mais nous sommes les modes de sa substance [1].

Et de même comment détacher Nietzsche de cette trame ? Là encore, le caractère peu doctrinaire de ce qu'on nomme « perspectivisme » chez Nietzsche est frappant. Il y a une constante attribution du « perspectivisme » à Nietzsche comme s'il constituait un élément stable de doctrine. Or, le terme de perspectivisme est très rare chez Nietzsche et ne fait pas l'objet d'un développement doctrinaire quelconque. Tout cela contraste sérieusement avec la tentation de faire du « perspectivisme » l'alpha et l'oméga de la pensée nietzschéenne. Faut-il voir en Nietzsche un relativisme indépassable, une interprétation infinie ou encore un perspectivisme subjectiviste radical ? Rien ne l'autorise vraiment. À suivre la logique des textes, c'est d'abord à propos de la variation de l'apparence que le terme apparaît, Nietzsche affirmant que l'apparence n'est pas la même pour tous les vivants (contre Kant) et qu'elle varie selon la mise en forme phénoménale opérée par chaque espèce ou chaque corps. En réalité, il est impossible d'ériger le perspectivisme et l'interprétation en canevas primordial chez Nietzsche, sans les connecter aux innombrables autres énoncés sur la nature, à savoir le processus interne de vie, le « monde réel », et enfin à la formulation d'une hypothèse générale, la volonté de puissance. Si Nietzsche renonce très tôt à la connaissance du réel en soi, il ne s'agit pas non plus de faire comme s'il n'y avait de réalité qu'en soi (stable, identique, substantielle), ou de faire encore comme si tout réel n'existait jamais hors de l'interprétation. Déjà la vie ne cesse d'être invoquée comme socle de l'interprétation et des mises en perspective. Et derrière elle, le monde du

---

1. M. Gueroult, *Spinoza, Dieu (Éthique, 1), op. cit.*, p. 385-386.

devenir ne cesse d'être posé aussi comme seul réel. Cela est encore plus visible dans les derniers fragments posthumes où Nietzsche, face aux interprétations fictives de la métaphysique et à propos du nihilisme, invoque un monde « réel », « un monde tel qu'il est », un « monde qui est », le « monde du devenir », le monde de la Terre... La difficulté est donc de concilier chez Nietzsche, le pluralisme interprétatif (les mondes vitaux, l'interprétation par chaque corps), avec l'affirmation d'un seul « monde » qui serait le « seul réel » (réalisme), lui-même devant être incorporé au processus de vie (« pessimisme de la force »), et enfin avec l'hypothèse de la volonté de puissance. C'est précisément ici que se joue la philosophie de Nietzsche. Force est de constater que la mise en scène du lexique perspectif débouche plutôt sur l'élaboration d'une pensée de la vie et de la nature aux antipodes d'un relativisme sans envers, parce qu'elle suppose un plan qui recoupe les perspectives et en assigne le régime, et sans lequel aucune généalogie n'est possible, à savoir la volonté de puissance. Qu'est-ce qui peut bien fonder, demandons-nous seulement, le rapport entre perspectives chez Nietzsche sans cela? Rien? Une herméneutique générale? Un phénoménisme assumé? Un méta-perspectivisme (sonder le monde par le plus de perceptions possibles)? Un relativisme exacerbé? Aucune de ces solutions ne fonctionne. Il s'agit bien plutôt d'une autre exigence, celle de dépasser le point de vue du point de vue justement dans un plan qui recoupe chaque chose et que chaque chose enveloppe. Nietzsche dira ainsi « tout sens est volonté de puissance, tous les sens relationnels se laissent ramener à elle », « la volonté de puissance interprète »[1]... Il n'y a pas à retrancher ces énoncés du mouvement de la pensée nietzschéenne foncièrement chiasmatique, qui rabat l'interprétant sur sa clé (la volonté de puissance comme plan de nature) et la clé sur la variété interprétative (les volontés de puissance infiniment diverses). Il n'y a pas à la détacher d'une philosophie des corps, de la vie, et du monde réel qui en constitue le foyer éminent.

Je veux dire qu'une des sources de ce qu'on a appelé « perspectivisme » dans la philosophie n'a pas été produite comme une recherche optique ou géométrique sur le point de vue mais comme un moyen de régler la tension concernant le statut du fini dans l'infini en acte. C'est pourquoi ici le perspectivisme ne se présente jamais comme un point de vue subjectif mais comme la présence du tout dans chaque point d'être. Ce n'est pas une vision subjective mais une image asubjective, un reflet, une réfraction, ce n'est pas l'acte d'un sujet mais un plan de nature, ce n'est pas une ligne de fuite géométrique mais un pli d'enveloppement, ce n'est pas d'abord une

---

1. F. Nietzsche, *Œuvres complètes*, Paris, Gallimard, 1979, XII, 2 (148) ; XIV, 2 (77).

perception mais une expression, ce n'est pas un solipsisme mais une cosmologie infiniment variable ; ce n'est pas la question des corps mais de l'immanence dans les corps. Soustraire la perspective de ce plan infini, c'est sortir de la métaphysique telle qu'elle s'est constituée, c'est le rendre perspectif et psychologique, ou encore matériel et corporel. Il s'est agi au contraire de comprendre les étants, modes, monades, forces, comme des variations situées de l'insituable, comme les points intensifs d'un cosmos décentré, le plissement fractal d'un même ensemble. Que le fini enveloppe l'infini selon des modalités propres, c'est en somme la thèse neuve de ce mouvement de la métaphysique. Et même si l'on se passe de la notion d'infini comme le fait Nietzsche (mais pas Deleuze), reste la même idée – que le fini exprime un plan qui le traverse (volonté de puissance).

La métaphysique invente avec l'infini en acte une répartition ontologique capitale qui refondera le concept de nature en Occident. Cette invention n'a pas d'équivalent dans les autres cultures, du fait même de son point de départ, l'infini en acte, et surtout de son point d'arrivée : saisir partout le fini comme l'expression singulière d'un ensemble qui le comprend et qu'il comprend à son tour. Cette double exigence, saisir le fini dans l'infini et l'infini dans le fini, distingue cette forme de perspectivisme occidental, tout en offrant des possibilités de congruence avec l'anthropologie (la position d'immanence de chaque être au sein d'une communauté ontologique, l'appartenance à une multitude, l'enveloppement du monde en soi) – puissante vision qui n'est pas sans rappeler la « vision cosmomorphe » de certains peuples superbement dégagée par le grand anthropologue de la Mélanésie, Maurice Leenhardt[1].

Pierre MONTEBELLO
Université Toulouse – Jean Jaurès

---

1. M. Leenhardt, *Do Kamo : la personne et le mythe dans le monde mélanésien*, Paris, Gallimard, 1985.

OUVRIR LES MONADES ?
RETOUR SUR CE QUI FAIT PERSPECTIVE SELON LEIBNIZ

La notion de perspectivisme a été associée rétrospectivement à Leibniz. Une sorte de communauté philosophique s'est ainsi constituée après-coup entre des auteurs qui ont trouvé une manière d'inspiration conceptuelle dans l'image leibnizienne d'une ville comme multipliée perspectivement par une infinité de substances, et dont la formulation exemplaire se trouve dans la *Monadologie* :

> Et, comme une même ville regardée de différents côtés paraît tout autre, et est comme multipliée perspectivement ; il arrive de même, que par la multitude infinie des substances simples, il y a comme autant de différents univers, qui ne sont pourtant que les perspectives d'un seul selon les différents points de vue de chaque Monade [1].

Le point principalement retenu par la famille des perspectivistes est, pour le dire brièvement, que la position d'un point de vue à partir duquel se détermine une perspective n'est pas réservée aux seuls sujets humains, mais concerne rigoureusement tous les êtres jusque dans les moindres plis de la nature. C'est que la monadologie n'est pas une métaphysique de l'esprit mais une métaphysique de la nature, et les monades percevant selon un point de vue sont « les véritables atomes de la nature, et en un mot les éléments des choses » [2]. Si notre compréhension de ce qu'est un point de vue s'enracine sans doute d'abord dans notre expérience en première

---

1. G. W. Leibniz, *Monadologie*, 57, GP VI, p. 616. Nous employons les abréviations usuelles : GP = *Die Philosophischen Schriften von G. W. Leibniz*, éd. C. I. Gerhardt, Berlin, 7 t., 1875-1890, repr. Hildesheim, Olms, 1978, cité par tome et page ; A : *Sämtliche Schriften und Briefe*, édition des Académies des Sciences de Berlin-Brandebourg et de Göttingen, (Darmstadt) Berlin, Boston, Walter De Gruyter, 1923-…, cité par série, tome, page.

2. G. W. Leibniz, *Monadologie*, 3, GP VI, p. 607.

personne – qui est l'expérience située et encorporée d'un sujet humain – Leibniz constitue une ressource focale décisive pour tous ceux qui entendent contester la restriction de la subjectivité aux seuls humains, et dépasser en même temps la frontière qui a pu être posée entre l'esprit et la nature. Dans la citation ci-dessus, ce n'est pas tant l'adverbe « perspectivement » qui importe mais la « multitude infinie » à laquelle il est adossé : Leibniz étend les points de vue à toute la nature, multiplie les perspectives à l'infini, et ouvre à une compréhension inédite de la subjectivité derrière la plus infime des choses ou le regard du jaguar[1]. Toutefois, cette famille perspectiviste – et accordons qu'il y ait parfois de faux airs de famille – ne s'est jamais constituée en famille leibnizienne. C'est que la reprise du motif perspectiviste a été systématiquement accompagnée du refus de poser que les monades « n'ont point de fenêtres » selon la formulation de la *Monadologie* :

> Il n'y a pas moyen aussi d'expliquer comment une Monade puisse être altérée ou changée dans son intérieur par quelque autre créature ; puisqu'on n'y saurait rien transposer, ni concevoir en elle aucun mouvement interne, qui puisse être excité, dirigé, augmenté ou diminué là-dedans ; comme cela se peut dans les composés, où il y a des changements entre les parties. Les Monades n'ont point de fenêtres, par lesquelles quelque chose y puisse entrer ou sortir[2].

Au moment même où Leibniz multiplie les perspectives à l'infini, où il semble ouvrir des fenêtres de subjectivité dans toute la nature, l'énoncé des monades « sans fenêtres » – ou des substances « sans portes ni fenêtres » dont parle le *Discours de métaphysique*[3] – semble refermer ce qui vient d'être ouvert. La proposition apparaît unanimement comme une intenable condition de clôture, de fermeture, de repli sur un dedans sans dehors, d'où tout événement serait exclu, toute divergence rendue impossible, tout possible rejeté hors de l'actuel. Elle suscite une réaction unanime qui esquisse déjà une communauté : il faut soustraire cette condition de clôture – identifiée à la contrainte de l'harmonie préétablie – et ouvrir les monades pour faire émerger un nouveau perspectivisme, libéré, déthéologisé. À y regarder de près, la communauté des perspectivismes tient moins à ce qu'ils empruntent à Leibniz qu'à ce qu'ils en contestent, écartent, soustraient. C'est une ligue plus qu'une famille. Puisque cette question a émergé rétrospectivement, nous poserons d'abord quelques jalons pour

---

1. *Cf.* E. Viveiros de Castro, *Le regard du jaguar*, Bordeaux, Éditions la Tempête, 2021.
2. G. W. Leibniz, *Monadologie*, 7, GP VI, p. 607.
3. *Id.*, *Discours de métaphysique*, art. XXVI, A VI, 4, p. 1571.

l'histoire de l'ouverture des monades depuis le XIXe siècle. Il ne s'agira alors pas d'en traquer les déplacements ou les ruptures, mais de prendre occasion de ce front commun contre l'harmonie pour faire retour à Leibniz. Ou encore : il ne s'agira pas seulement d'examiner ce qui résiste aux objections de la ligue historique des perspectivistes, mais surtout de restituer *ce qui fait* profondément perspective chez Leibniz, et qui pourrait ouvrir aux perspectivismes contemporains des ressources encore inaperçues.

OUVRIR LES FENÊTRES DE LA MONADE : JALONS POUR L'HISTOIRE D'UNE REPRISE

La reconnaissance du caractère universellement perceptif de toute monade, et de l'impossibilité pour une monade d'agir sur une autre, ont toujours semblé extrêmement étranges et déroutantes aux lecteurs de Leibniz. Sa métaphysique fut ainsi soit immédiatement amendée (telle fut l'histoire des monadologies physiques qui parsemèrent le XVIIIe siècle) soit simplement écartée comme une fiction arbitraire : bien avant que Russell ne fasse de la monadologie « une sorte de fantastique conte de fée » (*a kind fantastic fairy tale*), Kant en avait fait « une sorte de monde enchanté » (*eine Art von bezauberter Welt*)[1]. Au milieu du XIXe siècle, l'ouvrage qui remporte le prix que l'Académie des Sciences morales et politiques de Paris met au concours – et qui devait statuer sur la philosophie de Leibniz en tenant compte de l'ensemble des textes édités – témoigne d'une condamnation persistante :

> La monadologie soulève des objections sans réplique [...]. Elle conduit à l'égoïsme absolu ; car, que le monde soit altéré, ou même détruit, et, pour la monade, ces changements passeront inaperçus. Miroir vivant, c'est le spectateur du dehors qui peut lire dans la monade, et non la monade du dedans qui voit en elle-même[2].

Sans relever les contresens d'une telle sentence, c'est bien encore la position d'une perception monadique sans dehors qui est ici visée.

---

1. B. Russell, *A critical exposition of the philosophy of Leibniz*, Cambridge, CUP, 1900, p. XIII ; trad. fr. J. et R. Ray, *La philosophie de Leibniz*, London, Gordon and Breach, 1970, p. VIII ; I. Kant, *Preisschrift über die Fortschritte der Metaphysik*, Akademie Ausgabe, t. XX, p. 285 ; trad. fr. A. Grandjean, *Les progrès de la métaphysique*, Paris, GF-Flammarion, 2013, p. 115.

2. J.-F. Nourrisson, *La philosophie de Leibniz*, Paris, Hachette, 1860, p. 452-453.

Les progrès de l'édition vont toutefois bientôt contribuer à lever l'anathème au prix d'un nouvel amendement : ouvrir les monades.

Boutroux-Tarde-Deleuze

Le regain d'intérêt pour la *Monadologie* tient essentiellement à l'édition scientifique d'Émile Boutroux en 1881. Elle ouvre une ligne de réception qui, en France, passe par Tarde, Bergson, Deleuze ou Latour. Même si une telle édition se justifiait par les incohérences entre la première édition du texte original français, publiée par Erdmann en 1840, et les traductions allemandes et latines (1720-1721) par lesquelles il était jusqu'alors connu, les circonstances de celle-ci tiennent, très prosaïquement, à une réforme du programme d'enseignement en France. Leibniz a en effet été supprimé du programme du baccalauréat sous Napoléon III ; une partie des *Essais de Théodicée* y est incluse en 1874, et la *Monadologie* est ajoutée en 1880. L'édition Boutroux sert ensuite de textes princeps à de nombreuses éditions scolaires. À l'examen, on pose une question centrale de la réception de Leibniz : « Que veut dire Leibniz quand il soutient que les monades n'ont pas de fenêtres ? ». Dans les éclaircissements qui accompagnent son édition, Boutroux affronte l'objection de la fermeture monadique comme déterminant une action purement intérieure, sans dehors. Il commente ainsi la caractérisation de l'appétition comme action du principe interne, au § 15 de la *Monadologie* :

> Ce qu'on appelle force n'est qu'une forme dérivée et déjà quelque peu phénoménale de la tendance. C'est pour avoir méconnu ce caractère de la force dans Leibnitz qu'on a demandé parfois pourquoi l'action de la monade est, selon lui, toute intérieure. En ramenant, allègue-t-on, la substance à la force, Leibnitz n'avait-il pas justement rendu possible l'action des monades les unes sur les autres ? – Mais la force, pour Leibnitz, est encore une dénomination quelque peu extrinsèque et confuse : elle ne devient distincte qu'en se résolvant dans la dénomination tout interne d'appétition, ou tendance à des perceptions nouvelles, plus distinctes que les précédentes. Il est donc parfaitement conforme aux principes du système que les monades n'aient ni portes ni fenêtres[1].

La note est succincte et semble ramener la difficulté à une question de lexique : la *force* est ici reconduite au plan phénoménal des corps, qui s'exercent les uns sur les autres, et est écartée du plan de la monade où son *action* désigne la tendance à de nouvelles perceptions. Hormis le fait que

---

1. Leibnitz (*sic*), *La monadologie publiée d'après les mss.*, Paris, Delagrave, 1881, p. 149.

Leibniz emploie bien ailleurs le lexique de la force pour la monade, Boutroux n'explicite pas la difficulté associée à la question de la fermeture de la monade, mais réaffirme simplement ce qui est « conforme aux principes du système », à savoir la distinction des plans des monades et des corps, qu'il qualifie en passant comme un rapport de *dérivation*. De fait, l'énoncé d'une « monade sans fenêtre », c'est-à-dire immune de toute action efficiente d'un dehors sur un dedans, n'a pas de sens indépendamment de son couplage réglé au plan des corps où de telles actions extérieures s'effectuent – couplage que Leibniz nomme aussi « harmonie ». On comprend ainsi que le motif d'une ouverture des monades va systématiquement prendre la forme d'une attaque contre l'harmonie comprise comme une contrainte de fermeture, c'est-à-dire de solidification d'un monde commun prédéterminé.

Un tel motif est explicite dans l'essai de Gabriel Tarde « Les monades et les sciences sociales » (1893), révisé en 1895 sous le titre de « Monadologie et sociologie » :

> Comme complément de ses monades closes, Leibniz fait de chacune d'elles une chambre obscure où l'univers entier des autres monades vient se peindre en réduction et sous un angle spécial ; et, en outre, il a dû imaginer l'harmonie préétablie, [...] sorte de commandement mystique auquel tous les êtres obéiraient et qui n'émanerait d'aucun être, sorte de verbe ineffable et inintelligible qui, sans avoir jamais été prononcé par personne, serait néanmoins écouté partout et toujours [1].

Tarde entend se débarrasser de cette harmonie inintelligible et faire place à une interaction monadique qui serait alors rendue intelligible par des lois de l'imitation ou de l'adaptation. Dans un monde commun figé d'avance, les monades-chambres obscures mènent des vies pour ainsi dire parallèles, extérieures les unes aux autres, sans aucune interaction ; dans une société de « monades ouvertes qui s'entre-pénétreraient réciproquement au lieu d'être extérieures les uns aux autres » [2], les monades peuvent s'agréger, s'assembler, se posséder ou s'adapter les unes aux autres : elles ne suivent pas une harmonie déjà établie, mais elles s'harmonisent, elles inventent des processus d'harmonisation [3]. En faisant soustraction de *l'*harmonie comme contrainte constitutive d'un monde, *les* harmonies se font et se défont comme autant de touts ou de sociétés

---

1. G. Tarde, « Monadologie et sociologie », dans *Essais et mélanges sociologiques*, Paris-Lyon, Storck-Masson, 1895, p. 335-336.

2. *Ibid*.

3. *Id.*, *Les lois sociales. Esquisse d'une sociologie*, Paris, Alcan, 1898, p. 159.

– ces « possession[s] réciproque[s], sous des formes extrêmement variées, de tous par chacun »[1]. Tarde voit même dans l'abandon d'une unité donnée d'avance – et que nos théories et abstractions chercheraient à formuler – « le service que pourrait rendre aux sciences l'affirmation des monades »[2].

Sans développer davantage, soulignons deux phrases qui situent la proposition d'une ouverture des monades. D'un côté, Tarde les définit comme des « virtualités élémentaires, [...] chacune portant en soi son univers distinct, son univers à soi et en rêve »[3] – sans aucun monde commun donné d'avance. D'un autre côté, chacune est ouverte à une interaction possible avec toute autre : l'imitation est ainsi qualifiée d'« empreinte de photographie inter-spirituelle » ou d'« action à distance d'un esprit sur un autre, [...] qui consiste dans une reproduction quasi photographique d'un cliché cérébral par la plaque sensible d'un autre cerveau »[4]. Il n'est pas sûr que la notion d'action à distance d'un esprit sur un autre soit plus intelligible que celle d'harmonie[5] ; mais on voit la difficulté à en donner une image : tant l'ancienne *camera obscura* que le moderne daguerréotype présentent un modèle d'interaction physique, qui plus est, de pure réceptivité. Ils donnent plutôt l'image d'un spectateur immobile que d'un agent se libérant du carcan de l'harmonie.

La seconde reprise que nous mentionnons, et qui a servi de foyer de référence pour certains perspectivismes contemporains, est celle de Gilles Deleuze[6]. C'est lui qui a mis en scène la communauté philosophique des perspectivistes (Leibniz, Nietzsche, Whitehead, lui-même) tout en désignant très explicitement la contrainte leibnizienne de l'harmonie comme devant être dépassée. C'est que Leibniz aurait soumis « les points de vue à des règles exclusives telles que chacun ne s'ouvrait sur les autres que pour autant qu'ils convergeaient : les points de vue sur la même ville »[7]. De nouveau, cette harmonie est comprise comme scellant l'inaction des monades :

---

1. G. Tarde, « Monadologie et sociologie », *op. cit.*, p. 370.

2. *Ibid.*, p. 335.

3. *Id.*, *Les lois sociales*, *op. cit.*, p. 163.

4. *Id.*, *Les lois de l'imitation. Étude sociologique*, Paris, Alcan, 1895, p. VIII.

5. Leibniz rejette l'action à distance comme précisément inintelligible, voir *Cinquième écrit contre Clarke*, GP VII, p. 417.

6. Sur ces reprises, voir notre « "The Point of View is in the Body" : On the Leibnizian Turns of Anthropology », *in* J. Weckend et L. Strickland (eds), *Leibniz's Legacy and Impact*, London, Routledge, 2019, p. 225-241.

7. G. Deleuze, *Logique du sens*, Paris, Éditions de Minuit, 1969, p. 203.

> Comme ce monde n'existe pas hors des monades qui l'expriment, celles-ci ne sont pas en prise et n'ont pas de relations horizontales entre elles, pas de rapports intra-mondains, mais seulement un rapport harmonique indirect, pour autant qu'elles ont le même exprimé : elles « s'entr'expriment » sans se capter. On dira dans les deux cas [Leibniz et Whitehead] que les unités monadiques ou préhensives n'ont pas de porte ni de fenêtre. Mais, selon Leibniz, c'est parce que l'être-pour-le monde des monades est soumis à une condition de clôture, toutes les monades compossibles incluant un seul et même monde [1].

Les monades ouvertes sur un même monde sont en réalité fermées les unes aux autres, et comme enfermées dans des vies parallèles. La contrainte de clôture tient évidemment au choix divin du meilleur des mondes possibles, par lequel *une* seule de toutes les séries compossibles passe à l'existence, après comparaison et sélection. Mais si l'on soustrait cette condition transcendante et si l'on déplace la condition de ce qui est (et de ce qui vit) dans les choses mêmes, alors cette simple soustraction ouvre à l'appartenance de la monade à des séries divergentes, qui en fait l'ouverture :

> Quand la monade est en prise sur des séries divergentes qui appartiennent à des mondes incompossibles [...], on dirait que la monade, à cheval sur plusieurs mondes, est maintenue à demi ouverte comme par des pinces. Dans la mesure où le monde est maintenant constitué de séries divergentes (chaosmos), ou que le coup de dés remplace le jeu du Plein, la monade ne peut plus inclure le monde entier comme dans un cercle fermé modifiable par projection, mais s'ouvre sur une trajectoire ou une spirale en expansion qui s'éloigne de plus en plus d'un centre. [...] Les monades s'entrepénètrent, se modifient, inséparables de blocs de préhension qui les entraînent, et constituent autant de captures transitoires [2].

Si la monade devient si facilement nomade, et en même temps prise dans des réseaux de capture, une fois la soustraction de Dieu faite, c'est qu'elle était posée dès le départ comme une caisse de résonance, certes non percée de fenêtres, mais susceptible de « traduire en sons les mouvements visibles d'en bas » [3].

1. G. Deleuze, *Le pli*, Paris, Éditions de Minuit, 1988, p. 110.
2. *Ibid.*, p. 188-189.
3. *Ibid.*, p. 6.

Dillmann-Husserl-Heidegger

La réception est remarquablement parallèle en Allemagne. Dix ans après l'édition de Boutroux, mais en bénéficiant aussi de l'édition complète de Gerhardt, Eduard Dillmann poursuit un objectif analogue à celui de Boutroux : exposer la monadologie dans ses fondements afin de montrer qu'elle est exempte des inconsistances dont on l'accable. Comme Boutroux, Dillmann réexpose l'hypothèse de l'harmonie qui fait tenir ensemble le plan des corps qui s'entrechoquent et celui des monades qui n'ont pas de fenêtres. Mais il ne conclut qu'à l'absence de contradiction logique du système :

> Nous voulons naturellement dire qu'il n'y a pas de contradiction avec lui-même ; car que ce système soit en conflit avec des faits de l'expérience ou des résultats avérés de la science, ce n'est pas le lieu d'en décider ici[1].

La porte est ainsi grande ouverte à la contestation des monades sans fenêtres. C'est par la pensée de l'intentionnalité – et non la question de l'imitation – que la pensée d'un dehors s'infiltre en Allemagne. Husserl, d'abord, repense l'intériorité de l'*ego* comme impliquant mutuellement son dehors. Il proteste :

> Dans la considération intentionnelle de l'intériorité, il apparaît que les monades sont impliquées les unes au sein des autres, que le dehors et le dedans n'entrent pas ici en contradiction, mais *s'appellent* au contraire l'un l'autre[2].

Et il revendique l'ouverture des monades :

> Leibniz disait que les monades n'ont pas de fenêtres. Je pense quant à moi que chaque monade spirituelle a des fenêtres en nombre indéfini, à savoir que chaque perception douée de compréhension d'une chair étrangère est une telle fenêtre et, chaque fois que je dis « s'il te plaît, cher ami », et qu'il me répond avec compréhension, un acte égoïque [*ein Ichakt*] de mon moi est passé dans le moi de l'ami [*das Freundes-Ich*] et [réciproquement] [*wechselseitig*] depuis nos fenêtres ouvertes, une motivation réciproque a produit entre nous une unité réelle, bien effectivement une unité réelle[3].

---

1. E. Dillmann, *Eine neue Darstellung der Leibnizischen Monadenlehre auf Grund der Quellen*, Leipzig, Reisland, 1891, p. 524.

2. Lettre de Husserl à Mahnke du 17 octobre 1932 ; trad. fr. D. Pradelle, dans « Husserl/Mahnke correspondance (1917-1933) », *Philosophie* 129/2, 2016, p. 39.

3. E. Husserl, *Hua XIII*, supplément LIV, p. 473, trad. fr. N. Depraz, *Transcendance et incarnation. Le statut de l'intersubjectivité comme altérité à soi chez Husserl*, Paris, Vrin, 1995, p. 322.

L'ouverture de la fenêtre signifie bien la possibilité d'une causalité réciproque, qui n'intervient pas – comme dans le monde physique – entre des corps mais entre des « moi » ou « monades » : mon moi et le moi de l'ami[1]. C'est par ces « fenêtres de la *causalité* réciproque *spécifiquement monadique* »[2] qu'advient précisément une « unité réelle » qui n'était pas donnée d'avance, prédéterminée, pré-établie : de nouveau, l'ouverture d'une interaction réelle entre monades vient contester la donne d'une harmonie qui garantirait, quoiqu'il advienne, l'unité du monde dans son ensemble en la rapportant à une unité supérieure. Husserl substitue lui aussi à la contrainte d'une harmonie unique des processus d'harmonisation des monades entres elles et par elles.

Heidegger, de son côté, prolonge le geste d'ouverture des monades dans le sens de la transcendance originaire du *Dasein* en tant qu'*être-au-monde*. Il ne s'agit plus de reconnaître la réciprocité mutuelle d'une intériorité et d'une extériorité, mais de reconnaître que le *Dasein* est pour ainsi dire la monade immédiatement et entièrement au dehors. En ce sens, Heidegger rejoint Leibniz pour dire que la monade n'a pas de fenêtre, mais parce qu'elle n'est en réalité plus que fenêtre :

> Le *Dasein* n'est pas enfermé dans une boîte. Les fenêtres lui sont inutiles en raison de sa transcendance originaire. [...] Leibniz n'a pas réussi à voir que la monade, dans la mesure où elle est essentiellement représentative, c'est-à-dire miroir du monde, est transcendance, et qu'elle n'est pas un étant subsistant à la manière d'une substance, une boîte dépourvue de fenêtre[3].

En somme, étant déjà tout en dehors, et constituant ainsi un monde, la monade-*Dasein* se passe de l'harmonie constitutive du monde. On pourrait davantage développer les parallèles entre les lignes Boutroux-Tarde-Deleuze et Dillmann-Husserl-Heidegger, mais il s'agissait ici de simplement évoquer le dispositif commun à cette revendication d'une ouverture des monades.

---

1. E. Husserl, *Sur l'intersubjectivité*, t. II, trad. fr. N. Depraz, Paris, P.U.F., 1994, p. 522 : « *Chaque moi est une "monade"*. Mais les monades ont des fenêtres. Elles *n*'ont *pas* de fenêtres ni de portes dans la mesure où aucun autre sujet ne peut y pénétrer *sur un mode réel*, mais à travers elles (les fenêtres sont les empathies), je puis faire l'expérience de ce sujet tout aussi bien que je fais l'expérience de vécus passés propres moyennant le re-souvenir ».

2. *Ibid.*, p. 541-542.

3. M. Heidegger, *Les problèmes fondamentaux de la phénoménologie* [1927], trad. fr. J.-F. Courtine, Paris, Gallimard, 1985, p. 360-361.

Perspectives sans harmonie

Ces quelques jalons sont loin de faire inventaire. D'autres auteurs ont thématisé l'ouverture des monades, à commencer par Schelling, Feuerbach ou Walter Benjamin. Et sans thématiser cette ouverture, on aura compris que ceux qui ont contesté l'harmonie préétablie leibnizienne rejoignent cette ligue. C'est le cas de Bergson qui interprète les métaphysiques spinoziste et leibnizienne comme posant que « la réalité, comme la vérité, serait intégralement donnée dans l'éternité », et comme répugnant « à l'idée d'une réalité qui se créerait au fur et à mesure », c'est-à-dire « au fond à l'idée d'une durée absolue »[1]. Bergson entend maintenir des possibles effectifs au cœur du réel, et comme ménager un halo de virtualités autour de la monade – ce que la fermeture monadique semble précisément interdire. En notant cette différence, le jeune Michel Foucault réintroduit très à propos la question de l'ouverture des monades :

> – Pourtant différences dans le virtuel : le virtuel est chez Leibniz intérieur à la monade. Le virtuel chez Bergson lui est extérieur : c'est ce qui peut être perçu ; « La monade de Bergson est toute en portes et en fenêtres » ; le problème est de savoir chez Bergson comment les portes et les fenêtres se font[2].

Le motif est encore repris par Bruno Latour, qui substitue à l'harmonie le modèle de la négociation à la frontière :

> Leibniz a bien raison de dire que les monades n'ont ni porte ni fenêtre puisqu'elles ne sortent jamais d'elles-mêmes. Pourtant, ce sont des écumoires car elles ne cessent de négocier leurs frontières, qui seront les négociateurs et ce qu'ils devront faire, de sorte qu'elles finissent imbriquées l'une dans l'autre comme des chimères sans pouvoir s'entendre sur ce qui est porte et ce qui est fenêtre, sur ce qui est du côté cour et du côté jardin[3].

Partout et toujours, une même reprise ; partout et toujours une même critique. L'harmonie transformerait les monades en spectatrices immobiles, menant des vies parallèles, privées d'interaction entre elles, condamnées – et pour ainsi dire extérieures – au scenario préétabli qui se déroule sur le théâtre du monde, où plus rien ne serait à faire ni à inventer,

---

1. H. Bergson *L'évolution créatrice*, Paris Alcan 1907 (3e éd.), p. 382.

2. M. Foucault, « La perception du côté de l'objet », Bibliothèque nationale de France, cote NAF 28730, éd. en ligne par l'équipe *Fiches de lecture de Michel Foucault*, projet EMAN (Thalim, CNRS-ENS-Sorbonne nouvelle) : https://eman-archives.org/Foucault-fiches/items/show/3666.

3. B. Latour, *Irréductions*, prop. 1.2.7, dans *Les Microbes : guerre et paix, suivi de Irréductions*, Paris, La Découverte, 1984, p. 184.

où il n'y aurait plus de place pour l'émergence de nouvelles possibilités ni de nouvelles sollicitations d'existence. L'existence d'un tel front exige de revenir à Leibniz.

CE QUI FAIT PERSPECTIVE SELON LEIBNIZ

Il serait sans intérêt d'accuser les méprises de ceux qui revendiquent d'interpréter de manière non littérale, ou de faire des enfants monstrueux dans le dos des auteurs. Chaque reprise reste légitime dans la perspective qui est la sienne. Mais que le front commun contre l'harmonie n'interroge pas son site propre chez Leibniz, et s'en tienne à cette représentation non seulement claustrale mais proprement pénitentiaire que nous venons d'évoquer, ne doit pas nous empêcher d'y regarder de plus près. Nous retournerons donc aux propositions principales de ce qui fait advenir une perspective chez Leibniz, qui nous semblent éviter certaines objections suscitées par cet imaginaire pénitentiaire de l'harmonie, et qui pourraient donc ouvrir à d'autres reprises.

Fenêtre sur corps

L'harmonie préétablie ne concerne d'abord *pas* l'accommodement des êtres compossibles dans un monde, mais une autre contrainte métaphysique dont il faut partir : l'union indissoluble d'une monade et d'un corps propre associé[1]. Cette contrainte, que l'on peut reformuler en termes d'encorporation[2], n'a rien d'une hypothèse naturaliste. Elle est au contraire l'expression d'une humilité épistémique, qui renonce à poser une causalité efficiente entre l'agencement mécanique des parties des corps matériels et la simplicité perceptive de la monade : poser une telle causalité – ou en proposer une figuration sur le modèle d'un moulin à penser, d'une *camera obscura* ou d'une membrane vibrante transmettant des sons – est proprement inintelligible pour Leibniz[3]. La monade n'*a* pas de fenêtre par où on rendrait raison de son union avec le corps, sur le mode d'un influx *dans* la monade ; mais elle *est* une fenêtre qui ouvre d'abord sur son corps

---

1. G. W. Leibniz, *Monadologie*, 62, GP VI, p. 617.
2. Voir notre « Encorporation et point de vue selon Leibniz. Apostille à la lecture de Deleuze », dans Q. Landenne (éd.), *Philosopher en points de vue. Histoire des perspectivismes philosophiques*, Bruxelles, Presses de l'Université Saint-Louis, 2020, p. 129-155. La doctrine leibnizienne du corps exigerait de distinguer encore entre structure de corps organique et corps phénoménal, mais cela n'est pas nécessaire au présent propos.
3. G. W. Leibniz, *Monadologie*, 17, GP VI, p. 609.

associé, c'est-à-dire qui le représente le plus clairement. La monade, qui est tout en dedans, est par définition ouverte sur un dehors – le corps *phéno-ménal* qu'elle perçoit. Si l'on fait abstraction de l'encorporation mona-dique, alors on réduit la perspective monadique à un abstrait : une série de perceptions plus ou moins claires ou obscures. Mais cette série n'advient pas comme de pures pensées logiques qu'un archi-entendement pourrait engendrer, elle est d'abord une série qui advient à un point de vue. Et Leibniz désigne très clairement le corps associé comme *ce qui fait le point de vue* :

> [Tout ce que le corps peut offrir se présente à l'âme par l'enfilade de pensées] independemment d'un dehors qui les fasse naistre dans l'ame et neantmoins conformement au reste de l'univers, mais particulierement aux organes du corps qui fait son point de vüe dans le monde, et c'est en quoy consiste leur union. Tout ce qu'on peut pretendre au dela n'est point necessaire[1].

Ou encore : « Ainsi on doit placer *l'âme dans le corps*, où est son point de veue suivant lequel elle se représente l'univers présentement »[2]. L'union avec *un* corps propre permet en effet de penser son union, média-tisée, avec *tous* les corps de l'univers : l'hypothèse du plein étant accordée, chaque corps se ressent de proche en loin de tous, même de manière infini-tésimale ; et la monade qui représente particulièrement son corps associé les représente en même temps tous, même de manière obscure[3]. C'est ainsi par l'encorporation d'un être (harmonie$_1$) que l'on peut mieux saisir le sens de l'harmonie universelle de tous les êtres (harmonie$_2$) : l'accommodement de tous les êtres est d'abord déterminé par la compatibilité physique des corps, tant en un instant de l'univers que tout au long de son histoire. Le mot même de « compatibilité » des corps – le fait de « pâtir avec », de s'éprouver et de se résister mutuellement – vient signifier le lieu de l'accommodement bien plus clairement que la « compossibilité » logique ou que la « conver-gence » mathématique[4].

---

1. G. W. Leibniz, *Système nouveau* (premier brouillon), GP IV, p. 476-477.

2. *Id.*, « Lettre à Lady Masham », 30 juin 1704, GP III, p. 357. L'expression est para-phrasée ainsi par Deleuze « Le point de vue est dans le corps, dit Leibniz » (G. Deleuze, *Le pli*, *op. cit.*, p. 26).

3. G. W. Leibniz, *Monadologie*, 61, GP VI, 617. La notion d'expression ne concerne pas seulement la monade, c'est le corps ou la matière qui « exprime » l'univers, *ibid.*, 62 et 65, GP VI, p. 617-618.

4. La traduction de la compossibilité en convergence est proposée par G. Deleuze. Voir *Logique du sens, op. cit.*, p. 201.

La monade est fenêtre sur corps – corps au singulier d'abord, et immédiatement corps au pluriel. Elle enveloppe le monde, ce que l'on pourrait écrire : mon(a)de. On ne répond donc pas à l'objection de la fermeture monadique en rappelant simplement son ouverture au monde : l'objection ne porte pas contre l'harmonie₁ mais contre l'harmonie₂. Mais au lieu de concevoir l'harmonie₂ comme une contrainte pour ainsi dire externe, transcendante, qui viendrait se surajouter à la donne des monades percevantes, qui viendrait les river aux fers métaphysiques de l'arbitraire divin, et dont il suffirait de se libérer, l'harmonie₁ donne à comprendre que la compossibilité des êtres est avant tout une contrainte interne, immanente, et qui ainsi échappe à toute volonté divine. C'est un point décisif et souvent négligé.

Mon(a)de : immanence de l'existiturience

Il semble que la grande scénographie du meilleur des mondes possibles ait pour ainsi dire médusé la réception de Leibniz et durablement détourné l'attention de ce qui constitue un monde possible, de ce qui fait une mon(a)de possible. Leibniz est pourtant explicite :

> Il y a dans les choses possibles ou dans la possibilité même, c'est-à-dire dans l'essence, une certaine exigence d'existence, ou bien, pour ainsi dire, une prétention à l'existence, en un mot [...] : l'essence tend par elle-même à l'existence. D'où il suit encore que tous les possibles, c'est-à-dire tout ce qui exprime une essence ou réalité possibles, tendent d'un droit égal à l'existence, en proportion de la quantité d'essence ou de réalité, c'est-à-dire du degré de perfection qu'ils impliquent. Car la perfection n'est autre que la quantité d'essence[1].

Leibniz appelle aussi « existiturience » cette demande d'existence de la monade à mesure même de la quantité de réalité qu'elle enferme[2]. La nature dynamique, et non simplement logique, du possible inscrit immédiatement – dès l'entendement divin, *ante creationem* – la monade dans des relations de puissance, dans des confrontations à d'autres existiturences qui donnent lieu soit à des exclusions réciproques, soit à différentes formes d'accommodements et de limitations : les différents mondes possibles. La puissance constitutive de la monade fait qu'elle se constitue elle-même en même temps qu'elle constitue son monde : un monde de

---

1. G. W. Leibniz, *De rerum originatione*, dans *Opuscules philosophiques choisis*, trad. fr. P. Schrecker, Paris, Vrin, 2001, p. 173.

2. *Id.*, [*De ratione cur haec existant potius quam alia*], A VI, 4, p. 1634-1635.

monades possibles, c'est-à-dire de monades dont les corps possibles se résistent et se limitent mutuellement. L'harmonie$_2$ qui vient caractériser chaque monde possible est simplement *un* résultat du concours des existituriences, parmi l'infinité des concours possibles.

Leibniz désigne l'entendement divin – ou la région des idées – comme le lieu de l'autoconstitution de ces mon(a)des possibles. Il faut toutefois prendre garde : Dieu *trouve* en lui ces possibles comme se faisant, il ne les *crée pas*. Il les considère comme étant pour ainsi dire « déjà là », et comme échappant entièrement à son arbitraire – exactement de la même manière qu'il trouve en lui les nombres et les vérités nécessaires et ne les crée pas. On objectera que ces possibles n'ont pas de *réalité* s'ils ne sont pas au moins pensés comme possibles par un tel entendement. Mais Leibniz introduit à cet effet une distinction : Dieu fait « ce qu'il y a de réel dans la possibilité »[1], et confère pour ainsi dire une réalité concrète au possible, mais il *ne fait pas la possibilité du possible*. Que deux et deux fassent quatre, ou que telles existituriences s'harmonisent de telle manière en un tel monde, cela ne dépend *pas* de sa volonté. Comme le résume un grand connaisseur : « Cette harmonie entre des monades compatibles, Dieu la trouve dans son intellect et ne l'a pas plus créée que les essences »[2].

Il faut donc se représenter l'entendement divin comme lieu de divergences infinies entre une infinité de mondes, où chacun s'auto-constitue de manière immanente sans qu'aucune harmonie$_2$ ne lui préexiste. Les monades agissent, tendent à l'existence, exercent leurs puissances, produisent des séries de perceptions – ce que Leibniz va qualifier de *vie* – pour ainsi dire malgré Dieu. Il y a une vie dynamique des possibles, et des processus d'harmonisation qui se forment entre les monades, et que Dieu trouve ou constate dans son entendement. Dans la grande scénographie du meilleur des mondes possibles, on a beaucoup insisté sur le calcul du meilleur et la manière dont celui-ci inclinait la volonté divine ; mais on a peu insisté sur le fait que ce calcul porte sur des harmonies, des processus qui se forment précisément indépendamment de la volonté divine. L'entendement divin selon Leibniz ne clôt rien : il est le lieu de la production des différences, de l'affirmation des séries infiniment divergentes.

---

1. G. W. Leibniz, *Monadologie*, 43, GP VI, p. 614.

2. H. Schepers, *Die sich* selbst *und ihre Welt konstituierende Monade*, Hannover, Wehrhahn, 2016, p. 14 et p. 34.

Il reste vrai que le choix divin ne fait passer à l'existence qu'*un* seul monde, qui présente le plus grand quantum de réalité et a ainsi une plus lourde tendance à l'existence que les autres. Mais ce passage à l'existence n'annule pas pour autant l'existiturience qui est au cœur de toute chose. L'existiturience n'est pas une marque de la réalité du possible qui disparaîtrait avec le passage à l'existence : Leibniz a suffisamment insisté sur le fait que l'existence n'ajoutait rien à la réalité du possible, qu'elle n'est pas une perfection qui augmente ou modifie sa réalité, mais qu'elle est simplement le signe d'un excès de perfection d'une série possible sur une autre[1]. Dans les choses actuelles créées comme dans les choses possibles incréées, le conflit des existituriences ne cesse pas : chacune enveloppe en permanence une infinité de demandes d'existence – un halo de possibles – même si toutes ne peuvent prévaloir – en raison de leurs limitations réciproques.

Les frontières du sujet

L'esquisse succincte de l'harmonie$_1$ et de l'harmonie$_2$ permet de comprendre que ce qui constitue en propre les perspectives monadiques sont leurs limitations ou leurs frontières réciproques – qui sont en même temps des modifications permanentes[2]. Cela suggère à Leibniz un usage de la notion de « sujet » non pour signifier la puissance active, le centre d'émergence des perceptions, ou ce qu'il appelle aussi l'entéléchie, mais pour désigner la série des limitations qui viennent décrire très précisément une perspective, et par conséquent la position d'un sujet[3]. En ce sens, le sujet n'est pas l'activité, mais ce qui borne ou limite l'activité. On peut certes considérer ce « sujet » abstraitement comme la série des limitations de la monade et en donner un concept purement logique, et même le caractériser par l'image du développement mathématique des termes d'une série[4]. Mais il ne faut pas oublier que ces frontières du sujet décrivent le corps associé à la monade, c'est-à-dire les frontières continuellement changeantes de ce corps dans un monde – que ce soit un corps possible dans l'entendement divin ou un corps actuel dans le monde créé. Leibniz

---

1. *Cf.* G. W. Leibniz, *Existentia*, A VI, 4, p. 1354.

2. Sur l'identification de la modification à la limitation, voir G. W. Leibniz, « Lettre à De Volder du 30 juin 1704 », GP II, 270.

3. Sur la distinction *fontes et principia (simul et subjecta)*, *cf.* G. W. Leibniz, « Lettre à De Volder de janvier 1705 », GP II, 278 ; sur la distinction *fons / subjectum modificationis*, *cf.* G. W. Leibniz, « Lettre à Des Bosses du 19 août 1715 (sur la distinction *fons / subjectum modificationis*), GP II, p. 504.

4. *Cf.* G. W. Leibniz, « Lettre à De Volder, 21 janvier 1704 », GP II, p. 262.

présente ainsi parfois la nature d'une âme (« sujet » au sens de l'entéléchie) comme une perspective à partir d'un certain site, c'est-à-dire comme des limitations (selon l'autre sens du « sujet ») que l'on peut penser à partir d'un corps particulier :

> En tant que Dieu rapporte l'univers à quelque corps particulier et regarde ce tout lui-même comme à partir de ce corps (*velut ex hoc corpore spectat*), ou bien – ce qui est la même chose – en tant qu'il pense toutes les apparences c'est-à-dire les relations des choses à ce corps considéré comme étant immobile, il en résulte (*inde resultat*) la forme substantielle ou l'âme de ce corps, laquelle est complétée par quelque sensation et appétit[1].

Le sujet est ce qui advient au point de vue. Telle est la proposition que Deleuze mettra au fondement des perspectivismes : « Si vous voulez, le sujet est second par rapport au point de vue. Et bien, dire ça, ce n'est pas de la tarte, ce n'est pas rien »[2]. La formule peut toutefois embarquer le commentaire sur une fausse route, s'il comprend que c'est la considération de Dieu qui fait le point de vue. Or, nous l'avons vu, Dieu donne de la réalité au possible mais ne fait pas le point de vue : il regarde (*spectat*) ce qui se donne en lui. Une formulation, plus connue, du *Discours de métaphysique* a contribué à embarquer les commentateurs :

> Dieu tournant pour ainsi dire de tous costés et de toutes les façons le système général des phénomènes [...] le résultat de chaque veue de l'univers, comme regardé d'un certain endroit, est une substance qui exprime l'univers conformément à cette veue[3].

À notre connaissance, cette formulation un peu étrange est isolée dans le corpus leibnizien. Elle est étrange parce qu'elle part du système des phénomènes – c'est-à-dire des corps – comme étant donné dans l'entendement divin pour ensuite déterminer des points de vue sur ce système, que viendraient pour ainsi dire remplir ou activer des substances. C'est étrange : les phénomènes sont précisément inséparables des substances (selon l'harmonie$_1$), et ce qui fait système n'est évidemment pas donné indépendamment des substances qui, seules et d'elles-mêmes, font système (selon l'harmonie$_2$). On peut ainsi tirer ce passage vers une

---

1. G. W. Leibniz, *Origo animarum et mentium*, A VI, 4, p. 1460.
2. G. Deleuze, « Cours du 15 avril 1980 », en ligne sur Webdeleuze, https://www.webdeleuze.com/textes/48, mis à jour en 2020, consulté le 15 juillet 2022. Et la formulation définitive dans *Le pli, op. cit.*, p. 27 : « Tel est le fondement du perspectivisme. Celui-ci ne signifie pas une dépendance à l'égard d'un sujet défini au préalable : au contraire, sera sujet ce qui vient au point de vue, ou plutôt ce qui demeure au point de vue ».
3. G. W. Leibniz, *Discours de métaphysique*, art. IX, A VI, 4, p. 1549-1550.

doctrine que Leibniz n'a jamais formulée : que les substances expriment un monde qui est *déjà* donné, présupposé, préétabli. On devine le modèle mathématique derrière une telle lecture : les sections coniques sont des perspectives sur un cône qui est déjà présupposé. Telle n'est pourtant pas la proposition de Leibniz ni la figuration qu'il en donne : les perspectives *font* l'exprimé, et ne le présupposent pas comme déjà donné.

S'il faut identifier un « perspectivisme » de Leibniz, il n'a qu'un rapport métaphorique avec le perspectivisme pictural d'Alberti ou les projections coniques de Desargues, lesquels maintiennent l'extériorité de l'exprimant et de l'exprimé. Leibniz pense au contraire sous le terme d'harmonie l'accommodement réciproque de puissances monadiques douées d'un corps, qui cherchent chacune en permanence l'exercice plein de leur puissance – « même si elle ne saurait obtenir entièrement [tout ce vers quoi elle] tend »[1] – et qui se limitent réciproquement dans une confrontation permanente. Ces frontières font les sujets et leurs mondes : mon(a)des. Comme toujours chez Leibniz, les rapports harmoniques, qui tombent hors de notre connaissance, tombent aussi hors de l'imagination : même l'image de la ville a ses limites puisque les monades *font* la ville, laquelle n'existe pas en dehors de la multiplication des perspectives monadiques. Ou encore : les sujets ne sont pas dans la nature mais sont et font, rigoureusement, la nature. Peu importe que les propositions baroques d'une monade spectatrice, d'un perspectivisme abstrait ou d'une harmonie pénitentiaire aient pu susciter le front commun de l'ouverture des monades, il nous semble que la profondeur de la perspective leibnizienne n'a pas encore été entièrement mesurée, ni livré toutes ses ressources pour des reprises à venir.

Arnaud PELLETIER
Université libre de Bruxelles

---

1. G. W. Leibniz, *Monadologie*, 15, GP VI, p. 609.

D'UN PERSPECTIVISME MONADOLOGIQUE
À UN UNIVERSALISME PLURIEL

Après avoir abordé la constitution monadologique des existants et leur expression dans des subjectivités incorporées, je voudrais souligner la spécificité du perspectivisme qui découle de l'approche monadologique[1]. Il pourrait être salutaire tant pour contrer un dogmatisme qui absolutise un unique point de vue, que contre le cynisme des vérités relativisées qui prétend s'appuyer sur le caractère perspectif de vérités multiples.

La notion de perspectivisme étant polysémique, il faut préciser le sens qui lui sera donné ici[2]. J'appelle *perspectivisme* l'ontologie engagée dans un univers composé d'entités actives qui sont autant de points de vue singuliers différents, ou de « miroirs vivants » sur lui[3]. J'appelle *méthode perspective* la stratégie leibnizienne de déplacement et de multiplication des points de vue, exprimée dans la maxime de « prendre la place d'autrui ».

On rappellera d'abord en quoi le leibnizianisme peut être dit *perspectivisme*, sans être relativiste. On montrera ensuite en quoi la constitution monadologique des êtres de l'univers débouche sur une

1. Voir M. de Gaudemar, « Perspectivisme et monadologie », dans *Vörtrage des Internationalen Leibniz-Kongresses*, Hildesheim, Olms Verlag, 2017, p. 399-413.

2. Voir la maxime leibnizienne : « celui qui formule une déclaration à propos d'un signe s'engage à l'utiliser un certain temps dans le sens qu'il a expliqué. Lorsque cette déclaration est faite avec des mots, c'est une définition », G. W. Leibniz, *Recherches générales sur l'analyse des notions et des vérités. 24 thèses métaphysiques et autres textes logiques et métaphysiques* [désormais TLM], éd. J.-B. Rauzy, Paris, P.U.F., 1998, p. 23.

3. G. W. Leibniz, *Principes de la Nature et de la Grâce fondés en raison* [désormais PNG] 3, in *Die philosophischen Schriften von G-W. Leibniz* [désormais GP], éd. C. I. Gerhardt, Berlin, 7 t., 1875-1890, repr. Hildesheim, Olms, 1978 ; GP VI, p. 599 : « chaque monade est un miroir vivant, ou doué d'action interne, représentatif de l'univers, suivant son point de vue, et aussi réglé que l'univers lui-même ».

expression chorale dont la mélodie fait entendre une tonalité dominante, sans comporter aucun accord terminal. Enfin, on tentera d'utiliser les vues de cette métaphysique monadologique pour penser un universalisme pluriel.

UNE MULTIPLICITÉ IRRÉDUCTIBLE

En installant, pour composer l'univers, des existants individués en nombre infini qui s'entr'expriment, la métaphysique leibnizienne pourrait diluer l'univers dans un jeu infini de renvois d'un point de vue à un autre, débouchant sur un relativisme très robuste; d'autant qu'il se combine avec des représentations variant constamment selon les rapports entre des êtres en devenir. Mais ces dynamiques observent des proportions qui se conservent. Car « les vérités éternelles, point fixe et immuable sur lequel tout roule », sont rectrices de l'univers et permettent d'expliquer que dans le devenir on trouve « une simplicité et une uniformité surprenantes » correspondant à un « ordre général » qui s'exprime dans le régime de la diversité[1]. L'entendement humain formule ces vérités de raison sans en être l'auteur. Il est par là incité à ordonner les faits hétéroclites en séries continues, à imaginer des intermédiaires entre les réalités connues de façon à les ordonner en progressions et les disposer en tableaux contrastés. Les phénomènes attestés se rangent dans une série infinie de formes possibles[2]. Les vérités de raison, d'essence mathématique et logique, structurent une logique des formes variées de l'existant, jamais identiques à elles-mêmes ni aux autres, qui se déploient dans une profusion dont l'unité se trouve dans des accords et des correspondances, et ne peut jamais être totalisée. Leibniz énonce en principe logico-métaphysique une continuité qui vaut pour l'être comme pour le connaître, et qui préside à la méthode perspective[3]. On le vérifie à partir de l'exemple-paradigme, celui des sections coniques[4]. Cet exemple est doublement instructif :

1. G. W. Leibniz, « À l'Électrice Sophie, août 1696 », dans *Textes inédits*, éd. G. Grua [désormais *Grua*], Paris, P.U.F., 1998, p. 379.

2. Cette démarche annonce Lévi-Strauss conjecturant des formes culturelles possibles, non attestées, qui combineraient autrement des propriétés observables dans les cultures connues.

3. G. W. Leibniz, « Lettre à Bayle. Lettre de M. L. sur un principe général… », GP III, p. 51-55.

4. P. Costabel, « Notes de Leibniz sur les coniques de Pascal », dans P. Costabel *et al.* (éd.), *L'œuvre scientifique de Pascal*, Paris, P.U.F., 1964, p. 90-101. Il y a une première

1) Leibniz s'appuie sur des techniques de perspective où sont utilisés des points de fuite pour l'œil humain, et en donne des fondements mathématiques. Il les prolonge en une théorie générale des proportions sans plus d'attaches avec la vision, et en tire une « méthode des métamorphoses »[1].

2) De ce paradigme mathématique, Leibniz infère une puissance générale de *passage* (*transitio*), qui se manifeste au travers des vivants et traverse l'univers, notamment dans la connaissance, manifestation naturelle de ces vivants, en particulier lorsqu'ils sont doués de « raison ».

Une ontologie du passage et de la transformation est donc dérivée de la méthode mathématique des métamorphoses, inspirée elle-même de la projection perspective. Pour le préciser, il faut développer le paradigme des coniques. Les coniques sont engendrées par projection d'un cercle sur un plan à distance finie du sommet d'un cône : des hyperboles, des droites, des paraboles, voire des points, en une continuité sans faille. Tout se passe comme chez les peintres, chez qui on parle de « cône visuel » : le tableau est un plan de projection sur lequel des éléments sont représentés selon l'angle de vision de l'artiste, qu'on peut appeler son « point de vue ». La conservation des proportions caractérise l'art de la perspective du Quattrocento. De l'art à la géométrie (ou l'inverse) la conséquence est bonne.

Granger suppose qu'un « invariant » se conserve, ne se donnant que sous la forme contingente d'un être mathématique particulier[2]. L'art particulier où un cône visuel unit le spectateur au tableau à l'époque de la Renaissance italienne est également contingent. Daniel Arasse fait de la perspective Albertienne une sorte de « choix pictural » parmi d'autres perspectives possibles (comme la perspective plate des icônes byzantines)[3]. Cette option a précédé une théorisation géométrique valant en droit pour toute période et toute culture. La lecture d'Arasse s'apparente à la méthode de variation inventée par Leibniz. Comme d'autres perspectives ou organisations de l'espace sont possibles en peinture, d'autres

occurrence dans R. Taton, « L'essay pour les coniques » de Pascal, *Revue d'histoire des sciences*, 1955, p. 1-18.

1. L'arithmétisation des courbes, ou la transformation optique des figures, ne sont plus que des cas particuliers d'une loi de transformation plus générale qui conserve des rapports.

2. G. G. Granger, *Formes, opérations, objets* [désormais FOO], Paris, Vrin, 1994, p. 209 : « Que l'on fasse varier l'angle de coupe d'un cône par un plan, les sections auront les formes successives d'un cercle, d'une ellipse, d'une parabole, d'une hyperbole : elles n'en conservent pas moins les propriétés fondamentales qui caractérisent l'être invariant que ces formes expriment ».

3. D. Arasse, *L'homme en perspective*, Paris, Hazan, 2011, chap. IV.

perceptions sont possibles pour un vivant en rencontrant un autre[1]. Toutes ces approches et ces perspectives conservent des rapports et des proportions manifestant un ordre sous-jacent.

Le paradigme des coniques conduit Leibniz à poser une démarche très générale spécifiant les êtres existants, huitres comme êtres humains, voire génies : l'*expression*. L'expression désigne les transformations les plus hétérogènes, naturelles ou artificielles, pour des êtres changeants qui n'ont pour identité que la règle de leur transformation[2]. Même venus de pratiques variables selon les cultures, les gestes expressifs procèdent d'un soubassement naturel commun. Comme plus tard chez Aby Warburg, le naturel expressif n'est pas opposable à la multiplicité des formes qui le cultivent[3]. Se dessine chez Leibniz un universalisme pluriel, se déclinant dans le régime de la diversité.

Leibniz ouvre les propriétés des êtres mathématiques à leurs enjeux épistémologiques et métaphysiques, passant d'un calcul des situations mutuelles (*analysis situs*) à une science générale des relations annonçant la future entr'expression des monades. Les êtres complets que sont les créatures sont plus complexes que les êtres mathématiques, abstraits et incomplets. Mais, comme eux, ils présentent des propriétés découlant de leurs relations, propriétés qui sont des rapports plutôt que des attributs. On observe des ressemblances parmi les êtres mathématiques analogues à celles qu'on trouve chez les êtres vivants : les courbes engendrées successivement par la découpe d'un cône sont « de même famille »[4]. Leibniz en donne un aperçu s'agissant des *personnes*. Hector varie, en position de fils vis-à-vis de Priam, de père à l'égard d'Astyanax, de mari pour Andromaque, de patron à l'égard de clients, de chef de guerre pour ses subordonnés, etc. Les êtres se multiplient selon leurs relations, manifestant

---

1. G. W. Leibniz, *Nouveaux Essais sur l'entendement humain* [désormais NE] II, XXI, § 5, GP V, p. 159 : « le sanglier s'aperçoit d'une personne qui lui crie ». On peut lui attribuer des inférences simples. Leibniz emploie le mot « apercevoir » alors que cette notion semblait réservée aux êtres capables d'actes réflexifs.

2. Les identités étant respectives, Leibniz comprendra que l'identité individuelle est moins fondée dans une « notion complète » (à l'époque du *Discours de Métaphysique*), que dans une situation relationnelle qui caractérise tout être, chaque terme intériorisant et extériorisant les relations qui le constituent et le font varier.

3. On retrouve le geste d'une ménade grecque dans les traits de la Salomé dansante de la Bible.

4. Leibniz fait d'une figure un cas limite d'une autre : le cône devient un cas particulier du cylindre ou même du rouleau, et les sécantes des cas particuliers des tangentes et vice-versa.

les connexions de chacun avec son monde, son environnement et ses réseaux sociaux[1].

Un énoncé sur l'expression semble bien définitionnel, au-delà des différents exemples. Arnauld ne comprenait pas ce qu'entendait Leibniz par « exprimer », lui demandant si cela voulait dire que les huitres pensent. Leibniz lui répond que, par « exprimer », il entend des rapports (*habitudines*) qui se répondent entre la chose et son expression[2]. Ces rapports sont indépendants d'une intention, d'une intériorité, ou d'un sujet pensant. L'intelligibilité expressive n'a rien à voir avec une intelligibilité transcendantale. Quand l'esprit humain connaît quelque chose, il découvre en fait une parenté objective entre lui et l'objet[3].

Nul subjectivisme dans cette définition. Il s'agit au sens strict d'une analogie ou correspondance de rapports. Une formule de langage (« exprime ») s'éclaire dans des exemples disparates : le modèle exprime la machine, le dessin perspectif exprime le volume sur un plan, le langage exprime le monde, le monde exprime Dieu. On y retrouve des artefacts techniques, comme des correspondances ontologiques. D'où la caractérisation de l'*expression* comme opérateur d'enjambements ontologiques[4]. Comme l'expression traverse la nature, « arrive partout », un esprit peut tisser des réseaux entre des réalités hétéroclites, dès lors qu'il y a entre elles des correspondances et des rapports, déjà repérables dans les objets mathématiques :

> L'expression est commune à toutes les formes, et c'est un genre dont la perception naturelle, le sentiment animal et la connaissance intellectuelle sont des espèces[5].

F. Gil soulève une difficulté : lorsque nous quittons les êtres incomplets géométriques pour les existants historiques, passant de la sphère idéale à la sphère qu'Archimède a fait placer sur son tombeau[6], nous n'avons accès à l'exprimé qu'à travers des expressions diverses, jusqu'à voir disparaitre au loin l'exprimé ultime que serait un « même » univers vu sous différentes

---

1. La « personnalité » que cela confère aux individus n'a rien d'une intériorité, mais tout à voir avec une situation historico-sociale et les connexions qui en sont caractéristiques.

2. G. W. Leibniz, « Lettre à Arnauld, octobre 1687 », GP II, p. 112.

3. *Id.*, « Qu'est-ce qu'une idée ? », TLM, p. 445 : « Si par exemple j'énumérais de façon ordonnée les sections du cône, il est certain que je parviendrais à la connaissance des hyperboles opposées quoique je n'en aie pas encore l'idée. Il est donc nécessaire qu'il y ait quelque chose en moi qui non seulement conduise à la chose mais l'exprime ».

4. *Ibid.*, p. 441.

5. *Id.*, « Lettre à Arnauld, octobre 1687 », GP II, p. 112.

6. *Id.*, « Remarques sur la lettre de M. Arnauld », GP II, p. 39.

perspectives[1]. Si l'univers lui-même s'évanouit à l'horizon, remplacé par les diverses approches singulières, la théorie de l'expression serait alors proche d'une pensée de l'art frôlant le constructivisme. Le réel exprimé se trouverait *dans* des activités expressives multiples dont aucune ne peut être privilégiée. À travers des médiations, il se décline à l'infini[2].

L'unique réponse au relativisme sceptique qui pourrait en découler – mais elle est décisive –, repose sur le cadre universel des vérités rationnelles, consistant en nombres et en proportions[3]. Ce « point fixe » suffit à Leibniz, comme la logique suffit à Wittgenstein, pour conjurer tout relativisme. Pour qu'une porte tourne, il lui faut des gonds fixes, qu'on trouve dans les symbolismes médiateurs. Nos accords conjoncturels dans le langage n'abolissent pas chez Wittgenstein « la rigidité de la logique »[4]. Les vérités universelles sont rectrices par rapport à des vérités historiques qui ne vaudraient qu'à travers des circonstances particulières ou pour des communautés singulières. Les manières varient, mais les formes expressives sont susceptibles d'être appréhendées ailleurs que dans leur communauté d'origine, comme la perspective Albertiste peut être reçue dans d'autres siècles, ou comme l'algèbre vaut au-delà de ses origines abbassides[5]. Les mondes communiquent à travers des formes traductibles.

Leibniz a d'ailleurs hésité sur le statut du symbolisme : à travers les signes s'opère un passage à une conversation avec soi-même (comme avec autrui) que nous nommons *pensée*. Le réel n'est jamais directement saisissable : il se montre à travers des médiations symboliques, signes et figures, selon les perspectives les plus diverses[6]. Nous serons toujours des miroirs. Les perspectives sont indépassables. Mais les médiations forment un dispositif qui conjure tout relativisme[7]. La thèse de traductibilité

1. F. Gil, « Expression et relation de projection », dans D. Berlioz et F. Nef (éd.), *Leibniz et les puissances du langage*, Paris, Vrin, 2005, p. 241-254.

2. Leibniz ne supprime pas toute référence comme le ferait Wittgenstein selon F. Gil, « Expression et relation de projection », art. cit., p. 251, lorsque « l'image cesse de se rapporter à autre chose, en quelque sorte elle devient image d'elle-même ».

3. G. W. Leibniz, « Méditation sur la notion commune de justice » [1702], dans *Le droit de la raison*, éd. R. Sève, Paris, Vrin, 1994, p. 107-136. Voir M. de Gaudemar, « relativisme et perspectivisme chez Leibniz », *Dix-septième siècle* 226/1, p. 111-134.

4. V. Aucouturier, « Perspectivisme et formes de vie : les jeux de langage chez Wittgenstein », dans Q. Landenne (éd.), *Philosopher en points de vue*, Bruxelles, Presses de l'Université Saint-Louis, 2020, p. 243-262.

5. Voir F. Wolff, *Plaidoyer pour l'universel*, Paris, Fayard, 2019, p. 34.

6. G. G. Granger, FOO, p. 230.

7. À condition d'admettre une perte inévitable. Comme l'indique G. G. Granger : « ce que la pensée aveugle accepte de perdre […], elle le regagne, dans la mesure de ses forces, en explorant la totalité des combinaisons possibles », *ibid.*, p. 207.

inséparable de cette métaphysique de l'expression implique une insuffisance qui pousse à perfectionner les traductions, ou à inventer de nouvelles transpositions[1]. Du mathématique au vivant, l'expression ne peut être sans reste. En dénonçant l'inadéquation des expressions au nom d'une vérité complète et définitive, le relativisme montre sa nostalgie d'une vérité transcendante : il se refuse au travail incessant de l'expression.

On peut rapprocher les traductions imparfaites entre les niveaux mathématiques, esthétiques et existentiels chez Leibniz, des diverses méthodes possibles induites par les différentes *formes symboliques* chez Cassirer. La réalité du monde s'aborde à travers le mythe, la religion, l'esthétique, ou la science : pas en même temps. Ce qu'on gagne en exactitude d'un côté, on le perd de l'autre en intensité ou en émotion. Aucune forme n'est suffisante. La multiplicité irréductible des perspectives était établie dès la thèse des miroirs vivants du *Discours de Métaphysique*. Mais les conséquences perspectivistes d'une théorie leibnizienne de l'expression ne seront tirées explicitement qu'avec le *tournant monadologique*. Un processus opératoire – qui peut être intellectuel dans les êtres dits raisonnables – agit transversalement dans la nature, et conserve les rapports entre niveaux. Il est alors licite de passer des signes aux concepts, des concepts aux choses. Leibniz est conduit à construire un tableau de l'univers qui rende raison de ces activités en connexion : c'est la thèse monadologique, qui enveloppe l'hypothèse des accords ou de la concomitance. On passe sur un plus grand théâtre : le monde lui-même, théâtre des accords.

LE MAILLAGE MONADIQUE

Avec la thèse monadologique, qui place, en guise d'éléments de tous les êtres, des points métaphysiques animés qui ont « quelque chose de vital et une espèce de perception »[2], on passe de l'hypothèse des accords – fondée sur la théorie des proportions – à une thèse d'ordre organiciste et dynamique. Aucune partie de la matière n'est dénuée de vie, soit comme corps d'une créature animée, soit comme agrégat de telles créatures,

---

1. Le perfectionnisme leibnizien inscrit en chaque être une dynamique par laquelle chacun développe la perfection qui lui est propre. G. W. Leibniz, « Lettre à l'Électrice Sophie, 4 novembre 1996 », GP VII, p. 543 : « Car c'est une vérité certaine que chaque substance doit arriver à toute la perfection dont elle est capable, et qui se trouve enveloppée en elle, à peu près de la manière qu'on a découvert de nos temps, que le papillon est déjà caché dans le ver à soie ».
2. G. W. Leibniz, *Système nouveau de la nature et de la communication des substances*, § 10, GP IV, p. 482-483.

chacune étant à son tour composée de petites créatures qui lui sont sous-ordonnées[1]. Tous les êtres procèdent de ces unités actives, appelées *monades*, requises pour comprendre la structure emboîtée de l'univers, chaque monade contenant d'autres monades, et ceci à l'infini. Un organisme est une composition organisée de monades, sous-ordonnées à la monade principale (qu'on appelle son *âme* ou son *entéléchie*), monade « dominante » qui, à travers ses organes, réalise l'organisme ou l'exprime[2]. Tous les êtres vivants sont individués, ce sont des organismes[3]. La construction spéculative du maillage monadique rend raison de l'inter-connexion de tous les êtres.

La thèse monadologique complique et démultiplie le perspectivisme, en ouvrant une infinité de niveaux de perception à tous les étages, laissant dans l'inconnu les mondes perçus par les monades sous-ordonnées aux monades principales. Nous pouvons *concevoir* la structure emboîtée que produit la construction leibnizienne, mais non *percevoir* les niveaux sous-jacents de perception et d'appétition des monades sous-ordonnées. Il faut donc concevoir la matière comme un *tissu organique* fait d'êtres différents activement expressifs qui se développent, ce qui donne un contenu et une tonalité dynamiques à la métaphysique leibnizienne, où les vérités ration-nelles de l'harmonie assurent la continuité et la connexion universelle des êtres. Le tournant monadologique souligne l'entr'expression d'êtres qui se transforment au travers de dynamiques expressives, produisant leurs rapports et leurs événements corrélatifs. Toute monade représentant l'univers au travers du corps propre organique – ou « machine de la nature » – qui fait son point de vue, il faut bien qu'elle se ressente de tout ce qui a lieu dans l'univers, où tous les corps sont reliés et interagissent[4].

---

1. D. Rutherford, *Leibniz and the rational order of Nature*, Cambridge, CUP, 1993, p. 229 : « Either it is itself the body of an animated creature, or it is a collection of such creatures, each of whose bodies is in turn composed of smaller organic creatures ».

2. S'agissant de l'âme, « la question si elle est quelque part ou nulle part est de nom : car sa nature ne consiste pas dans l'étendue, mais elle se rapporte à l'étendue qu'elle représente ; ainsi *on doit placer l'âme dans le corps, où est son point de vue* suivant lequel elle se repré-sente l'univers présentement », G. W. Leibniz, « À Lady Masham », GP III, p. 357 (nous soulignons).

3. Jeanne Roland a démontré cette équivalence. Comme Leibniz l'indique à Lady Masham, *ibid.* : « je définis l'organisme, ou la Machine naturelle, que c'est une machine dont chaque partie est machine, et par conséquent que la subtilité de son artifice va à l'infini ». Voir à cet égard J. Roland, *Leibniz et l'individualité organique*, Montréal-Paris, Presses de l'Université de Montréal-Vrin, 2012.

4. G. W. Leibniz, « Du principe de raison », *Opuscules et fragments inédits*, éd. L. Couturat, Hildesheim, Olms, 1966, p. 15 : « Puisque tout corps organique, déterminé par une relation à chacune des parties de l'univers, est affecté par l'univers tout entier, il n'est

L'universelle entr'expression tient donc lieu de ce qu'on appelle communément « interaction » : elle est le retentissement expressif de la connexion liant tous les êtres. Ils sont en effet connectés aux autres non seulement à travers leurs corps organiques perceptibles, mais au niveau infra-individuel des monades sous-ordonnées dotées d'organes, et de leurs actions et expressions insensibles :

> Nos organes étant affectés par les corps voisins, et ceux-là par d'autres voisins à eux, nous sommes affectés médiatement par tous les autres, et notre âme aussi, puisqu'elle se représente le corps suivant ses organes. On peut en inférer aussi que l'âme n'est jamais entièrement privée d'un corps organique. Car l'ordre veut que toute substance tienne toujours au reste des choses[1].

C'est donc par un malentendu majeur, voisin du contre-sens, qu'on a compris la composition des monades comme unissant mystérieusement des univers isolés comme des archipels. L'organisation et la relation sont premières. Le leibnizianisme pourrait alors être considéré comme un relationnisme universel, tempéré et ordonné par des vérités logico-mathématiques. Le relationnisme ontologique y est en effet articulé à une mathématique des formes, à travers quoi la multiplicité irréductible est toujours harmonieusement conjuguée. Cassirer soulignait que dans la *Mathesis universalis* de Leibniz, les objets cessaient d'être des « choses » concrètes pour se ramener à « des formes purement relationnelles »[2]. Les formes ne sont pas des structures douées d'un contenu déterminé, mais des puissances de se conserver à travers les transformations. Elles intègrent donc les perspectives différentes tout en assurant la continuité entre les déformations que celles-ci engendrent.

Pour autant, il serait imprudent de comparer ce relationnisme à l'animisme amazonien[3], au motif qu'il répandrait partout des subjectivités. Leibniz nous conduit plutôt à concevoir des subjectivités irréfléchies, dont l'intentionnalité est de l'ordre de l'élan expressif et non de la téléologie consciente. D'abord parce qu'elles sont partout, dans le moindre être imperceptible. Ensuite parce que, même chez les monades susceptibles de pleine conscience et d'actes réflexifs, les élans sont rarement réfléchis et

---

pas étonnant que l'âme même, qui se représente les choses relativement aux relations qu'elles ont à son propre corps, soit une espèce de miroir de l'univers, représentant les autres choses pour ainsi dire suivant son point de vue ».

1. G. W. Leibniz, « Lettre à l'Électrice Sophie », 6 février 1706, GP VI, p. 567.

2. Voir E. Cassirer, *La philosophie des formes symboliques*, trad. fr. Cl. Fronty, t. III, Paris, Éditions de Minuit, 1972, p. 388-389.

3. Voir E. Viveiros de Castro, *Métaphysiques cannibales*, Paris, P.U.F., 2009.

ont quelque chose de pulsionnel, quitte à être – parfois – repris par l'attention et la réflexion[1]. L'*embodiment* de subjectivités enveloppées dans les corps organiques, la plupart du temps sans conscience, oblige à déchiffrer les mouvements des corps pour appréhender la musique des âmes – ou de ce qui en tient lieu chez les créatures peu organisées[2]. Car tout se tient dans l'univers :

> Les hommes tiennent donc aux animaux, ceux-ci aux plantes, et celles-ci derechef aux fossiles, qui se lieront à leur tour aux corps que les sens et l'imagination nous représentent comme parfaitement morts et informes[3].

La spéculation leibnizienne va au-delà des sens et de l'imagination pour construire une réalité infiniment diverse en transformations et variations, que l'esprit ne peut ramener à l'identique, puisqu'« il n'y a point dans la nature deux êtres réels absolument indiscernables »[4], mais à un tissu de connexions et de relations. Ainsi l'identique est-il absent de la nature :

> La nature, ou plutôt l'esprit divin, producteur d'éternelles variétés, est trop attaché à cette variété magnifique pour permettre qu'on l'exprime dans un genre unique[5].

Le maillage monadique à travers des vivants en connexion peut difficilement être compris sans la métaphore chorale, que nous abordons à présent, si l'harmonie est la grille d'intelligibilité principale[6]. À partir de la thèse de monades toutes différentes et coordonnées, la métaphore musicale figure un orchestre fait d'instruments divers joués par différents musiciens, composant un chœur parmi d'innombrables autres chœurs avec lesquels sa musique s'accorde. Chaque chœur équivaut à un organisme individuel,

---

1. G. W. Leibniz, NE I, I, § 4, GP V, p. 68. Les maximes innées sont gravées en nous « par une espèce d'instinct ». Même le principe de contradiction est vécu sous forme de répugnance, avant toute formulation en principe.

2. Voir à cet égard M. de Gaudemar, « Individuation, subjectivization and Personalization in Leibniz : A philosophy of embodiment », *in* H. Breger, J. Herbst et S. Erdner (Hrsg.), *Natur und Subjekt*, Hannover, Nachtragsband, 2012, p. 137-147.

3. Cité dans L. Brunschvicg, *Les étapes de la philosophie mathématique*, Paris, Alcan, 1912, p. 229.

4. G. W. Leibniz, « Lettre à Clarke », août 1716, in *Mathematische Schriften* [désormais MS], V, éd. C. I. Gerhardt, Hildesheim, Olms 1966, p. 21.

5. G. W. Leibniz, MS V, p. 357.

6. Comme l'avait remarqué F. Gil (« Expression et relation de projection », art. cit., p. 251), l'expression leibnizienne fait penser à la relation de projection chez Wittgenstein dans le *Tractatus*, 4.014 : « Le disque de phonographe, la pensée musicale, la partition, les ondes sonores, se trouvent les uns par rapport aux autres dans cette relation de projection (*Abbildung*) qui existe entre le langage et le monde ».

dans lequel sont emboitées d'autres formes organisées que figurent les musiciens. Les chœurs se répondent.

Le tableau dépeint par la métaphore musicale est comme une image sensible qui « supplée en nous au défaut de l'idée »[1]. C'est une médiation symbolique, qui pallie l'impossibilité de représenter intuitivement une connexion entre individualités organiques impliquant extension et profondeur infinies. Cette métaphore est le fruit direct du perspectivisme leibnizien enveloppé dans la théorie de l'expression, qui valorise les médiations et les signes, en une sorte de tiercéité médiatrice. Elle est instructive pour penser le caractère universaliste, et non-relativiste de cette métaphysique.

Leibniz s'appuie en effet sur la multiplicité des points de vue que figurent les instrumentistes jouant leurs parties, pour suggérer qu'ils peuvent tous s'accorder, chacun en jouant ses notes, et produire une tonalité harmonieuse qui dérive de leurs différences et en aucun cas d'une unification au bénéfice d'un chœur ou d'un instrument[2]. Sans doute ne savons-nous pas entendre les musiques singulières qui composent un chœur, pas plus que le bruit des vaguelettes qui produisent le mugissement de la mer[3], mais il en résulte une musique dont la diversité est une condition. Leibniz installe sa métaphore dans le double registre du visible de l'orchestre, et du sonore de la musique, pour parler de correspondances qui se font entendre : les notes permettent d'accorder toutes les partitions, comme les rapports rythment l'univers.

La métaphore orchestrale permet d'éclaircir le rôle de la *monade dominante*, inséparable des autres monades sous-ordonnées qui composent son corps organique car elle fait partie du chœur. La monade dominante est supposée concentrer les liens de toutes les monades qui font son corps organique avec les autres monades des corps voisins qu'elle affecte et qui l'affectent : la monade dominante réalise en quelque sorte l'accord qui fait l'organisme et le connecte aux autres. Comme si elle prenait en charge un « point de vue » sur le monde, pris comme force de développement.

---

1. G. W. Leibniz « Sur l'esprit, l'univers, et Dieu », Décembre 1675 », TLM, p. 15.

2. *Id.*, « Lettre à Arnauld », 30 avril 1687, GP II, p. 95 : « À l'égard de cette concomitance que je soutiens, c'est comme à l'égard de plusieurs différentes bandes de musiciens ou chœurs, jouant séparément leurs parties, et placés en sorte qu'ils ne se voient et même ne s'entendent point, qui peuvent néanmoins s'accorder parfaitement en suivant leurs notes, chacun les siennes ».

3. *Id.,* NE, « Préface », GP V, p. 47 : « Il faut bien que je m'aperçoive un peu du mouvement de chaque vague du rivage afin de me pouvoir apercevoir de ce qui résulte de leur assemblage, savoir de ce grand bruit qu'on entend proche de la mer ». Les bruits singuliers sont donc « inférés » de leur résultante.

La condition des monades est en effet une condition organique et dynamique, qui inscrit chacune d'elles dans un ordre naturel ou « ordre général des choses » commun à toutes et condition de la diversité de leurs expressions. Cet ordre est inscrit corporellement dans toutes les créatures, le corps réalisant en quelque sorte le caractère relationnel de l'âme[1]. La monade dominante donne donc la tonalité d'ensemble du corps propre en connexion avec tous les autres corps. À la manière d'un chef d'orchestre qui n'est pas l'auteur de la partition, mais la fait jouer en lui conférant un maximum d'expressivité.

Soulignons le décentrement qu'effectue ainsi Leibniz : le sujet des actions, loin d'être fondateur, doit être replacé dans le rapport général de toutes choses, comme le musicien dans l'orchestre, et même dans l'ensemble infini des chœurs. Le dualisme est évincé dans cette conception polycentrique, où la musique des âmes est enveloppée dans la machine corporelle.

L'organicité dessine un ordre général qui interdit une lecture relativiste de la diversité, et permet un universalisme de vérités valables pour tous, c'est-à-dire pour tout un chacun, ou tout monde particulier, moyennant une transposition nécessaire pour passer d'un monde à un autre, d'un *situs* à un autre. Ces traductions ne peuvent être que des transformations réglées, comme pour passer d'une langue à une autre. S'il est vrai que toute langue imprime une perspective sur ce qu'elle exprime, Leibniz se fie toujours à des médiations symboliques et des traductions : la philosophie elle-même est un travail de transformation de vues floues ou confuses en concepts distincts et énoncés communicables[2].

La métaphysique de Leibniz est perspectiviste si tous les accords sont des moments expressifs dans des mélodies qui se transforment continuellement : toute vérité doit donc être contextualisée, car c'est le rapport entre un énoncé et ses conditions qui est à considérer. Elle est irénique par l'horizon d'accords qu'elle laisse entrevoir, faisant espérer l'impossible fin des dissonances, à travers les efforts présentement non concordants, voire conflictuels, qui engendrent les actions des créatures. Irénique, mais sans horizon fusionnel – les différences sont irréductibles, l'infini n'a pas de fin –, ce qui préserve la diversité des mondes, lesquels peuvent

---

1. G. W. Leibniz, « Lettre à Arnauld », 9 octobre 1687, GP II, p. 112 : « toutes les substances sympathisent avec toutes les autres, et reçoivent quelque changement proportionnel répondant au moindre changement qui arrive dans l'univers ».

2. *Id.*, NE I, II, § 4, GP V, p. 83 : « il y a des conclusions de la lumière naturelle, qui sont des principes par rapport à l'instinct. C'est ainsi que nous sommes portés aux actes d'humanité, par instinct parce que cela nous plaît, et par raison parce que cela est juste ».

communiquer à travers différents modes d'expression. C'est l'accord, non l'unité, qui est visé. Cette métaphysique professe l'incomplétude en droit de toute approche, qui doit être conjuguée à d'autres. Comme pour l'idée que nous n'avons pas, remplacée par des tableaux, des diagrammes, des définitions à perfectionner et multiplier, il s'agit d'effectuer des déplacements et aller de l'avant. La multiplicité, même ordonnée, ne relève pas d'une « convergence » des points de vue. Elle fait cohabiter divergences et dissonances momentanées[1]. Le modèle orchestral éclaire le refus leibnizien de toute unification des perspectives dans un discours unique ou privilégié.

MULTIPLIER LES PERSPECTIVES

Le perspectivisme leibnizien souligne une pratique universelle de la transformation. De là qu'aucun discours, aucun moment particulier dans un processus, ne peut absolutiser son propre monde en l'arrêtant momentanément. Aucune configuration ne peut revendiquer l'exclusivité pour sa perspective sur un univers où toutes les formes sensibles sont dans un flux perpétuel comme des rivières. L'expérience perspectiviste, telle qu'énoncée par Didier Debaise : « tout devrait se rejouer à l'intérieur de chaque être, dans l'importance des rapports qu'il tisse avec tous les autres »[2], correspond bien au tissu sonore du musicien dans une formation chorale, jouant ses propres notes qui correspondent aux autres notes se jouant dans l'univers. Pourtant, le perspectivisme leibnizien ne répond pas toujours aux exigences contemporaines. Debaise propose d'établir trois opérations inhérentes à un perspectivisme métaphysique. Deux d'entre elles sont compatibles avec le perspectivisme monadologique. Mais la troisième semble très éloignée de son pluralisme de méthode.

1) La première, faire de tout être une subjectivité, paraît pertinente, puisque chez Leibniz tous les êtres sont expressifs. Il s'agit d'une décision métaphysique : toute monade doit être expressive, serait-ce sur un mode différent de celui que nous expérimentons en nous-mêmes[3].

---

1. G. Deleuze voit juste quand il dit que Leibniz répartit les divergences en autant de mondes possibles. Mais dans notre monde, les accords non résolus le seront un jour ou l'autre.

2. D. Debaise, « L'univers perspectiviste », dans E. Alloa et E. During (éd.), *Choses en soi. Métaphysique du réalisme*, Paris, P.U.F., 2018, p. 497.

3. J. Roland, *Leibniz et l'individualité organique, op. cit.*, p. 172 : « C'est depuis une communauté de condition corporelle que la différence des "esprits" est pensée ». Pas d'âme ni de monade sans organes.

La construction monadologique dissémine des subjectivités dans la nature, à tous les degrés possibles de conscience, de la monade ensommeillée à la monade la plus réveillée :

> Si nous n'avions rien de distingué et pour ainsi dire de relevé et d'un plus haut goût dans nos perceptions, nous serions toujours dans l'étourdissement. Et c'est l'état des Monades toutes nues [1].

Cela rend assez réservé sur l'usage de termes anthropocentriques tels qu'intentionnalité ou intériorité : chez Leibniz, les êtres « pensants » ne sont plus des êtres d'exception, dérogeant aux lois de l'univers, ce qui est conforme à l'exigence d'un refus de l'exceptionnalité humaine. Appliquer à tous la dénomination de *subjectivité* questionne la pensée occidentale dans ce que Philippe Descola appelle son « naturalisme », car cela bat en brèche la centralité d'une forme de vie humaine, ou même la centralité de l'humain. Si l'on tient à utiliser le jeu de langage de la subjectivité, il conviendrait de parler de « moments » de subjectivation.

2) On peut également inscrire tous les êtres dans une logique univoque – deuxième exigence énoncée par Debaise –, en les disposant sur une échelle continue avec ses gradients d'intensités variables. L'échelle des degrés perceptifs suit en effet strictement celle des formes animales et des organisations corporelles vivantes. Notre statut d'esprits s'inscrit implicitement « dans une condition d'abord animale » [2]. La vie monadique que nous expérimentons en nous-mêmes « nous fait sentir la communauté d'existence avec toutes les autres monades » [3]. Entre connexions et enveloppements, tous les êtres ont quelque chose de vital, et sont semblables « dans le fond » [4].

---

1. G. W. Leibniz, *Principes de la philosophie ou Monadologie* [désormais *Monado*], § 24, GP VI, p. 611.

2. J. Roland, *Leibniz et l'individualité organique, op. cit.*, n. 66, p. 293 : elle cite PNG, art. 4, qui enchevêtre les propos sur les « animaux » et « l'énoncé des cas où nos perceptions se font plus confuses ». Voir aussi *Monado*, § 25, GP VI, p. 611, et « À Lady Masham », mai 1704, GP III, p. 340 : « ces Ames ou Entéléchies ont toutes une manière de corps organique proportionné à leurs perceptions ».

3. G. W. Leibniz, PNG IV, GP VI, p. 599 : « quand la Monade a des organes si ajustés que par leur moyen il y a du relief et du distingué dans les perceptions […] cela peut aller jusqu'au sentiment ».

4. *Id., Monado*, § 82, GP VI, p. 621 : « il y a dans le fond la même chose dans tous les vivants et animaux ».

3) La troisième exigence, faire de la perspective une activité possessive, ne semble guère convenir à la métaphysique leibnizienne. Les relations et opérations des monades étant multiples et changeantes, on ne peut les réduire à la seule opération de préhension, d'appropriation ou d'assimilation. Cela supposerait une activité d'unification, de conversion à son modèle, qui produirait un appauvrissement, comme si le violon s'appropriait le piano dans l'orchestre et le faisait jouer à sa manière. L'approche orchestrale de Leibniz conduit au contraire à une démarche multiplicatrice, établissant de nouveaux liens à travers analogies, comparaisons, ou rapports, ou faisant paraitre un nouvel instrument dans le chœur, comme le faisait Mozart. Les monades toutes différentes peuvent laisser les autres retentir en elles plutôt que les capter. Viser sa perfection propre suppose, chez Leibniz, creuser en soi ce qui nous attache aux autres, jusqu'à élargir son point de vue à la communauté des êtres vivants qui contribuent tous à l'harmonie universelle.

Mieux vaut avec Leibniz méditer sur la maxime de « prendre la place d'autrui »[1]. Principe de commutativité purement formel, il admet une pluralité de contenus et d'usages. Sa lecture dépend du contexte. Il y a une progression entre la lecture étroite et calculatrice du précepte, qui conduit à se prémunir des attaques potentielles d'autrui, et la lecture humaniste et même cosmopolitique de la règle, qui conduit à se mettre « à la place de tous », et à viser le « bien public »[2]. Le progrès est lié à l'élargissement du point de vue par prise en charge d'autres points de vue, passant de l'individuel au collectif du « nous », jusqu'à la conjugaison virtuelle avec d'autres « nous », qui conduit à l'humanité entière, à la communauté des êtres vivants, et enfin au cosmos. Cette démarche qui intègre et promeut les différences indispensables à l'harmonie peut-elle déboucher sur un universalisme pluriel ?

La question d'un universalisme authentique ou dévoyé est aujourd'hui posée par des cultures dominées refusant les cultures dominantes qui ont tendu à les supprimer ou à les asservir au nom d'un prétendu universalisme masquant la promotion de leurs manières de vivre. Les cultures dominées font alors valoir leur propre point de vue longtemps rejeté, leurs coutumes, leurs langues, leurs formes de vie. Leibniz ne pouvait qu'ignorer une

---

1. G. W. Leibniz, NE I, II, § 4, GP V, p. 84 : « la place d'autrui est le vrai point de vue pour juger équitablement lorsqu'on s'y met ».

2. *Id.,* GP VII, p. 108 : nous « devons songer à ce que le public souhaite de nous et que nous souhaiterions nous-mêmes, si nous nous mettions à la place des autres, car c'est comme la voix de Dieu… ». Depuis lors, G. H. Mead, *L'esprit, le soi et la société,* trad. fr. D. Cefaï et L. Quéré, Paris, P.U.F., 2006, a montré le passage d'un autre concret à un Autrui généralisé.

problématique alors inconnue impliquant la reconnaissance des séquelles de la domination occidentale. Dans le perspectivisme leibnizien, les mondes culturels n'ont pas à se battre pour la reconnaissance selon un schéma hegelien. Différents, ils ont à travailler à leur conjugaison et à l'intercompréhension par traduction et déplacement. Leibniz cherche à préserver explicitement de petits états guettés par un empire qui voudrait les annexer ou les asservir. Les particularités sont d'abord à protéger et valoriser pour être reconnues dans l'héritage pluriel de l'humanité.

En revanche, il y a peut-être des outils leibniziens utiles pour éclairer quelques débats contemporains. Les thématiques de la supériorité de certaines cultures – comme jadis celle des Grecs refusant les droits humains aux barbares – ne peuvent entrer en ligne de compte dans une perspective leibnizienne que par ignorance, cynisme et mauvaise foi. Le fond de l'humanité est en effet inscrit en chaque être humain quelle que soit sa couleur de peau ou la forme de son crâne : il consiste dans des traces qui poussent au langage et à l'échange. Leibniz souligne que le lien social exige le respect de la parole donnée, quelles que soient les coutumes, même dans une société de brigands[1]. Ce qui unit peuples et cultures différentes, c'est l'universalité de la parole au travers de la diversité des langues. Dans le conflit opposant la barbare Médée qui invoque la valeur des serments devant les dieux, et Jason le Grec, qui utilise comme un sophiste l'inégalité entre Grecs et barbares pour trahir ses serments, Leibniz pourrait rendre justice à Médée la barbare. L'humain, avec les droits que ce statut enveloppe, peut être reconnu dans un visage simiesque, chez une créature sylvestre ou un enfant sauvage poussant des cris inarticulés : ils ont tous la capacité d'entrer en conversation[2]. Des dispositions naturelles universelles s'expriment dans des manières d'agir et des langues variables. Mais on ne peut exciper de cette diversité des usages pour combattre ce qui unit tous les hommes en une conversation virtuelle et permet leur communication, serait-elle conflictuelle. On débouche sur le cosmopolitisme leibnizien, qui cherche à préserver un cosmos où cohabitent de nombreuses créatures, sans anthropocentrisme puisqu'« il y a dans le fond la même chose dans tous les vivants et animaux »[3].

---

1. R. Sève, *Le droit de la raison, op. cit.*, p. 28.

2. Celui qui parle témoigne de l'inscription en lui de la *place d'autrui*. Voir M. de Gaudemar, *De la puissance au sujet*, Paris, Vrin, 2010, p. 155.

3. G. W. Leibniz, *Monado*, § 82, GP VI, p. 621.

1) Métaphysiquement, le perspectivisme monadologique souligne la communauté de nature de tous les êtres de l'univers. Il congédie anthropocentrisme et dualisme en faveur d'une multiplicité d'âmes incorporées en interconnexion. La multiplication par la méthode perspective va dans le même sens que l'activité incessante des êtres de l'univers en connexion, la prolonge, la traduit et la promeut dans des accords qui ne négligent aucune composante, et où les différences sont préservées et reconnues. Politiquement, Leibniz transpose sa métaphysique en une conception quasi-fédérale des unions entre états : il faut travailler à des liens entre nations pour réguler les conflits, sans jamais constituer un empire les soumettant toutes à ses propres règles.

2) Conciliant l'universel et le cas particulier, l'universalisme leibnizien est robuste, car appuyé sur une logique des vérités nécessaires qui fonde une thèse de traductibilité entre les formes de vie et les modes d'expression particuliers. Dès lors, l'universalisme ne peut que se décliner au pluriel. Leibniz admet toutes les particularités et les formes de vie dont on pourra montrer le lien avec un droit – ou un instinct – naturel. La traduction est assurée à travers des médiations expressives et symboliques qui unissent tous les êtres de l'univers. Nous partageons une même condition de corporéité différemment organisée.

Martine DE GAUDEMAR
Sophiapol, Paris Nanterre

« MONTER, GRIMPER, VOLER »
PERSPECTIVE ET MOUVEMENT CHEZ NIETZSCHE

Les débats contemporains sur le perspectivisme, en particulier lorsqu'ils sont nourris par l'anthropologie, ont notamment pour enjeux la remise en cause de l'évidence du naturalisme physicaliste et le dépassement d'une telle conception du réel, désormais ramenée à sa dimension locale ou occidentale. C'est au regard de ce double enjeu que je voudrais, dans cette contribution, examiner l'apport du perspectivisme de Nietzsche. Pour ce faire, je voudrais développer la thèse selon laquelle son perspectivisme[1] a pour fonction de penser le mouvement, compris à la fois comme transformation et comme action corporelles. Dans les deux cas, l'enjeu du perspectivisme ne consiste en rien d'autre qu'en une sortie ou une métamorphose de notre perspective, une modification de notre rapport à nos conditions d'existence et une maîtrise accrue de l'activité évaluative constitutive de notre être. Il s'agit dès lors d'insister sur le fait qu'une perspective n'est pas un point de vue statique et personnel porté sur les choses depuis une localisation donnée. Elle est bien plutôt un évènement, une production constamment en cours, une expression qui émerge à la faveur de la stabilisation, toujours provisoire et à reprendre, d'un système de relations – entre un vivant et son milieu, entre une communauté, ses membres et leurs conditions d'existence. Le perspectivisme de Nietzsche

1. Il faut noter que Nietzsche ne fait que rarement usage de ce terme et n'en définit pas le contenu, comme on pourrait s'y attendre dans le cas d'une « doctrine » pleinement assumée et revendiquée. Parler du « perspectivisme » de Nietzsche relève donc toujours d'un effort de reconstruction interprétative d'une série de positions et de gestes que l'on trouve dans sa philosophie. Voir J. Dellinger, « Perspective, perspectivisme », dans D. Astor (éd.), *Dictionnaire Nietzsche*, Paris, Robert Laffont, 2017, p. 677-681 ; C. Cox, *Nietzsche. Naturalism and Interpretation*, Berkeley-Los Angeles, University of California Press, 1999, p. 109-111.

peut se décliner de deux manières, comme une théorie du réel ou comme une pratique philosophique. En tant qu'interprétation du réel, il permet de penser le mouvement de manière strictement immanente, conformément aux exigences de méthode auxquelles Nietzsche s'astreint. En tant que pratique philosophique, le perspectivisme consiste en une production de mouvement, en une expérimentation sur ses propres perspectives. Il s'agit pour Nietzsche de dépasser la renonciation à l'interprétation dont il fait le diagnostic dans la civilisation occidentale, qui revient à se soumettre à un unique point de vue en en faisant une vérité inconditionnée[1]. Dès lors, le perspectivisme joue un double rôle : il est à la fois ce qui permet de rendre compte de la possibilité théorique d'un dépassement de nos valeurs et interprétations, et ce par l'intermédiaire de quoi ce dépassement peut avoir lieu. Dans ce qui suit, j'aborderai d'abord la question du perspectivisme en tant que philosophie du réel et, dans un second temps, je me pencherai sur la pratique philosophique à laquelle il renvoie.

MOUVEMENT ET PERSPECTIVE COMME EXPRESSIONS

Prenons comme point de départ le cas du vivant. C'est en effet à son sujet que Nietzsche établit le caractère nécessaire de la perspective : si, écrit-il, « de tout endroit, c'est encore le *caractère erroné* du monde dans lequel nous croyons vivre qui constitue ce que notre œil peut saisir de plus assuré et de plus ferme », c'est qu' « il n'y aurait absolument aucune vie si elle ne reposait sur des appréciations perspectivistes et des apparences »[2]. Je voudrais d'emblée insister sur le fait que Nietzsche procède à un geste de naturalisation des conditions de l'expérience. Il fait du travail d'interprétation, constitutif d'une perspective, la condition de la vie. Il faut, écrit-il, « reconnaître la non-vérité pour condition de vie »[3]. Ce travail prend pour objets les conditions d'existence concrètes d'un être. Pour survivre et croître, un corps vivant simplifie, sélectionne, hiérarchise, ignore, interprète – en un mot, *évalue* – les composantes de son environnement en fonction de ses besoins. L'évaluation résulte ou s'exprime dans une perspective, c'est-à-dire dans un monde falsifié, simplifié au sein duquel le corps peut vivre, agir et se mouvoir. Nous pouvons à ce titre avancer une première définition d'une perspective comme une résultante ou expression

1. *Par-delà bien et mal*, trad. fr. P. Wotling, Paris, Flammarion, 2000, § 5.
2. *Ibid.*, § 34.
3. *Ibid.*, § 4.

de l'évaluation d'une série de conditions d'existence dans le cadre des
rapports entre un vivant et son environnement. Il nous faut également
d'emblée préciser qu'une perspective est donc toujours aussi un mouvement,
c'est-à-dire à la fois une transformation du corps en fonction des relations
dans lesquelles il est pris, et l'amorce d'une réaction de ce corps dans un acte :

> toute vie organique est, *en tant que mouvement visible, coordonnée avec un*
> *fait qui se passe dans l'esprit*; un être organique est l'expression
> [*Ausdruck*] visible d'un *esprit*[1].

Ce dernier point apparait le plus clairement dans la critique
nietzschéenne de notre conscience. En tant que perspective, celle-ci consiste
en une simplification de notre environnement et de nous-même qui est
l'expression, le signe d'un immense travail physiologique d'interprétation
des stimuli nerveux. Il s'agit précisément pour Nietzsche de montrer en quoi
notre conscience se méprend au sujet du mouvement, à commencer par ceux
que nous réalisons. Notre conscience s'en attribue la responsabilité,
s'imagine posséder un pouvoir causal qu'elle mettrait délibérément au
service de certaines fins. Elle néglige ainsi le « travail aux cent facettes »[2] qui
doit se dérouler dans le corps pour que puisse se produire le plus ordinaire des
gestes de notre vie quotidienne. Le « sujet » conscient ignore tout de ce travail
et ne saurait le commander. Nietzsche voit dans l'intention consciente non la
cause mais déjà le début d'un mouvement initié dans le corps :

> Dans tout vouloir, il y a d'abord une pluralité de sentiments, à savoir le
> sentiment de l'état dont on *part*, le sentiment de l'état vers lequel on *va*, le
> sentiment de ce « dont on part » et de ce « vers lequel on va » eux-mêmes, et
> encore un sentiment musculaire concomitant qui commence à entrer en jeu,
> par une sorte d'habitude, dès que nous « voulons », quand bien même nous
> ne mettons pas « bras et jambes » en mouvement [*in Bewegung setzen*][3].

Du travail infraconscient d'interprétation, Nietzsche souligne la nature
profondément affective et conflictuelle. Toute volonté consciente de
réaliser un mouvement est déjà la « résultante »[4] d'une lutte, d'une

---

1. *Fragments posthumes,* dans *Œuvres philosophiques complètes*, éd. G. Colli et
M. Montinari, Paris, Gallimard, 1968-1997, désormais abrégé FP suivi de l'année de la
rédaction du fragment, du groupe et du numéro d'ordre, ici FP 1884, 26 [35]. Voir aussi
FP 1886, 7 [9] : « Tout MOUVEMENT comme SIGNE d'un évènement INTERNE : – *par*
conséquent la partie énormément prépondérante de tout évènement INTERNE *ne nous est*
donnée que comme signe ».
2. *Le Gai savoir*, trad. fr. P. Wotling, Paris, Flammarion, 1997, § 127.
3. *Par-delà bien et mal*, *op. cit.*, § 19 (trad. mod.).
4. *L'Antéchrist*, trad. fr. É. Blondel, Paris, Flammarion, 1996, § 14.

configuration hiérarchique établie au sein de la multiplicité d'êtres qui constituent le corps : « la volonté n'"agit" plus, ne "meut" plus »[1]. Nietzsche présente fréquemment cette lutte interne au corps comme un combat entre pulsions, entre perspectives affectives en lutte les unes avec les autres. Une perspective donnée est donc toujours le fruit de l'intégration d'autres perspectives. Faire de la conscience l'expression d'un travail physiologique d'évaluation permet d'inférer l'existence, dans le corps, des facultés que nous croyons être le propre de la conscience[2]. Nietzsche remet en cause le sujet conscient, mais opère un redéploiement de ses propriétés. L'activité évaluative constitue le ressort et le matériau principal du corps :

> L' « appareil neuro-cérébral » *n'a pas* été construit avec cette « divine » subtilité dans la seule intention de produire la pensée, la sensation, la volonté. Il me semble tout au contraire que justement pour produire le penser, le sentir et le vouloir, il n'est nul besoin d'un « appareil », mais que ces phénomènes, et eux seuls, sont « la chose elle-même » [*die Sache selbst*][3].

Notre perspective consciente est donc le signe ou l'expression du travail interprétatif et de la lutte d'un ensemble de « micro-désirs » ou « micro-tendances » infra-subjectives placées dans une série de conditions d'existence données. De la même manière, il ne faut donc pas considérer un acte ou un mouvement comme la conséquence succédant à la volonté d'un sujet distinct de ce mouvement, mais comme l'*expression* d'une configuration de perspectives à un instant donné, comme ce qui en découle ou en émerge [*entsteht*] :

> Dans tout vouloir, on a affaire purement et simplement à du commandement et de l'obéissance, sur le fond, comme on l'a dit, d'une structure sociale composée de nombreuses « âmes » : raison pour laquelle un philosophe devrait prendre le droit de ranger le vouloir en tant que tel dans la sphère de la morale : à savoir la morale comprise comme doctrine des rapports de domination dont découle [*entsteht*] le phénomène « vie »[4].

Le fait que Nietzsche dise du corps qu'il relève d'une morale nous amène à la seconde transformation qu'il fait subir à la question des conditions de l'expérience, à savoir à leur *historicisation*. Nos corps, affects,

---

1. *L'Antéchrist*, *op. cit.*, p. 14.

2. Voir *Le Gai savoir*, *op. cit.*, p. 354 : « Toute la vie serait possible sans se voir en quelque sorte dans un miroir : et en effet, la partie de loin la plus importante de cette vie se déroule encore en nous sans cette réflexion –, y compris notre vie pensante, sentante, voulante, si offensant que cela puisse paraître aux oreilles d'un philosophe des temps passés ».

3. FP 1885, 37 [4].

4. *Par-delà bien et mal*, *op. cit.*, § 19.

désirs sont toujours déjà pris et façonnés, au travers d'une longue histoire d'élevage et de dressage dont ils gardent la mémoire, par un ensemble de dispositifs culturels et sociaux. Ils sont insérés dans des macrostructures aux exigences de conservation desquelles ils sont sommés de se conformer. La simplification du monde qui s'offre à notre conscience n'est pas seulement fonction de notre survie en tant qu'individus mais avant tout le résultat des évaluations des conditions d'existence du corps social auquel nous appartenons :

> Là où nous rencontrons une morale, nous trouvons une appréciation et une hiérarchie des pulsions et des actions humaines. Ces appréciations et ces hiérarchies sont toujours l'expression des besoins d'une communauté et d'un troupeau [1].

Ici encore, la perspective est le signe ou l'expression d'une évaluation des conditions d'existence, des rapports de force constituant un corps :

> Lorsque des hommes ont longtemps vécu ensemble dans des conditions semblables (de climat, de sol, de danger, de besoins, de travail), il en *naît* [*entsteht*] quelque chose qui « se comprend », un peuple. […] Quels groupes de sensations sont les plus prompts, au sein d'une âme, à s'éveiller, à prendre la parole, à donner des ordres, voilà ce qui décide de l'ensemble de la hiérarchie de ses valeurs, ce qui détermine finalement sa table des biens. Les évaluations d'un homme *révèlent* quelque chose de la *structure* de son âme, et ce en quoi elle voit ses conditions de vie, sa nécessité propre [2].

Cette dimension sociale de l'interprétation permet de compléter notre définition initiale de la perspective par une seconde caractérisation. Comme le souligne Christoph Cox,

> une perspective ne consiste pas en point de vue privé mais en un système d'évaluation public qui assemble, sélectionne, organise et hiérarchise les apparences jugées utiles pour les fins et les projets qui lui sont propres [3].

Nietzsche fait ainsi notamment de notre conscience quelque chose de fondamentalement « communautaire et grégaire », la prise de conscience

---

1. *Le Gai savoir*, *op. cit.*, p. 116.

2. *Par-delà bien et mal*, *op. cit.*, § 268 (nous soulignons « révèlent »). *Cf.* aussi *ibid.*, § 262 : « Une espèce apparaît [*entsteht*], un type se stabilise et se renforce à la faveur du long combat qu'il mène contre des conditions *défavorables* pour l'essentiel identiques. […] L'expérience la plus diversifiée lui enseigne à quelles qualités elle doit pour l'essentiel de continuer à exister, en dépit de tous les dieux et de tous les hommes, de l'avoir toujours emporté : ce sont ces qualités qu'elle nomme ses vertus, ces vertus seules qu'elle élève avec vigueur ».

3. C. Cox, *Nietzsche. Naturalism and Interpretation*, *op. cit.*, p. 155 : « a perspective is not a private point of view but a public system of evaluation that assembles, selects, organizes and hierarchizes appearances deemed relevant to its particular purposes and projects ».

étant conditionnée par les besoins de communication inhérents à la vie en communauté, mettant ainsi « en minorité » tout ce qui chez nous relèverait du véritablement individuel[1]. Cette individualité corporelle est toutefois constituée d'un agencement de perspectives. Elle est à l'intersection de micro-dispositions et de macro-systèmes qui résultent en autant de tendances se configurant entre elles sur un mode conflictuel et hiérarchique –d'où la nécessité pour Nietzsche de constamment entrecroiser les perspectives physiologique, psychologique, politique, philologique pour rendre compte de l'ensemble des conditions qui forment autant d'ingrédients à notre être.

La formation d'une perspective est donc un processus qui s'inscrit dans la durée des rapports de force. En tant qu'elle en est l'expression, une perspective est constamment négociée, adaptée, modifiée. Il n'est donc pas surprenant que la question de la perspective ait des implications pour la conceptualisation du mouvement. Je voudrais insister sur l'idée que le perspectivisme fournit à Nietzsche le moyen de penser le mouvement de manière *strictement immanente*. Si Nietzsche est le penseur de l'interprétation, il est tout autant un farouche défenseur de l'« immersion » et de la « plongée profonde *au sein de* la réalité » en vue de « la *rédemption* de cette réalité »[2]. Sa critique des dualismes métaphysiques et de la négation du mouvement par la philosophie est célèbre, de même que sa volonté de réhabiliter le devenir et le « monde apparent » pour en faire le réel même[3] – ce en quoi consiste précisément la tâche du perspectivisme. En effet, la philosophie et les sciences contemporaines continuent, selon Nietzsche, à dénaturer le mouvement. Il se pose à ce titre en adversaire du mécanisme physicaliste et le fonctionnalisme utilitariste. Tous deux peuvent être ramenés à l'illusion du sujet-cause, tous deux « expliquent » le mouvement en invoquant un élément inconditionné. L'atomisme des physiciens postule un monde de « choses », de « substrats » qui se tiendraient derrière les mouvements que nous observons[4]. L'utilitarisme part d'un résultat observé pour l'ériger en cause finale, fait de la fonction actuelle d'un élément la raison d'être de son émergence et de son développement[5]. Dans

---

1. *Le Gai savoir*, *op. cit.*, p. 354.

2. *La Généalogie de la morale*, II, 24 ; trad. fr. P. Wotling, Paris, Le Livre de Poche, 2000.

3. Sur ce point, voir *Crépuscule des idoles,* trad. fr. P. Wotling, Paris, Flammarion, 2005, « La "raison" en philosophie » et « Comment le "vrai monde" finit par tourner à la fable ».

4. Voir *Par-delà bien et mal*, *op. cit.*, § 12, 14 ; *La Généalogie de la morale*, *op. cit.*, I, 13.

5. Voir *La Généalogie de la morale*, *op. cit.*, II, 12 : les généalogistes utilitaristes « dénichent quelque "but" dans le châtiment, par exemple la vengeance ou la dissuasion,

les deux cas, nous avons affaire à un naturalisme mal compris, à un éco-nomisme mal placé, symptômes pour Nietzsche des conditions politiques du temps [1].

Contre ces falsifications encore métaphysiques, la pensée de Nietzsche se déploie sous le signe d'une exigence d'immanence radicale. Il s'agit d'hériter avec la plus grande rigueur de la méthode scientifique, qu'il perçoit comme un antidote à l'influence de nos besoins métaphysiques [2]. Cette méthode consiste notamment à se soumettre à la discipline d'un principe d'économie méthodologique. Contre notre tendance à surajouter des causes, de l'inconditionné, il nous faut n'admettre qu'un seul et unique plan de réalité, qu'un seul et unique type de production d'effets :

> Ne pas supposer plusieurs espèces de causalité tant que la tentative [*Versuch*] de se contenter d'une seule n'a pas été poussée jusqu'à la limite ultime (– jusqu'à l'absurde, s'il m'est permis de le dire) : voilà une morale de la méthode à laquelle on n'a pas le droit de soustraire aujourd'hui ; – elle découle « de sa définition », comme dirait un mathématicien [3].

Nietzsche peut donc partir de ses analyses sur le corps physiologique pour en élargir les conclusions concernant le mouvement à l'ensemble du réel. Tout évènement, nous dit le célèbre § 13 du Premier Traité de *La Généalogie de la morale*, consiste en une extériorisation [*Äusserung*] d'un quantum de force. Il n'y a donc rien d'autre à postuler que du mouvement, de l'agir :

> il n'y pas d' « être » derrière l'agir, la production d'effets, le devenir [*Thun, Wirken, Werden*] ; « l'agent » est purement et simplement ajouté de manière imaginative à l'agir – l'agir est tout [4].

Tout mouvement, toute « apparence », peut être appréhendé en tant que signe ou expression d'un conflit interprétatif entre parties toutes actives, c'est-à-dire toutes à même d'évaluer et d'interpréter, lesquelles se condi-tionnent réciproquement au sein d'un processus asubjectif et intransitif [5].

---

posent ensuite ce but avec ingénuité au commencement, en en faisant la *causa fiendi* du châtiment, et – le tour est joué ».

1. Voir *Par-delà bien et mal, op. cit.*, § 14.

2. Voir *L'Antéchrist, op. cit.*, p. 13, p. 47 et p. 59.

3. *Par-delà bien et mal, op. cit.*, § 36.

4. *La Généalogie de la morale, op. cit.*, I, 13.

5. Voir FP 1886, 7 [60] : « Contre le positivisme, qui en reste au phénomène, "il n'y a que des faits", j'objecterais : non, justement il n'y a pas de faits, seulement des interprétations. Nous ne pouvons constater aucun *factum* "en soi" : peut-être est-ce un non-sens de vouloir ce genre de chose. "Tout est subjectif", dites-vous : mais ceci est déjà une *interprétation*, le "sujet" n'est pas un donné, mais quelque chose d'inventé-en-plus, de placé-par-derrière.

Si une certaine extériorité est maintenue, elle est désormais immanente au réel, et se définit toujours par rapport à tel ou tel corps, à telle ou telle perspective. La lutte des perspectives constitue la doublure externe des corps qu'elle produit : en tant qu'elle conditionne les corps, elle ne peut jamais être réduite aux règles, normes, interprétations qui régissent ces corps. Ces dernières ne sauraient « expliquer » le mouvement qui a présidé à leur émergence :

> « Le développement » d'une chose, d'un usage, d'un organe n'est par conséquent pas le moins du monde son *progressus* en direction d'un but, encore moins un *progressus* logique, suivant le chemin le plus court, atteint avec la plus petite dépense de force et la plus grande économie, – mais au contraire la succession de processus d'assujettissement plus ou moins profonds, plus ou moins indépendants les uns des autres, dont elle est le théâtre, à quoi s'ajoutent les résistance qui s'y opposent à tout coup, les tentatives de mutation de forme ayant pour but la défense et la réaction, et aussi les résultats des contre-actions couronnées de succès. La forme est fluide, mais le « sens » l'est plus encore… [1].

LE PERSPECTIVISME
COMME PRATIQUE PHILOSOPHIQUE

Le perspectivisme ne consiste cependant pas uniquement en une nouvelle théorie du mouvement. Il est également une méthode fréquemment revendiquée par Nietzsche. Une de ses descriptions les plus célèbres l'oppose à l'idéal de vérité inconditionnée et de connaissance désintéressée :

> Il *n'*y a *qu'*un voir en perspective, *qu'*un « connaître » en perspective ; *plus* nous laissons d'affects prendre la parole au sujet d'une chose [*Sache*], *plus* nous savons donner d'yeux, d'yeux différents pour cette même chose, et plus notre « concept » de cette chose, notre « objectivité » seront complets [2].

Pour saisir les enjeux du perspectivisme de Nietzsche, il convient de le situer par rapport à ce qu'il appelle le « fanatisme », qui reçoit la définition exactement opposée :

–Est-ce finalement nécessaire de poser en plus l'interprète derrière l'interprétation ? C'est déjà de l'invention, de l'hypothèse. Dans la mesure exacte où le mot "connaissance" possède un sens, le monde est connaissable : mais il est *interprétable* autrement, il n'a pas un sens par-derrière soi, mais d'innombrables sens : "perspectivisme" ».
1. *La Généalogie de la morale*, *op. cit.*, II, 12.
2. *Ibid.*, III, 12.

il est une espèce d'hypnotisation de l'ensemble du système sensible-intellectuel au profit de l'alimentation surabondante (hypertrophie) d'une unique manière de voir et de sentir qui domine désormais [1].

Nietzsche fait en effet le diagnostic d'une « renonciation générale à l'interprétation » [2], d'une tendance à se soumettre à des évaluations présentées comme des vérités inconditionnées. À ce titre, le perspectivisme doit être compris comme une réponse à ce diagnostic : à travers lui, Nietzsche cherche à opérer un dépassement de la maladie de la volonté qui règne en Occident. S'il sert de base théorique au diagnostic, il est également et avant tout une théorie à agir, un mouvement à performer [3]. Il y a là une forme de circularité, et le perspectivisme de Nietzsche a souvent été critiqué pour son autoréférentialité [4]. Une telle critique fait du perspectivisme une simple théorie et néglige sa dimension pragmatique. Or, dans la mesure où il refuse toute « vérité » définitive, il laisse le champ libre à la reprise permanente de l'examen et de l'expérimentation. Il est donc tout sauf une invitation à la faute de raisonnement :

> L'erreur et l'ignorance sont funestes.
> Affirmer que la *vérité est là* et que c'en est fini de l'ignorance et de l'erreur, c'est là l'une des plus graves perversions qui soient.
> Pour peu que l'on y croie, la volonté d'examen, de prudence, d'expérimentation, en est paralysée : elle peut même sembler impie, en tant que *doute* quant à la vérité…
> La « vérité » est par conséquent *plus* funeste que l'erreur et l'ignorance, parce qu'elle entrave les forces nécessaires pour œuvrer en faveur des lumières et de la connaissance [5].

De plus, en posant la nécessité d'un conditionnement naturel et historique, Nietzsche invite à une confrontation permanente avec le réel, là où la philosophie critique de Kant reste selon lui enfermée dans l'illusion d'un rapport de soi à soi, quant à lui véritablement autoréférentiel, tant sur le

---

1. *Le Gai savoir, op. cit.*, p. 347.

2. *La Généalogie de la morale, op. cit.*, III, 24.

3. Nietzsche met en œuvre des stratégies textuelles qui font précisément cela. Voir J. Dellinger, « Perspective, perspectivisme », art. cit. ; E. Salanskis, « Le perspectivisme de Nietzsche : philosophie de la réalité, méthode de travail », dans Q. Landenne (éd.), *Philosopher en points de vue. Histoire des perspectivismes philosophiques*, Bruxelles, Presses de l'Université Saint-Louis, 2020, p. 225-241.

4. La thèse du perspectivisme s'annulerait elle-même : n'étant elle-même qu'une interprétation, elle laisserait place à la possibilité de faits. Nietzsche revendique ce statut d'interprétation pour sa philosophie, voir *Par-delà bien et mal, op. cit.*, § 22.

5. FP 1888, 15 [46]. Voir A. Nehamas, « Immanent and Transcendent Perspectivism in Nietzsche », *Nietzsche-Studien* 12, 1983, p. 473-490 ; ici p. 486.

plan théorique (la critique de la raison par elle-même) que pratique (le libre-arbitre)[1].

Vu l'affirmation du primat de l'interprétation sur le sujet et l'objet, l'expérimentation perspectiviste ne saurait se confondre avec le mouvement giratoire d'un sujet autour d'un objet visant à se rapprocher d'une représentation toujours plus exacte. Il s'agit au contraire d'un mouvement de transformation de notre perspective, de notre manière de penser et de sentir. Je voudrais attirer l'attention sur le fait que de nombreux textes, en particulier dans le Ve livre du *Gai savoir*, décrivent la pratique philosophique comme mouvement, en insistant sur sa dimension corporelle : « Nous ne sommes pas de ceux qui n'arrivent à penser qu'au milieu de livres, sous l'impulsion de livres – nous avons pour habitude de penser au grand air, en marchant, en sautant, en escaladant, en dansant »[2]. Ce mouvement est associé à une mise en perspective qui nécessite un départ :

> « *Le voyageur* » *parle*. – Pour considérer notre moralité européenne de loin, pour la mesurer à l'aune d'autres moralités, antérieures ou à venir, il faut faire ce que fait un voyageur qui veut connaître la hauteur des tours d'une ville : pour ce, il *quitte* la ville. Des « pensées sur les préjugés moraux », si l'on ne veut pas qu'elles soient des préjugés sur des préjugés, présupposent une localisation *à l'extérieur* de la morale, quelque par-delà bien et mal vers lequel il faut monter, grimper, voler, – et, dans la situation présente, en tout cas un par-delà *notre* bien et mal, une liberté à l'égard de toute « Europe », celle-ci étant entendue comme une somme de jugements de valeur qui commandent et qui sont passés en nous pour devenir chair et sang[3].

La connaissance dont il est question dans ce passage porte sur des perspectives. Inséparable de l'idée de mouvement, nous trouvons celle d'une extériorité, « à l'extérieur de la morale ». C'est vers cette extraction que tendent les mouvements de « monter, grimper, voler », caractérisés (au mieux) par leur difficulté. Celle-ci résulte du fait qu'il s'agit d'un arrachement à soi-même, aux valeurs incorporées en soi. Enfin, l'extériorité visée n'est pas une transcendance puisqu'elle ne peut s'engendrer que par la confrontation avec « d'autres moralités ». Loin de s'additionner, les perspectives sont en rivalité, en lutte.

---

1. Sur le projet critique, voir notamment FP 1884, 26 [18], FP 1885, 1 [60] et [113]. Sur le libre-arbitre, voir *Par-delà bien et mal*, *op. cit.*, § 21.

2. *Le Gai savoir*, *op. cit.*, p. 366.

3. *Ibid.*, p. 380.

Ce passage par « d'autres moralités » souligne la nécessité d'user d'une série de médiations pour produire un mouvement. Pour sortir de soi, le philosophe doit recourir à des savoirs empiriques comme à autant d'informations concernant les conditions de son expérience et de sa perspective conscientes. Ainsi, c'est au sujet de l'usage des sciences naturelles que Nietzsche définit la connaissance elle-même par ce mouvement d'éloignement ou de problématisation :

> Ce serait par exemple une exigence méthodologique de partir du « monde intérieur », des « faits de conscience » parce qu'ils seraient pour nous le monde *le mieux connu* ! Erreur des erreurs ! Le bien connu est l'habituel ; et l'habituel est ce qu'il y a de plus difficile à « *connaître* », *c'est-à-dire à voir comme problème, c'est-à-dire à voir comme étranger, éloigné,* « *extérieur à nous* » [1]… La grande assurance des sciences naturelles, comparée à la psychologie et à la critique des éléments de conscience – sciences *non naturelles*, pourrait-on presque dire –, tient précisément à ce qu'elles prennent pour objet l'*étranger* : alors qu'il est presque contradictoire et insensé de *vouloir* prendre pour objet en général le non-étranger… [2].

La même méthode est appliquée à l'histoire : la généalogie est un effort de problématisation [3] passant par une enquête sur les conditions effectives ayant abouti à l'émergence de nos valeurs, par la discipline d'une « méthodologie plus juste » et d'une confrontation à « l'histoire de la morale réelle », à « ce qui peut réellement être constaté, ce qui a réellement existé » [4]. Ce travail sur les savoirs empiriques constitue, après l'exigence d'économie méthodologique, le second volet de la méthode à laquelle Nietzsche s'astreint [5].

Enfin, le mouvement philosophique doit culminer dans une création, c'est-à-dire dans la formation d'une nouvelle perspective. L'ensemble de ce travail de médiation sert donc de « conditions préparatoires » à la tâche véritable du philosophe qui « exige qu'il *crée des valeurs* » [6]. La légèreté des « états philosophiques », nous dit Nietzsche, consiste dans la préservation de la capacité d'interprétation, dans « cette coexistence authentiquement philosophique d'une spiritualité audacieuse et exubérante dont

---

1. Nous soulignons.

2. *Ibid.*, p. 355.

3. *Ibid.*, p. 345.

4. *La Généalogie de la morale, op. cit.*, « Préface », p. 7.

5. Il convient toutefois d'user avec prudence des sciences pour ne pas s'en trouver alourdi, fixé, et rester mobile Voir *Le Gai savoir, op. cit.*, p. 381 ; *Par-delà bien et mal, op. cit.*, § 205.

6. *Par-delà bien et mal, op. cit.*, § 211.

l'allure obéit au *presto*, et d'une rigueur et nécessité dialectiques qui ne commettent pas le moindre faux pas »[1]. Nietzsche rapproche le mouvement philosophique du geste artistique, duquel l'objet comme le sujet sortent transfigurés :

> Il se peut que les artistes aient déjà un flair plus subtil sur ce point : eux qui ne savent que trop que c'est justement lorsqu'ils ne font plus rien de manière « arbitraire » mais tout de manière nécessaire que leur sentiment de liberté, de subtilité, de puissance souveraine, le sentiment de fixer, de disposer, de donner forme en créateurs atteint son apogée, – bref, que nécessité et « liberté de la volonté » ne font plus qu'un en eux[2].

S'il est clair que Nietzsche cherche à dépasser l'antinomie du libre-arbitre et du déterminisme, il semble laisser peu de prise à notre initiative consciente. Le mouvement, dans son régime d'activité[3] le plus accompli, semble se faire pour ainsi dire sans nous : « nous nions qu'on puisse faire quoi que ce soit de parfait tant que c'est fait consciemment »[4]. Cependant, la perfection ne peut être que le résultat du travail préparatoire de médiation que j'ai décrit précédemment. Béatrice Han-Pile propose ainsi de décrire l'agir nietzschéen sur le mode de la voie moyenne. Elle s'inspire de la grammaire grecque et rappelle à l'aide d'Émile Benveniste que le moyen situe le sujet comme « intérieur au procès », à l'action exprimée par le verbe (diathèse interne) là où l'actif « dénote un procès qui s'accomplit à partir du sujet et hors de lui »[5] (diathèse externe). Au moyen, l'accent est placé sur le processus, et l'action du sujet est conçue comme participation *à*, et *à l'intérieur* de, celui-ci. L'agir perspectiviste consiste alors en un travail sur ses perspectives, sur « soi-même » impliquant « une relation réciproque entre l'activité et la passivité » : « l'agent participe au sens où il est conscient que le processus se déroule, est affecté par lui et l'affecte en retour »[6]. En l'absence de fondement métaphysique, inconditionné, on commence toujours *in media res*[7], par le milieu. Nietzsche se présente

---

1. *Par-delà bien et mal, op. cit.*, § 213.

2. *Ibid.*

3. J'emprunte cette expression à J.-F. Billeter, *Leçons sur Tchouang-tseu*, Paris, Allia, 2002.

4. *L'Antéchrist, op. cit.*, p. 14.

5. É. Benveniste, *Problèmes de linguistique générale*, Paris, Gallimard, 1966, p. 172.

6. B. Han-Pile, « "The doing is everything" : a middle-voiced reading of agency in Nietzsche », *Inquiry* 63/1, 2020, p. 42-64 ; plus part. p. 54 : « the doer participates in the sense that she is aware that the process in unfolding, is affected by it and affects it in return ».

7. *Ibid.*, p. 43.

précisément comme un héritier de la tradition occidentale[1] et de son exigence de véracité[2], même s'il vise à en faire un héritage actif qui doit consister en une radicalisation et un dépassement. Le perspectivisme, comme mouvement philosophique, consiste donc en un travail sur nos perspectives actuelles, sur notre corps, travail qui est pris dans un processus interprétatif plus large, dans lequel nous sommes pris, et auquel il s'agit de prendre part : « quel sens aurait tout *notre* être sinon ceci qu'en nous la volonté de vérité en vienne à prendre conscience d'elle-même *comme problème ?* »[3].

Les perspectivismes contemporains pouvant être envisagés comme des tentatives de dépassement de la vision naturaliste et physicaliste du réel issue de la tradition occidentale, j'ai tenté de mettre en avant ce qu'une reprise de Nietzsche peut apporter à cette problématique : d'abord, du point de vue d'une critique théorique du physicalisme, ensuite, au niveau de l'opération même de dépassement ou de transformation dans la pensée. Je suis parti de l'hypothèse selon laquelle le perspectivisme nietzschéen consiste en une pensée du mouvement. J'ai tenté d'en reconstruire la genèse en suivant l'examen par Nietzsche de l'activité interprétative de l'être vivant et de la communauté face à leurs conditions d'existence. Dans les deux cas, une perspective émerge au travers d'une lutte interprétative engageant des affects et des valeurs et qui débouche sur un certain rapport de domination, une certaine configuration corporelle. La perspective est alors l'expression des conditions de conservation et de croissance de ce corps, les évaluations auxquelles il doit croire pour vivre et agir. En tant qu'elle est toujours le fruit d'une lutte impliquant des structures supra-individuelles, une perspective n'est pas un point de vue privé mais un système d'évaluation public. S'il s'agit bien d'une pensée du mouvement, c'est d'abord parce qu'une perspective est toujours un évènement, un agir ou un réagir, et ensuite parce qu'on ne peut rendre compte de ce mouvement qu'en le posant comme le produit d'une lutte entre des parties toutes actives et donc toutes capables d'expérience et d'évaluation.

J'ai ensuite cherché à montrer que cette base théorique vaut surtout dans la mesure où Nietzsche s'en sert pour produire ou engendrer du mouvement. Le perspectivisme revêt alors le sens d'une pratique philosophique qui consiste en un travail sur nos perspectives, en un mouvement de

---

1. Voir par ex. *Le Gai savoir, op. cit.*, p. 337, p. 357 et p. 377.
2. *La Généalogie de la morale, op. cit.*, III, 27.
3. *Ibid.*

problématisation et de création. Une perspective étant l'expression d'une série de conditions d'existence, le perspectivisme trouve son application pratique dans un agir à la voie moyenne qui consiste en une participation au processus interprétatif, au jeu et au contre-jeu de nos conditions d'existence. Le sens pratique de l'exigence d'immanence et de confrontation aux « réalités » que Nietzsche revendique comme sa méthode consiste à sortir du déni de nos conditionnements et à prendre la plus grande part possible à la lutte interprétative qui se déroule en nous et hors de nous. Se mettre à l'école du perspectivisme est indissociable d'une revalorisation des *conditions concrètes* – historiques, naturelles – de la vie même, d'une attention accrue accordée aux « petites choses », aux « choses les plus proches ». Le mouvement – l'apprentissage « d'autres manières de penser » – ne peut découler que d'une expérimentation sur et avec elles :

> Ici, une grande réflexion est nécessaire. On me demandera pourquoi au juste j'ai raconté toutes ces petites choses, et, selon le jugement traditionnel, insignifiantes ; je me fais ainsi tort à moi-même, à plus forte raison si je suis destiné à assumer des grandes tâches. Réponse : ces petits choses – alimentation, lieu, climat, délassement, toute la casuistique de l'automanie – sont infiniment plus importantes que tout ce que l'on a jusqu'à présent tenu pour important. C'est justement par cela qu'on doit commencer à apprendre d'autres manières de penser. [...] Toutes les questions de la politique, de l'ordre social, de l'éducation, ont été faussées à la base par le fait que l'on a pris pour de grands hommes les hommes les plus nuisibles, – que l'on a enseigné à mépriser les « petites » choses, je veux dire les conditions élémentaires de la vie même... [1].

Antoine DARATOS
Université libre de Bruxelles

---

1. *Ecce Homo*, trad. fr. J.-C. Hémery rev. D. Astor, Paris, Gallimard, 2012, « Pourquoi je suis si sagace », § 10.

« UNE ÉCOLE UN PEU SECRÈTE »
UNE THÈSE COMPARATISTE SUR LES PERSPECTIVISMES DE LEIBNIZ, NIETZSCHE, WHITEHEAD ET DELEUZE

COMPARAISON N'EST PAS RAISON

En 2020 paraissait un ouvrage collectif qui se présentait comme une contribution à l'« histoire des perspectivismes philosophiques » : dans *Philosopher en points de vue*[1], on trouvait des études sur Platon et les sophistes, Proclus, Nicolas de Cues, Pascal, Leibniz, Fichte, Schelling, Novalis, Chladenius, Dilthey, Nietzsche, Wittgenstein, Merleau-Ponty. On sentait bien que la liste n'était pas close et que la démarche consistant à rallier toujours plus de philosophes sous la bannière du terme était l'un des signes du succès de la notion. Dans sa présentation de l'ouvrage, Quentin Landenne rappelait que le perspectivisme « est encore loin de faire l'objet d'une définition tant soit peu stabilisée ou d'un statut historiographique bien identifié »[2] ; mais il estimait fécond, au-delà des sources bien connues que sont Leibniz et Nietzsche, d'effectuer

> un travail de reconstruction interprétative qui se donnerait d'abord pour tâche de retracer, dans des époques, traditions et corpus parfois très différents et éloignés les uns des autres, les multiples avatars du riche champ lexical propre au perspectivisme[3].

Face au manque de stabilité de la notion, on ne saurait reconnaître en premier lieu ses « avatars » autrement qu'à des signes lexicaux : de fait, le champ lexical de la perspective, la philosophie l'a emprunté à la peinture,

---

1. Q. Landenne (éd.), *Philosopher en points de vue. Histoire des perspectivismes philosophiques*, Bruxelles, Presses de l'Université Saint-Louis de Bruxelles, 2020.
2. *Ibid.*, p. 7.
3. *Ibid.*

elle-même aux prises avec l'optique et la géométrie – autant de théories et de techniques de représentation d'aspects multiples du réel sous l'unité d'un point de vue. Cet emprunt ou appropriation se signale certes par un lexique, mais désigne plus profondément le transfert ou l'import de certaines manières de procéder et de structurer pour (se) représenter le réel. Ce transfert de signes, de structures et de gestes nous confronte d'emblée à la question de la métaphore et de l'analogie, à des décisions philosophiques de faire jouer la métaphore et l'analogie au cœur même de la métaphysique. Mais les questions suscitées par l'usage de l'analogie à l'intérieur d'un système philosophique se redoublent et se compliquent lorsqu'il s'agit de développer des analogies *entre* ces systèmes. Que désigne-t-on lorsqu'on parle d'« avatars », c'est-à-dire d'incarnations différentes d'une même entité ? Par l'usage de ce terme, l'identité du perspectivisme derrière ses multiples manifestations était à la fois implicitement postulée et explicitement évitée, car, on le sait bien, comparaison n'est pas raison :

> Un [...] écueil possible pour ce genre de démarche comparative et reconstructrice serait celui du confusionnisme théorique. En rapprochant formellement des philosophies de prime abord assez éloignées historiquement et doctrinalement, la tentation peut être grande de proposer des analogies aussi rapides que suggestives entre les logiques perspectivistes afférentes à différents cadres théoriques et d'y voir l'indice, sinon d'une *philosophia perennis* de la perspective, du moins d'une sorte de continuité épistémologique ou méthodologique[1].

De fait, l'ouvrage dirigé par Landenne acceptait de juxtaposer différents perspectivismes mais hésitait ou répugnait à les comparer. Et pourtant : Leibniz ne chercha-t-il pas à indiquer le chemin d'une raison de la comparaison, d'une logique de l'analogie, d'une continuité du discontinu ? N'est-ce pas précisément l'un des aspects fondamentaux du perspectivisme ? La tentation de rapprocher le lointain, de comparer l'incomparable, est bel et bien de l'ordre d'un affect perspectiviste, auquel j'ai cédé en toute conscience, et méthodiquement, tout au long d'un travail que j'ai mené ces dernières années à l'occasion d'une thèse de doctorat[2]. Qu'il me soit permis de contribuer au présent ouvrage en disant simplement ce que j'ai fait, c'est-à-dire en évoquant les connexions particulières que j'ai tenté d'établir entre plusieurs points de la constellation perspectiviste. Il s'est agi en effet pour moi de comparer les

---

1. Q. Landenne (éd.), *Philosopher en points de vue, op. cit.*, p. 10.
2. D. Astor, *Perspectivisme. Leibniz, Nietzsche, Whitehead, Deleuze*, thèse de doctorat de l'Institut Polytechnique de Paris, préparée et soutenue à l'École Polytechnique sous la direction de M. Foessel en 2021.

perspectivismes de Leibniz, de Nietzsche, de Whitehead et de Deleuze. Et si c'est Nietzsche qui avait occupé jusqu'ici l'essentiel de mes travaux, c'est à Deleuze qu'il fallait désormais donner un rôle stratégique, pour la raison que c'est chez lui que je trouvais, pliée, la comparaison qu'il me faudrait déplier[1].

DELEUZE COMPARATISTE

Il y a en effet dans l'œuvre de Deleuze, au sujet du perspectivisme, deux points très précis, à presque vingt ans de distance, qui réclamaient d'être connectés l'un à l'autre. Le premier se trouve dans *Logique du sens* (1969), dans un passage où le perspectivisme de Nietzsche est comparé à celui de Leibniz ; le second est un passage du *Pli* (1988), où Deleuze compare le perspectivisme de Leibniz à celui de Whitehead. Or, dans les deux cas, c'est une même distinction, une même transformation qui est mise en lumière, sous une même problématique et selon les mêmes termes. Dans les deux cas, l'évocation est rapide, suggestive ; la comparaison est esquissée sans être développée, tout en enveloppant des problèmes complexes qui innervent l'ensemble de chacun des deux ouvrages, et toute la philosophie de Deleuze. Voici ces deux points de comparaison. Dans la 24ᵉ série de *Logique du sens,* intitulée « De la communication des événements », Deleuze écrit :

> La perspective – le perspectivisme – de Nietzsche est un art plus profond que le point de vue de Leibniz ; car la divergence cesse d'être un principe d'exclusion, la disjonction cesse d'être un moyen de séparation, l'incompossible est maintenant un moyen de communication[2].

Dans *Le Pli*, Deleuze consacre le chapitre VI à la question « Qu'est-ce qu'un événement ? », et souligne à nouveau cette limite propre à Leibniz, limite qui sera surmontée, cette fois non plus par Nietzsche, mais par

---

1. Il faut mentionner ici un autre ouvrage collectif : B. Timmermans (éd.), *Perspective. Leibniz, Whitehead, Deleuze*, Paris, Vrin, 2006. Le corpus choisi était très proche du mien, à deux différences près : d'une part, la forme collective libérait une fois de plus la plupart des contributeurs de la contrainte de mener de front toutes les combinaisons comparatives possibles entre ces auteurs, exception faite de l'introduction de Benoît Timmermans, dont le rôle était de justifier ce corpus, et de la contribution d'Isabelle Stengers, placée en dernier et intitulée fort à propos : « Faire converger les points de vue ? » ; d'autre part, Nietzsche restait singulièrement absent du volume, même si Isabelle Stengers, au passage, soulignait l'importance, chez Deleuze, du « parti pris nietzschéen » de la divergence (p. 150) et du « refus nietzschéen » de la convergence (p. 156).
2. G. Deleuze, *Logique du sens*, Paris, Éditions de Minuit, 1969, p. 203.

Whitehead, désigné comme « successeur ou diadoque »[1] dans l'école que constitue la philosophie de l'événement. Entre Leibniz et Whitehead, il s'est passé quelque chose, que Deleuze décrit ainsi :

> Le jeu du monde a singulièrement changé, puisqu'il est devenu le jeu qui diverge. Les êtres sont écartelés, maintenus ouverts par les séries divergentes et les ensembles incompossibles qui les entraînent au-dehors, au lieu de se fermer sur le monde compossible et convergent qu'ils expriment du dedans[2].

Ces deux passages difficiles, et singulièrement proches, nécessitaient évidemment de longues analyses. Rappelons ici brièvement quel était leur enjeu pour Deleuze. Posons que, chez Leibniz, tout individu est défini par un point de vue qui le constitue tout entier : ce *point* de vue, qui est une sorte de point métaphysique inétendu, caractérise une substance individuelle ou monade, une âme dans un corps, lequel est le site physique de son point de vue. Tout ce qui est arrivé, arrive et arrivera à cet individu forme une série d'événements qui sont comme autant de prédicats définissant sa substance : je suis la série complète de tout ce qui m'arrive et que je perçois sous le point de vue qui est le mien propre. La totalité de ce qui arrive dans le monde forme le monde même : le monde est l'ensemble infini de toutes les séries d'événements qui constituent toutes les substances individuelles existantes. Dans un monde créé par Dieu, il faut que cette totalité soit soumise à la contrainte d'une logique très puissante : non seulement chaque série est soumise, par définition, à la logique sérielle d'éléments, d'événements compatibles entre eux (tout a une raison), mais toutes les séries doivent être compatibles entre elles, effectivement ou potentiellement (elles doivent donc être logiquement compossibles), et elles doivent encore se correspondre si bien qu'elles convergent toutes pour exprimer le même monde, le seul effectif. S'il y a d'autres mondes possibles, ils seront incompossibles avec le monde effectif. Cette logique a deux conséquences très profondes.

Premièrement, tout ce qui existe est compossible, c'est-à-dire que tous les événements sont compatibles entre eux, tous les individus se correspondent, tous les points de vue convergent sur le même monde ; donc rien ne diverge réellement, les points de vue peuvent être aussi différents que possible, ils sont soumis à un principe supérieur d'identité et d'unité harmonieuse : un seul monde, et le meilleur, qui est le point de vue de Dieu sous lequel se rangent tous les points de vue. Ainsi, l'idée même de

---

1. G. Deleuze, *Le Pli. Leibniz et le baroque*, Paris, Éditions de Minuit, 1988, p. 103.
2. *Ibid.*, p. 111.

divergence, de différence pure (non pensée à partir de l'identité), renvoie automatiquement à un autre monde, possible mais non réel, parce qu'incompossible avec ce monde-ci. La divergence est principe d'exclusion hors du monde réel. Bref : *il n'existe ni événements réellement incompatibles entre eux ni points de vue réellement divergents les uns des autres*.

Deuxième conséquence de la logique leibnizienne : si une substance individuelle ou monade *est* une série entièrement déterminée par sa propre logique sérielle (au point que si l'on pouvait connaître, comme Dieu, *tout* ce qui lui arrive, on en aurait la notion complète), cette concaténation saturée de raison n'admet aucune extériorité, elle ne peut être soumise de manière contingente à l'influence des autres séries, rien d'extérieur ne peut la modifier. Tout ce qui arrive à une monade est enveloppé en elle ; plus encore, tout ce qui arrive universellement est impliqué en elle : le monde est plié tout entier dans la monade. Mais, parce que chaque monade est un point de vue distinct de tous les autres (sans quoi elle ne serait pas une substance, mais un atome indifférent, indiscernable), elle ne dépliera le monde que d'une certaine manière unique, sous sa propre perspective, grâce à la série des perceptions que lui permet son site, c'est-à-dire depuis son corps propre. La différence est de discernement, non une divergence réelle ; mais la distinction est réelle, et insurmontable. Bref : *tous les points de vue convergent sur le même monde, mais aucun ne communique avec les autres*.

Cette double proposition leibnizienne – il n'y a, entre les points de vue, ni divergence réelle, ni communication possible – est pour Deleuze, d'une certaine manière, scandaleuse, lui qui a passé sa vie à défendre la thèse d'une différence pure, affranchie de la loi de l'identité (dès *Différence et répétition*) et, partant, celle d'une logique de la communication ou affection réciproque d'événements purs, affranchis de la loi de la compatibilité (dès *Logique du sens*). Ces deux thèses forment l'immanentisme radical de Deleuze, et son empirisme d'un genre tout à fait particulier. Sans ces deux réquisits, on ne saurait en effet penser ensemble ce dont pourtant est faite l'expérience : il y a une infinité de points de vue extérieurs les uns aux autres qui forment un monde sans extériorité : le « Dehors » des points de vue est immanent au monde et aux perspectives qui le constituent comme monde. Un pas de plus, et l'on peut formuler la thèse perspectiviste de Deleuze : *les points de vue émergent et communiquent par leur divergence même*. Pour que le perspectivisme puisse être une thèse à la fois sur la vérité du relatif dans la pensée et sur la réalité de la relation dans l'être, il faut que la divergence ou disjonction accède au statut de synthèse réelle – ce que Deleuze appellera *synthèse disjonctive*.

Ce qui nous intéresse ici, c'est la manière dont Deleuze, à l'appui de sa thèse perspectiviste, identifie, dans l'histoire de la philosophie, les deux moments d'une même métamorphose du perspectivisme : cette métamorphose consiste, d'une part, en ce que le point de vue, sur lequel plane toujours la menace d'un enfermement solipsiste (idéalisme), s'ouvre et se maintient ouvert sur et dans la réalité du monde (empirisme) ; d'autre part, en ce que la divergence des points de vue n'est plus subordonnée à ou surmontée par un sens supérieur et transcendant (ordre théologique ou théologico-politique) ni dissoute dans une juxtaposition immanente de non-sens équivalents (relativisme). Cette métamorphose, Deleuze l'identifie donc deux fois : une première fois entre Leibniz et Nietzsche, une deuxième fois entre Leibniz et Whitehead. Mais si une telle métamorphose est possible, c'est parce qu'il y a une continuité entre le perspectivisme de Leibniz et ceux de Nietzsche et de Whitehead : Deleuze parle d'approfondissement, de changement, de devenir. Les points de vue, soumis à un principe de clôture et d'exclusion, désormais « expérimentent des chemins dans l'univers et entrent dans des synthèses associées à chaque chemin »[1], selon un principe d'ouverture et de capture. Que s'est-il passé entre Leibniz et Nietzsche ? Entre Leibniz et Whitehead ? entre Nietzsche et Whitehead ? Quelque chose de décisif est arrivé au perspectivisme, qu'on ne saisira qu'à travers une opération de triangulation entre Leibniz, Nietzsche et Whitehead.

Or cette triangulation est une intuition proprement deleuzienne. De cette « école un peu secrète »[2], il a assez peu développé les liens de succession qui en font l'histoire ; Deleuze comparatiste n'a jamais entièrement explicité les similitudes, ressemblances et analogies qui lui donnent son unité. Deleuze ne fit que suggérer, sur à peine deux pages[3], ce qui permettait de parler d'un passage de la clôture leibnizienne à l'ouverture nietzschéenne. C'est à peine plus longuement, sur une dizaine de pages dans *Le Pli*[4], une ouverture analogue chez Whitehead (analyse préparée par trois séances d'un cours sur Leibniz en 1987[5]). Mais sur Whitehead, pourtant si influent sur la pensée de Deleuze, il n'y aura, explicitement du moins, guère davantage. Une seule fois, toujours dans *Le Pli*, le nom de Nietzsche apparaît aux côtés de celui de Whitehead (d'ailleurs au sein

---

1. G. Deleuze, *Le Pli*, *op. cit.*, p. 111.
2. *Ibid.*, p. 103.
3. *Id.*, *Logique du sens*, *op. cit.*, p. 202-203.
4. *Id.*, *Le Pli*, *op. cit.*, p. 103-112.
5. Voir *id.*, « Sur Leibniz. Les principes de la liberté », Université de Vincennes ; les séances consacrées à Whitehead sont celles des 10 mars, 17 mars et 8 avril 1987.

d'une liste, comme en passant[1]), mais jamais Deleuze n'a établi de comparaison entre les deux.

Il s'agissait donc pour moi de développer ce qui, chez Deleuze, reste enveloppé : ce mouvement d'ouverture qui, dans *Logique du sens*, mène de Leibniz à Nietzsche et, dans *Le Pli*, de Leibniz à Whitehead, et dont Deleuze a absolument besoin pour son propre compte. C'est cette triangulation qui a formé le point de départ de ma recherche, car elle constituait la matrice de l'interprétation perspectiviste de la réalité dont j'étais en quête, de ce monde d'abord leibnizien qui, au prix de profondes métamorphoses, est devenu celui de Nietzsche, puis celui de Whitehead ; monde qui est devenu celui de Deleuze lui-même, au prix de nouvelles métamorphoses, et encore celui que je crois voir se transformer à nouveau aujourd'hui et réapparaître sous la prolifération des « avatars » du perspectivisme, à travers la prise de conscience toujours plus forte, et de moins en moins isolée, de sa consistance historique comme de son insistance contemporaine.

COMPARER : UNE « AVANCÉE DE LA DISJONCTION
VERS LA CONJONCTION »

L'impulsion à comparer ne vient jamais de l'identification préalable d'un invariant qu'il s'agirait de retrouver partout où on le cherche, illustré par des expressions variées à travers lesquelles on le reconnaîtrait toujours, des versions de la même chose qui en apparaîtraient comme les variantes. On ne se donne pas d'abord « le » perspectivisme comme un corps de doctrine constitué et défendu par des représentants, ni comme une entité abstraite qui se manifesterait sous diverses incarnations. L'impulsion pour mon travail comparatif sur le perspectivisme, ce n'était pas le perspectivisme, c'était la comparaison. Mais une comparaison, cela ne se construit pas à partir de comparables : les comparables résultent de la comparaison, ils ne la précèdent pas. Le comparatisme est constructif[2], ce n'est que superficiellement qu'il s'autorise d'éléments comparables pour se mettre à bricoler son assemblage ; la comparaison est toujours un forçage, un accouplement contre-nature : entre Leibniz, Nietzsche et Whitehead, il y a d'abord de l'incomparable, et l'on pourrait mener tout un travail qui

---

1. G. Deleuze, *Le Pli, op. cit.*, p. 27 : « Le perspectivisme chez Leibniz, et aussi chez Nietzsche, chez William et chez Henry James, chez Whitehead, est bien un relativisme, mais ce n'est pas le relativisme qu'on croit. Ce n'est pas une variation de la vérité d'après le sujet, mais la condition sous laquelle apparaît au sujet la vérité d'une variation ».

2. Voir, à ce sujet, M. Detienne, *Comparer l'incomparable*, Paris, Seuil, 2000.

justifiât leur insurmontable incommensurabilité. C'est que le premier mobile d'une comparaison, ce n'est pas la similitude superficielle entre comparables, c'est l'attraction profonde entre incomparables. Quelque chose de l'ordre du désir a forcé des rapprochements sur un fond de différences.

Dans une thèse récente, Mickaël Perre a montré que la manière dont Deleuze lit les philosophes, et les lie entre eux « par le milieu », met en œuvre et en pratique cette communication des points de vue par leur divergence même ; que la lecture « comparative » est bien elle-même une *synthèse disjonctive* :

> L'expression « lire par le milieu » reçoit une seconde signification si l'on envisage cette fois le « milieu » comme le lieu où plusieurs hétérogènes se rencontrent et se mettent à fonctionner ensemble. Dès lors, si le « milieu » désigne l'espace où deux différences communiquent, lire « par le milieu » reviendrait à envisager une pensée dans son rapport différentiel à une autre pensée. [...] En ce sens, la lecture « par le milieu » se livre à des « synthèses disjonctives » entre auteurs : elle cesse d'envisager la différence comme un motif d'opposition ou d'exclusion réciproque mais voit dans la différence un critère d'entente et de co-fonctionnement [1].

C'est un mode de lecture qui fait de la pratique intertextuelle une véritable opération machinique, au sens défini dès l'ouverture de *L'Anti-Œdipe* : connexion ou branchement d'une machine désirante (productrice de « flux » de désir) sur une autre machine désirante, par quoi des flux sont interceptés, prélevés et transformés pour produire de nouveaux flux [2]. Et Perre d'ajouter :

> Deleuze fait un usage problématique de la référence : celle-ci ne sert plus à délimiter un territoire théorique mais permet, au contraire, de créer des « zones d'indiscernabilité » et de brouillage, des « milieux » d'hybridation entre penseurs [3].

---

1. M. Perre, *Lire par le milieu : Deleuze et la lecture comme expérimentation,* thèse de doctorat, Université Toulouse 2-Jean Jaurès, 2020, p. 30.

2. *L'Anti-Œdipe* reformule dans les termes de la production ce que *Logique du sens* disait dans ceux de l'expression (devenue « catégorie idéaliste »), mais la thèse perspectiviste demeure, au-delà du seul modèle visuel : « Sans doute chaque machine-organe interprète le monde entier d'après son propre flux, d'après l'énergie qui flue d'elle : l'œil interprète tout en termes de voir – le parler, l'entendre, le chier, le baiser... Mais toujours une connexion s'établit avec une autre machine, dans une transversale où la première coupe le flux de l'autre ou "voit" son flux coupé par l'autre », G. Deleuze et F. Guattari, *L'Anti-Œdipe*, Paris, Éditions de Minuit, 1975, p. 12.

3. M. Perre, *Lire par le milieu, op. cit.,* p. 31.

Ainsi, on n'explicitera pas chez Deleuze le branchement « triplite » de Leibniz, Nietzsche et Whitehead sans s'engager avec lui dans cette manière d'expression ou mode de production de la lecture qui capture et hybride les flux de désir qu'ils émettent, sans les capturer et être capturé par eux dans un processus d'*hybridation* dont j'essayais de montrer qu'il est, dans le perspectivisme, au cœur même, et de la production de réalité, et de l'expression de la pensée. « Flux de désir » n'est pas une image : la dynamique pulsionnelle (terme bien préférable à celui d'intentionnalité) est absolument centrale dans le perspectivisme.

La puissante attraction entre incomparables a capturé le lecteur que je suis : avant même de savoir quoi comparer et comment nommer cet obscur objet de mon désir, j'ai été connecté, accouplé il y a longtemps déjà à ces machines désirantes que sont les textes de mes auteurs – et qui ont formé, au sens strict, mon *corpus*. Rien ne me permet de justifier tout à fait pourquoi j'ai été capturé et captivé, il y a plus de trente ans, par les textes de Nietzsche. Mais je sais comment les branchements de désir se sont multipliés, par attraction ou contagion, sous l'effet de ma lecture de Deleuze. Son *Nietzsche et la philosophie* a été l'opérateur d'une nouvelle connexion, formant un premier hybride, une nouvelle perspective Deleuze-Nietzsche ; puis *Différence et répétition* et *Logique du sens* ont accouplé cet hybride avec Leibniz ; *Le Pli* a hybridé Deleuze-Leibniz-Nietzsche avec Whitehead. Beaucoup plus tard, j'apprenais que Viveiros de Castro accouplait Deleuze avec le perspectivisme amérindien (un Deleuze qui, en fait, était déjà pour lui un hybride nommé Deleuze-Lévi-Strauss-Descola). Chaque fois, il fallut apprendre une double, triple, quadruple lecture : lire ces auteurs « pour eux-mêmes » et, en même temps, « avec les autres ». Chaque fois, je retrouvais dans ma pratique de lecteur désirant le processus même qui était au cœur de la philosophie de Whitehead : « l'avancée vers la conjonction à partir de la disjonction, créant une entité nouvelle autre que les entités données en disjonction »[1]. Un procès de perspectivation – aussi bien : d'*individuation* – qui était tout à la fois une proposition cosmologique hautement spéculative[2] et l'expérience la plus intime de l'individu que je devenais[3]. Je ne saurais justifier davantage *l'importance* ou la *valeur* pour moi de la réalisation de ce

---

1. A. N. Whitehead, *Procès et réalité. Essai de cosmologie* [1929], trad. fr. D. Janicaud *et al.*, Paris, Gallimard, 1995 p. 73.

2. Sur le sens du « spéculatif » chez Whitehead, voir D. Debaise, *Un empirisme spéculatif. Lecture de* Procès et réalité *de Whitehead,* Paris, Vrin, 2006.

3. Voir D. Astor, *Deviens ce que tu es. Pour une vie philosophique*, Paris, Autrement, 2016.

travail : «Toute réalisation est valeur, prise de position ainsi et pas autrement» [1].

Ainsi, il y eut d'abord, à la source de mon entreprise, un désir d'inter-textualité ; la volonté de parcourir en tous sens les flux qui circulent dans et entre des œuvres philosophiques importantes. Mon travail défendait, d'un point de vue épistémologique aussi bien qu'ontologique, la puissance spéculative et créatrice de l'*analogie,* comme établissement d'une certaine ressemblance de rapports ou de relations entre éléments par ailleurs dissemblables. L'analogie est présente partout chez Leibniz et Whitehead, chez Nietzsche et Deleuze (même quand parfois ils s'en défendent), et c'est un mode de connaissance par relation qui donne leur consistance à des modes d'existence en relation. Autant dire que l'analogie impulse un mouvement centrifuge, depuis l'intérieur des textes vers leurs relations intertextuelles, et de celles-ci en direction du milieu extérieur dans lequel ils sont plongés et qui est ce que leur écriture exprime : le *monde.*

Ainsi, il y avait surtout, dans ce travail, un désir de monde et de mondiation. Le perspectivisme, du point de vue à l'analogie, de l'appa-rence à l'existence située, du donné divergent aux séries convergentes, de la convergence au procès d'individuation, ouvre toujours sur une cosmo-logie : si le monde est l'ensemble de tous les modes d'existences suscep-tibles d'entrer dans un système de relations spatiotemporelles et causales, le monde perspectiviste sera celui où toutes les relations spatiotemporelles pourront être conçues comme rapports perspectifs, mise en perspective ou entrée d'une série sous un point de vue. Mais quant aux relations causales, qui fondent le système sériel de l'espace-temps, ce sont elles qui posent le problème le plus crucial, et c'est ce problème qui est recueilli par Deleuze. C'est à mettre ce problème en scène, sur la scène du monde, que lui sert la triangulation Leibniz-Nietzsche-Whitehead. Or, on le sent bien, dans l'insistance de *Différence et répétition,* puis de *Logique du sens*, et encore du *Pli* à se confronter à lui, que c'est Leibniz qui pose problème. Car dans le monde de Leibniz, tous les points de vue se correspondent sans s'affecter. Monde étrange où tout est réel – Dieu, les monades, les relations intrin-sèques – *sauf les relations extrinsèques,* qui restent idéales. Tension extrême, chez Leibniz, entre un réalisme ontologique et un idéalisme cosmologique dont nous avons tenté de montrer qu'il fait tout pour la surmonter, qu'il la surmonte presque, qu'il est au bord de la surmonter ; tension extrême dont il appartient à Deleuze de suggérer que Nietzsche, Whitehead et lui-même l'ont surmontée, en faisant exploser et déferler les

---

1. I. Stengers, *Penser avec Whitehead*, Paris, Seuil, 2002, p. 229.

divergences réelles dans le même et unique monde, la réalité et la puissance causale de l'extrinsèque, un pouvoir d'affecter et d'être affecté qui fait de toute mise en relation, de toute perspectivation, une création par la divergence, c'est-à-dire la métamorphose de relations extrinsèques en relations intrinsèques, devenir ou procès qui n'est plus passage du possible au réel, mais du virtuel à l'actuel, tout aussi *réels* l'un que l'autre mais sur un mode différent. Comment nommer ces deux modes différents ? Le monde des relations extrinsèques entre séries divergentes, appelons-le *chaos*. Le monde des relations intrinsèques entre séries convergentes, appelons-le *cosmos*. Un seul monde aussi réel en tant que virtualité chaotique qu'en tant qu'actualité cosmique, un seul et unique univers affirmé comme chaos de toutes les divergences *et* comme cosmos de toutes les convergences, *en une seule fois,* comme devenir ou procès, puissance génétique de l'apparence comme réalité, d'une immanence sans reste : voilà le monde de Nietzsche, de Whitehead et de Deleuze, ce monde perspectiviste dont ils ne pourront dire le caractère ultime que sous la forme respective d'un nom-proposition : *Dionysos ; Créativité ; Chaosmos.*

Ces propositions sont les « machines désirantes » auxquelles se connectent les miennes. Mon travail de recherche fut une proposition d'entre-connecter ces propositions de monde, un désir d'entrer dans ces machines à mondiation et de se laisser transformer par elles. Le milieu perspectiviste dont j'héritais réclamait une sorte d'essai de cosmologie comparée qui, au vu de sa problématique, pouvait être requalifiée comme cosmologie dionysiaque, ou *chaosmologie* ; l'impulsion perspectiviste qui m'animait réclamait une sorte de cosmopolitique comparée qui, au vu des transformations que cette problématique fait subir à la nature et au sens des relations entre les modes d'existence qui y sont engagés, pourrait être requalifiée comme politique dionysiaque, ou *chaosmopolitique*. Elle est peut-être de l'ordre de cette fidélité à la Terre que réclamait Zarathoustra.

CHEMINEMENT

Il me fallait commencer par le perspectivisme de Leibniz et la lecture critique qu'en donne Deleuze. Ce perspectivisme est une solution singulière aux problèmes soulevés, dans les sciences et la métaphysique du XVIIe siècle, par la perte du centre fixe comme référent cosmologique et par le passage, selon les termes de Koyré, d'un monde clos à un univers infini. Cette solution leibnizienne, d'une puissance intégrative toute particulière, et qui cherche à dépasser à la fois Descartes et Pascal, se trouve dans les notions d'expression et d'entr'expression de points de vue considérés comme séries infinies compossibles, c'est-à-dire dans l'affirmation d'une inclusion et d'une convergence de tous les points de vue compossibles sur un même monde. Or, cette puissance intégrative (inclusion et convergence) du perspectivisme de Leibniz est au prix de l'exclusion des perspectives divergentes considérées comme incompossibles. Ce principe d'exclusion marque les limites d'une philosophie de l'expression qui ne peut renoncer au primat de l'identité sur la différence et à la représentation comme récognition du même, points qui font l'objet constant des critiques de Deleuze.

Or c'est à partir du même constat classique de la perte de tout référent cosmologique fixe, que Nietzsche remet en question les présupposés fondamentaux de la représentation et des oppositions impliquées par tout dualisme métaphysique : entre être et apparence, être et devenir, monde vrai et monde apparent. Le jeune Nietzsche met paradoxalement en scène des couples d'opposition (Apollon-Dionysos, Parménide-Héraclite) pour surmonter les dualismes kantien et schopenhauerien dont il hérite : refusant toute disjonction entre l'en-soi et le phénomène, entre le transcendantal et l'empirique, entre la volonté et la représentation, Nietzsche procède à une requalification radicale du concept de représentation, non comme produit d'une disjonction, mais comme activité immanente de production des disjonctions. Il y a chez Nietzsche une philosophie de l'expression qui, dans le sens recherché par Deleuze, s'est affranchie du primat de l'identité et du postulat de la convergence. C'est parvenue à ce point que l'analyse exige la mise en rapport des perspectivismes de Leibniz et de Nietzsche.

On peut faire un premier rapprochement entre Leibniz et Nietzsche autour d'une analogie qu'ils ont en commun, celle du miroir, qui s'inscrit dans une longue tradition remontant à l'Antiquité et au néoplatonisme. L'analogie leibnizienne qualifiant la monade de « miroir vivant »[1] de l'univers et l'analogie nietzschéenne du sujet comme « vivante image dans un miroir »[2] articulent l'une et l'autre théorie de la connaissance et ontologie pour donner une pleine consistance à la notion de représentation et

---

1. Les occurrences sont nombreuses chez Leibniz, par exemple : « chaque monade est un miroir vivant, ou doué d'action interne, représentatif de l'univers, suivant son point de vue, et aussi réglé que l'univers lui-même », *Principes de la Nature et de la Grâce, Monadologie et autres textes. 1703-1716*, Paris, GF Flammarion, 1996, § 3, p. 224 ; « Or cette liaison ou cet accommodement de toutes les choses créées à chacune et de chacune à toutes les autres, fait que chaque substance simple a des rapports qui expriment toutes les autres, et qu'elle est par conséquent un miroir vivant perpétuel de l'univers », *Monadologie*, § 56, *ibid.*, p. 254.

2. F. Nietzsche, *Aurore. Fragments posthumes début 1880 – printemps 1881*, *Œuvres philosophiques complètes*, t. IV, trad. fr. J. Hervier, Paris, Gallimard, 6 [441], automne 1880, p. 557 (trad. mod.).

d'expression comme activité. Mais l'image du miroir vivant ne cesse de renvoyer à la question de la nature véritable et concrète de cette activité que l'analogie du reflet passif est incapable de déterminer entièrement. Or Leibniz comme Nietzsche vont l'expliciter selon un modèle dominant : celui de la perception, auquel ils vont toutefois donner une acception remarquablement étendue.

On relèvera un rare hommage de Nietzsche à l'héritage leibnizien[1], autour de la notion de perception inconsciente : la perception est une activité attribuée à toute chose, le concept physique de force est requalifié comme une forme d'intentionnalité présubjective. Un tel concept élargi de perception, chez Nietzsche, présente des analogies remarquables avec celui de Leibniz. Percevoir est à la fois puissance d'individuation et volonté de connaître de tout ce qui existe, affecté d'un même principe de croissance et d'intensification ; exprimer ou représenter, c'est unifier le divers par une transformation de la multiplicité extensive en multiplicité intensive. Cette conception implique une critique de l'atomisme qu'on voit à l'œuvre chez Leibniz comme chez Nietzsche, à partir de leur conception respective de l'organisme. On peut rapprocher, toujours par analogie, l'« atome spirituel » leibnizien et le « quantum de puissance » nietzschéen pour faire l'hypothèse d'une ontologie de la perception comparable entre les deux philosophes. Cette hypothèse doit être mise à l'épreuve du concept de « chose » chez l'un et l'autre, définie par la totalité de ses relations perspectives. Se pose alors le problème du monde dans un tel relationnisme ontologique : qu'en est-il de la communication monadique et de la perception mutuelle des quanta de puissance, c'est-à-dire du rapport réel des perspectives entre elles ? C'est à ce point qu'il faut revenir à la distinction que fait Deleuze entre le monde leibnizien de la convergence et le monde nietzschéen – et whiteheadien – de la divergence.

La triangulation esquissée par Deleuze entre Leibniz, Nietzsche et Whitehead peut enfin être explicitée. Il s'agit dans un premier temps de replacer la lecture de Nietzsche par Deleuze dans le contexte de ses objectifs : affranchir la différence de l'identité ; critiquer la représentation comme cas particulier de la perspective, réducteur et exclusif de leurs divergences ; affirmer la communication réelle des perspectives par leurs divergences mêmes. Deleuze, ce faisant, assimile une perspective à un événement. C'est à partir de son concept central de synthèse disjonctive que l'on peut relire Nietzsche par contraste avec Leibniz et dans le contexte de la théorie du signe et de la logique du sens élaborées par Deleuze. La lecture

---

1. Voir F. Nietzsche, *Le Gai Savoir*, § 357, trad. fr. P. Wotling, Paris, Flammarion, 2007.

deleuzienne de Proust éclaire ce contexte – un Proust à la fois leibnizien et nietzschéen. Dans cette démarche, il y va de la justice rendue à l'événement et d'une conception fondamentalement pluraliste de la vérité du perspectivisme, l'essence d'une chose consistant dans le sens multiple qui la génère et dans l'interaction, de modèle perceptif, entre perspectives hétérogènes. Il faut alors réintroduire le terme choisi par Deleuze pour décrire un tel monde perspectiviste : *chaosmos*, qui affirme l'immanence l'un à l'autre du hasard chaotique et de la nécessité cosmique. Cette métamorphose du perspectivisme (de sa clôture en un monde de la convergence à son ouverture au monde de la divergence), Deleuze la voit s'effectuer une première fois chez Nietzsche, et il la trouve une seconde fois chez Whitehead.

Cette répétition exige que l'on comprenne ce que Deleuze ne dit pas, à savoir quelles analogies entre Nietzsche et Whitehead permettent de leur attribuer une transformation similaire du perspectivisme leibnizien. C'est à certaines conditions que le relationnisme de Whitehead peut être dit un perspectivisme et que sa « philosophie de l'organisme » accepte d'assumer sa source leibnizienne. Car Whitehead cherche à surmonter, chez Leibniz, la contradiction entre les relations intrinsèques à une substance réelle et les relations extrinsèques entre substances, qui restent idéales. C'est pourquoi il faut distinguer la monade leibnizienne de l'entité actuelle whiteheadienne, conçue comme procès d'actualisation à partir de la pluralité disjonctive. La motivation critique de Whitehead, à savoir le dépassement des dualismes entraînés par nos modes d'abstraction, permet de repérer de profondes affinités avec la critique nietzschéenne de la métaphysique. La dénonciation, chez Nietzsche, de toute discrimination entre monde vrai et monde apparent et la remise en question, chez Whitehead, de la bifurcation de la nature, s'appuient l'une et l'autre sur une conception nouvelle et radicalement élargie de la perception, déjà repérée plus haut chez le philosophe de la volonté de puissance, et dont on peut montrer qu'elle est également à l'œuvre dans le concept whiteheadien de préhension, pourvu qu'on sache repérer les analogies que présentent entre elles la notion de quantum de puissance chez Nietzsche et celle d'entité actuelle chez Whitehead. L'hypothèse consiste finalement à voir dans le pluralisme relationniste qui caractérise leur perspectivisme un nouage inextricable entre fait et valeur, entre ontologie et axiologie. Se pose alors la question de l'importance ou de la valeur « en soi » du devenir ou procès, aboutissant, chez l'un et l'autre philosophe, à une justification esthétique de l'existence.

Que se passe-t-il si, à ce point, l'on décide soudain de convoquer la problématique perspectiviste telle qu'elle est mobilisée par l'anthropologie contemporaine, au premier chef par Viveiros de Castro dans son étude du perspectivisme propre à l'animisme amérindien[1]? La rupture avec l'entreprise comparative menée jusque-là n'est qu'apparente. La démarche critique de l'anthropologue brésilien s'appuie à la fois sur le variationnisme structuraliste de Lévi-Strauss et sur le schématisme onto-cosmologique quadripartite élaboré par Descola (naturalisme, totémisme, animisme, analogisme[2]), relus l'un et l'autre à la lumière du pluralisme perspectiviste de Deleuze – démarche saluée par Patrice Maniglier comme un dionysisme anthropologique, en référence à Nietzsche[3] – en faveur des puissances de l'équivoque comme affirmation de la disjonction des perspectives dans un même monde. Essentielle est la charge critique des onto-cosmologies animistes et analogistes face aux impasses du naturalisme moderne. Il faut défendre notamment un véritable animisme méthodologique (à l'œuvre par exemple dans l'éthologie contemporaine[4]) comme communication réelle des points de vue selon un triple modèle prédatoire, métamorphique et diplomatique, et une herméneutique analogiste des connexions et hiérarchies perspectives. Or, si l'on peut conclure de cette anthropologie singulière et dissidente que le perspectivisme est bel et bien un *hybride* d'animisme et d'analogisme, alors on ne fait que relancer, pour notre temps, les enjeux déjà soulevés par les perspectivismes de Leibniz, Nietzsche, Whitehead et Deleuze.

C'est pourquoi il faut s'aventurer à relire nos quatre philosophes à la lumière de cette hybridation entre animisme et analogisme tels qu'élaborés par l'anthropologie perspectiviste. Le point de départ pourrait être une objection de Bruno Latour à Descola : le naturalisme n'a pas la même consistance que l'animisme et l'analogisme; il apparaît comme une réponse en trompe-l'œil à la crise de la version occidentale de ces onto-cosmologies (libération des singularités et recomposition de leur continuité, mais amputée de leur puissance d'agir). C'est à la fragilité du naturalisme que réagissent les perspectivismes modernes, par la reconquête d'une continuité et connexité analogiste de tous les existants, et par la réattribution à ceux-ci d'une puissance animiste d'agir. Or, la manière dont

1. E. Viveiros de Castro, *Métaphysiques cannibales*, Paris, P.U.F., 2009.
2. P. Descola, *Par-delà nature et culture*, Paris, Gallimard, 2005.
3. P. Maniglier, « Dionysos anthropologue. À propos d'Eduardo Viveiros de Castro », *Les Temps modernes* 692, 2017/1, p. 136-155.
4. Voir B. Morizot, *Les diplomates. Cohabiter avec les loups sur une autre carte du vivant*, Paris, Wildproject, 2016.

Leibniz, Nietzsche, Whitehead et Deleuze libèrent les singularités permet de faire l'hypothèse que leur perspectivisme présente des caractères analogues à celui que rencontre l'anthropologie dans les sociétés animistes (animation universelle, rapports de prédation, pratiques de délocations et de métamorphoses) et analogistes (interdépendance et hiérarchisation de tous les existants par degré de réalité ou de perfection). On s'étonnera peut-être de voir Deleuze qualifié d'analogiste et l'on objectera que, dans *Différence et répétition,* l'analogie fait l'objet d'une critique insistante comme appartenant de plein droit au régime de la Représentation, par quoi l'on est certain de toujours manquer la différence pour elle-même[1]. Au niveau cosmologique, Deleuze oppose un régime analogiste de distribution des singularités à un régime de distributions *nomades* de l'ordre de l'anarchie. Or, il nous semble que *Mille Plateaux* ouvrira bel et bien la voie à des distributions analogiques plastiques et nomades, notamment à travers les réflexions de Deleuze et Guattari « sur quelques régimes de signes »[2]. Contre le régime de la signifiance, que traite la sémiologie, et dans lequel le signe renvoie au signe à l'infini, décroché de tout agencement concret, un régime de signes constitue une sémiotique qui est toujours mixte, forme de contenu et forme d'expression ou, dans le langage plus ancien de *Logique du sens*, « état de chose » et « point de vue »[3]. Or il existe des passages d'une sémiotique à une autre, des processus de *traduction* qui non seulement font sauter d'un régime à un autre, mais transforment réellement les états de choses et les points de vue, dans une production de polyvocité inattendue. Ces passages, *Mille Plateaux* les appelle *transformations* analogiques[4]. Alors, la sémiotique analogique rejoint la double capture animique, et ces transformations que traitait *Mille Plateaux* du point de vue des signes dans le plateau 5, seront traitées du point de vue des forces dans le plateau 10, où il sera question d'animisme. À travers chaque étape de ces rapprochements, on voit se dessiner chez nos auteurs les conditions d'une éthique et, dans le prolongement de celle-ci, d'une véritable cosmopolitique – qu'il me fallait requalifier en *chaosmopolitique*.

On se plaît alors à imaginer un possible élargissement de l'entreprise comparatiste et à évoquer le mode sur lequel un certain nombre de penseurs contemporains ont hérité de cette constellation Leibniz-Nietzsche-Whitehead-Deleuze. Il faudrait s'attarder notamment sur l'héritage leibnizien éclatant de Michel Serres, l'héritage nietzschéen (un peu secret)

---

1. G. Deleuze, *Différence et répétition*, Paris, P.U.F., 1969, p. 50.
2. G. Deleuze et F. Guattari, *Mille Plateaux*, Paris, Éditions de Minuit, 1980, p. 140 *sq.*
3. G. Deleuze, *Logique du sens, op. cit.*, p. 36 *sq.*
4. G. Deleuze et F. Guattari, *Mille Plateaux, op. cit.*, p. 170.

de Bruno Latour, l'héritage whiteheadien revendiqué d'Isabelle Stengers
et l'héritage deleuzien de Félix Guattari (héritage singulier qui participa à
la création même de ce dont il héritait). Autant de penseurs qui eux-mêmes
invitent à multiplier les connexions entre incomparables et permettent de
mobiliser les enjeux chaosmopolitiques du perspectivisme en faveur de ce
qui pourrait être une véritable écologie des relations.

Dorian ASTOR

SE RENDRE SENSIBLE
UNE THÉORIE PARTICIPATIVE DE L'APPRENTISSAGE

Dans le champ de la philosophie continentale, Gilles Deleuze est couramment mobilisé parmi les références importantes de la théorie perspectiviste[1]. Pourtant, dans ses écrits, les notions de « perspective » et de « perspectivisme » sont le plus souvent utilisées pour commenter les stratégies argumentatives d'autres auteurs. À quel problème correspondrait alors un perspectivisme spécifiquement deleuzien ? Et que pourrait apporter un tel modèle à la réflexion contemporaine ? Nous proposons de lire la théorie deleuzienne comme une théorie participative de l'apprentissage, essentiellement (bien que non-exclusivement) préoccupée par les modalités d'acquisition de savoirs pratiques[2]. Une telle lecture peut s'appuyer sur le passage suivant :

> Le mouvement du nageur ne ressemble pas au mouvement de la vague ; et précisément, les mouvements du maître-nageur que nous reproduisons sur le sable ne sont rien par rapport aux mouvements de la vague que nous n'apprenons à parer qu'en les saisissant pratiquement comme des signes. [...] Nous n'apprenons rien avec celui qui nous dit : fais comme moi. Nos seuls maîtres sont ceux qui nous disent « fais avec moi », et qui, au lieu de nous proposer des gestes à reproduire, surent émettre des signes à développer dans l'hétérogène. En d'autres termes, il n'y a pas d'idéo-motricité, mais seulement de la sensori-motricité. [...] Apprendre, c'est bien constituer cet espace de la rencontre avec des signes, où les points

1. Voir les différentes contributions rassemblées dans la section « Le perspectivisme, entre anthropologie et métaphysique » dans E. Alloa et É. During (éd.), *Choses en soi. Métaphysique du réalisme*, Paris, P.U.F., 2018, p. 427-503.

2. Nous suivons ainsi une piste ouverte par S. Charbonnier, *Deleuze pédagogue. La fonction transcendantale de l'apprentissage et du problème*, Paris, L'Harmattan, 2009.

remarquables se reprennent les uns dans les autres, et où la répétition se forme en même temps qu'elle se déguise[1].

Ce passage entremêle trois niveaux d'analyse. D'abord, une théorie de l'apprentissage de savoirs pratiques ou de savoirs faires, qui est mobilisée comme un cas particulier de « devenir », c'est-à-dire de transformation générale des conditions de l'expérience[2]. Ensuite, une théorie de la participation où l'interaction entre le maître et l'apprenti est envisagée comme une manière d'élargir le champ d'expérience du second : ce faisant, l'exemple ouvre sur la thèse deleuzienne de la communication des mondes possibles[3]. Enfin, une théorie de la sensibilité (ou plus exactement des couplages sensori-moteurs) où les individus deviennent capables de percevoir ce qu'ils ne percevaient pas initialement – ce que Deleuze nomme la « perspective temporelle », par distinction avec la « perspective spatiale » de la phénoménologie[4]. Certains commentateurs ont affirmé que la première de ces trois dimensions était suffisante pour parler de modèle « perspectiviste » dans la mesure où elle impliquait une mutation des conditions de l'expérience[5]. Pour notre part, nous ferons de cette première dimension une condition nécessaire mais non-suffisante pour envisager une telle appellation : afin de distinguer les modèles perspectivistes des nombreuses entreprises de pluralisation du transcendantal, nous nommerons plus spécifiquement « perspectiviste » un modèle qui fait de l'expérience d'un monde incompossible un facteur de mutation des conditions de l'expérience (nous nommerons donc « perspectivistes » les systèmes qui mobilisent les deux premières dimensions évoquées ci-dessus). Nous montrerons alors en quel sens l'idée de « changement de perspective » implique de se rendre sensible à des dimensions du monde jusque-là imperceptibles.

---

1. G. Deleuze, *Différence et répétition*, Paris, P.U.F., 1968, p. 35.

2. Sur la théorie du devenir et sa différence avec l'imitation, voir G. Deleuze et C. Parnet, *Dialogues*, Paris, Flammarion, 1996, p. 8.

3. C. Chamois, *Un autre monde possible. Gilles Deleuze face aux perspectivismes contemporains*, Rennes, Presses Universitaires de Rennes, 2022.

4. G. Deleuze, *Cours : « Cinéma : Vérité et temps. La puissance du faux »*, Université Paris 8-Vincennes / Saint-Denis, 1983, t. 49 : « Atteindre la perspective temporelle, c'est devenir apte à percevoir ce qui ne se laissait pas percevoir d'abord ».

5. F. Zourabichvili, « Deleuze. Une philosophie de l'événement » [1994], dans F. Zourabichvili, A. Sauvagnargues et P. Marrati-Guénoun, *La philosophie de Deleuze*, Paris, P.U.F., 2011, p. 1-116.

L'EXPRESSION D'UN MONDE POSSIBLE

Dans *Qu'est-ce que la philosophie ?*, Gilles Deleuze et Félix Guattari résument les grandes dimensions de la théorie d'autrui, essentiellement formalisée par Deleuze seul :

> Nous considérons un champ d'expérience pris comme monde réel non plus par rapport à un moi, mais par rapport à un simple « il y a… ». Il y a, à tel moment, un monde calme et reposant. Surgit soudain un visage effrayé qui regarde quelque chose hors champ. Autrui n'apparaît ici ni comme un sujet ni comme un objet, mais, ce qui est très différent, comme un monde possible, comme la possibilité d'un monde effrayant. Ce monde possible n'est pas réel, ou ne l'est pas encore, et pourtant n'en existe pas moins : c'est un exprimé qui n'existe que dans son expression, le visage ou un équivalent de visage. Autrui, c'est d'abord cette existence d'un monde possible [1].

La définition d'un champ d'expérience entendu comme un simple « il y a » renvoie à la description sartrienne d'une expérience préréflexive dépourvue de toute référence directe au moi : c'est l'expérience de l'absorption dans la lecture où le sujet s'oublie en tant que sujet lisant qui en donne l'exemple empirique le plus clair. En ce sens, la spécificité du *cogito* irréfléchi, non-thétique ou préréflexif est d'être conscience de ceci ou de cela sans être spontanément conscience positionnelle de soi [2]. À ce niveau, le monde peut sembler « beau », « difficile » ou « fatigant » ; ces qualités sont alors appréhendées comme des propriétés absolues du monde et non des propriétés relatives à l'appréhension subjective qu'on en a [3]. En ce sens, on peut parler d'un champ d'expérience « prépersonnel », « impersonnel » ou « asubjectif » : la pente nous semble « objectivement » difficile à monter et la vague difficile à négocier. C'est par rapport à cette situation initiale qu'on peut évaluer l'irruption d'autrui, au sens trivial de l'athlète qui nous double sereinement dans la montée ou du maître-nageur qui glisse aisément sur les vagues [4]. Au niveau empirique, c'est l'expérience de la

---

1. G. Deleuze et F. Guattari, *Qu'est-ce que la philosophie ?,* Paris, Éditions de Minuit, 1991, p. 22.

2. J.-P. Sartre, *La transcendance de l'ego et autres textes phénoménologiques*, textes introduits et annotés par V. de Coorebyter, Paris, Vrin, 2003, p. 100-101.

3. J.-P. Sartre, *Esquisse d'une théorie des émotions*, Paris, Hermann, 1975, p. 78 ; G. Deleuze, « Dires et profils » [1946], dans *Lettres et autres textes*, Paris, Éditions de Minuit, 2015, p. 276.

4. La définition d'autrui comme « expression d'un monde possible » est avancée pour la première fois par Michel Tournier dans un texte de 1946. Dans ce texte, Tournier distingue deux conditions à la genèse mondaine du possible : d'une part, l'incohérence diachronique

honte devant sa propre médiocrité qui apparaît; mais au niveau transcendantal, l'apparition d'autrui au sein d'un « monde sans autrui » à la fois subjectivise et possibilise notre expérience [1] : elle la « subjectivise » au sens où l'expérience vécue m'apparaît alors comme « mon » expérience du monde, et non plus comme sa qualité objective; et elle la « possibilise » au sens où mon expérience m'apparaît alors comme une expérience parmi d'autres possibles [2]. Ce modèle a l'avantage d'être fidèle au renversement bergsonien du primat du possible sur le réel : certes, puisque ma rencontre avec autrui a lieu, on peut rétroactivement considérer que cette rencontre était possible avant d'advenir réellement – mais la thèse de la préséance du possible sur le réel est alors une thèse triviale [3]. Plus fondamentalement, c'est la possibilité même de relativiser mon expérience, et d'envisager des alternatives à mon expérience présente, qui dérive de ma rencontre avec autrui : en ce sens, conformément aux principes de l'empirisme transcendantal, le réel de la rencontre est la condition, non seulement de ma capacité à envisager telle manière alternative de procéder, mais aussi, et plus fondamentalement, de la catégorie même de possible, entendue comme une structure de l'expérience vécue.

Dire d'autrui qu'il « exprime » une version alternative du monde, c'est s'appuyer sur une notion d'expression qui n'a rien à voir *a priori* avec la question d'autrui et qui permet d'abord de penser les dimensions gnoséologique et ontologique de l'apprentissage. « Apprendre » désigne en effet ce moment où d'une part, on sait qu'une chose (par exemple un alphabet) signifie quelque chose qu'on ignore et, d'autre part, on s'engage dans la découverte de cet inconnu. Pour rendre compte de ce phénomène, le paradigme de l'expression se divise en deux axes complémentaires – un axe sémiotique et un axe développemental. Sur le plan sémiotique, c'est le « sentiment de signification » qui constitue l'expérience fondamentale, qu'il s'agisse d'un objet appréhendé à partir d'un problème à résoudre

entre des jugements incompatibles (qui relève de la mémoire); d'autre part, l'incohérence synchronique entre des jugements contradictoires (qui relève de l'intersubjectivité). La théorie d'autrui telle que nous l'entendons ici correspond uniquement à la seconde modalité. Sur ce problème, voir M. Tournier, « L'impersonnalisme » [1946], *Philosophie* 158/3, 2023, p. 14-24. Pour une analyse du rapport de Deleuze à Tournier sur ce point, voir C. Chamois, « Un champ d'expérience impersonnel ? L'épistémologie du cogito de Michel Tournier », *Philosophie* 158/3, 2023, p. 40-54.

1. G. Deleuze, « Michel Tournier et le monde sans autrui », dans *Logique du sens*, Paris, Éditions de Minuit, 1969, p. 350-372.

2. *Id.*, « Description de la femme. Pour une philosophie d'autrui sexuée » [1945], dans *Lettres et autres textes*, Paris, Éditions de Minuit, 2015, p. 255-256.

3. H. Bergson, « Le possible et le réel » [1930], *La pensée et le mouvant*, Paris, P.U.F., 1999, p. 112.

(pourquoi cette tasse est-elle fêlée? pourquoi le mot nénuphar s'écrit-il avec un ph?) ou d'un objet appréhendé comme un code à déchiffrer (que signifie le symbole Ø?). Deleuze parle de « signe » pour désigner ces entités visibles ou pensables qui se rapportent à une dimension invisible ou inconnue de la réalité.

> Les signes sont l'objet d'un apprentissage temporel, non pas d'un savoir abstrait. Apprendre, c'est d'abord considérer une matière, un objet, un être comme s'ils émettaient des signes à déchiffrer, à interpréter. Il n'y a pas d'apprenti qui ne soit « l'égyptologue » de quelque chose. On ne devient menuisier qu'en se faisant sensible aux signes du bois, ou médecin, sensible aux signes de la maladie[1].

Sur le plan développemental, c'est la question temporelle qui devient centrale. N'envisager la compréhension (c'est-à-dire l'accès à cette dimension invisible ou inconnue de la réalité) que comme l'application d'un savoir sur un objet empêche de prendre en compte le processus d'apprentissage lui-même – ce qui conduit à masquer les conditions transcendantales de la pensée[2]. Au contraire, une définition de la compréhension comme développement d'un exprimé d'abord impliqué dans son exprimant permet de mettre en lumière le « mouvement de genèse et d'autodéveloppement »[3] du savoir. La notion d'expression apparaît alors comme « un concept capable de rendre compte de la connaissance, non pas comme une opération qui resterait extérieure à la chose, mais comme d'une réflexion, d'une expression de la chose dans l'esprit »[4]. Le paradigme de l'expression stipule donc que le processus d'apprentissage démarre dans l'expérience d'un signe, c'est-à-dire d'une dimension de la réalité qui enveloppe ou implique autre chose qu'elle-même, et engage ainsi le sujet à en expliquer ou à en développer le sens[5]. C'est une dimension essentielle du « réalisme » modal de la théorie deleuzienne[6] : certes, on « imagine » en un sens un monde alternatif auquel nous n'avons pas accès; mais il ne s'agit pas pour autant d'accorder une réalité à tous les mondes qu'on est

---

1. G. Deleuze, *Proust et les signes*, *op. cit.*, p. 10.

2. C'est le problème de l'interprétation « postkantienne » du spinozisme, voir *id.*, *Spinoza et le problème et de l'expression*, Paris, Éditions de Minuit, 1968, p. 13. À l'inverse, « c'est sur "l'apprendre" et non sur le savoir, que les conditions transcendantales de la pensée doivent être prélevées », *id.*, *Différence et répétition*, *op. cit.*, p. 216.

3. *Id.*, *Spinoza et le problème et de l'expression*, *op. cit.*, p. 13.

4. *Ibid.*, p. 11.

5. C'est pourquoi, « expliquer, loin de désigner l'opération d'un entendement qui reste extérieur à la chose, désigne d'abord le développement de la chose en elle-même et dans la vie », *ibid.*, p. 14.

6. Sur ce point, voir J.-M. Salanskis, *La voie idéale*, Paris, P.U.F., 2019, p. 75-107.

susceptible d'imaginer[1]. C'est à même notre perception qu'autrui exprime une perspective hétérogène qui, par-là même, est abouchée au réel et fait l'objet d'une rencontre.

Appliquée au cas d'autrui, la notion d'expression renvoie alors à la notion de « monde possible ». La dimension « mondaine » est légitimée par le fait que l'expérience alternative dont il est question ne renvoie jamais à une simple synthèse objectuelle (au sens où autrui perçoit quelque chose) mais toujours à une émotion (au sens d'une expérience affective qui colore l'ensemble des dimensions du vécu) ou à une compétence (au sens d'une disposition qui structure la perception de tout un domaine d'objets). Surtout, définir autrui comme « monde possible » permet d'envisager l'ascendance leibnizienne d'une telle définition[2]. Cependant, son application à la question de l'apprentissage en change totalement le sens et conduit à abandonner l'idée selon laquelle « les mondes possibles n'existent pas dans le monde réel »[3]. En effet, dans la version leibnizienne, un seul de ces mondes possibles est actualisé, de sorte que les différents mondes possibles ne communiquent pas entre eux : il s'agit de mondes isolés qui se présentent comme des alternatives les uns aux autres. L'incompossibilité exclut donc purement et simplement un monde possible de la réalité. Cette clause n'est pas transposable à l'étude d'autrui et conduit à penser des mondes possibles *co-présents dans le monde actuel*[4]. Si donc on considère que l'athlète qui nage à côté de nous n'a pas la même expérience du monde aquatique que nous, c'est qu'il existe d'autres versions de la réalité, bien réelles, non-contradictoires en elles-mêmes, mais incompatibles avec le monde tel que nous le connaissons. C'est pourquoi, dans la stratégie de présentation deleuzienne, Whitehead prend le relais de Leibniz dans l'étude des « mondes possibles » :

> Chez Leibniz [...] les bifurcations, les divergences de séries, sont de véritables frontières entre des mondes incompossibles entre eux ; si bien que les

---

1. On pense ici autant à la théorie des mondes parallèles qu'aux formulations nietzschéennes sur l'infini perspectiviste : « c'est une curiosité désespérée que de vouloir savoir quelles autres espèces d'intellect et de perspective il pourrait y avoir : par exemple si d'autres êtres peuvent percevoir le temps de manière régressive ou bien de manière alternativement progressive et régressive (ce qui produirait une autre direction de vie et un autre concept de cause et d'effet) », F. Nietzsche, *Le Gai Savoir*, trad. fr. P. Wotling, Paris, Flammarion, 2007, p. 340.

2. G. Deleuze et F. Guattari, *Qu'est-ce que la philosophie ?*, op. cit., p. 23 : « Ce concept d'autrui renvoie à Leibniz [...] ; mais ce n'est pas le même problème, *parce que les mondes possibles de Leibniz n'existent pas dans le monde réel* ».

3. *Ibid.*

4. G. Deleuze, *Le pli. Leibniz et le baroque*, Paris, Éditions de Minuit, 1988, p. 112.

monades qui existent incluent intégralement le monde compossible qui passe à l'existence. Pour Whitehead (et pour beaucoup de philosophes modernes), au contraire, les bifurcations, les divergences, les incompossibilités, les désaccords appartiennent au même monde bigarré, qui ne peut plus être inclus dans des unités expressives, mais seulement fait ou défait suivant des unités préhensives et d'après des configurations variables, ou des captures changeantes [1].

Ce qui est fondamental dans ce modèle, c'est essentiellement l'idée d'une communication par « divergences » ou « désaccords ». En mobilisant ce gabarit théorique, on est alors susceptible de décrire un univers constitué de différents points de vue, hétérogènes entre eux, mais communiquant non pas en dépit mais par leurs divergences. On est alors conduit à souligner l'importance de la négativité intrinsèque de l'expérience d'autrui : l'expression ou le développement du monde d'autrui est le corollaire de la négation (voire de l'anéantissement) du monde passé [2].

La question de la communication entre les différents mondes est alors envisagée à partir du modèle (néoplatonicien puis spinoziste) de la participation. Il est en effet impossible d'envisager le rapport du maître à l'apprenti comme un rapport d'« imitation » si ce terme ne renvoie qu'aux propriétés externes du modèle [3]. L'apprenti ne doit pas tant imiter son maître, comme une copie imite son modèle, qu'exporter dans son propre monde les signes auxquels le maître est sensible (c'est-à-dire expliquer ou développer les signes impliqués ou enveloppés dans le monde possible du maître). Deleuze précise cette nuance en opposant deux modèles de participation : un modèle platonicien, fondé sur le paradigme de l'imitation, qui est alors conduit à privilégier tout ce qui sépare la copie du modèle ; et un modèle néoplatonicien, qui se focalise sur le participé, et non plus sur le participant, et qui pense la participation comme un enrôlement d'autrui dans « son » monde. En revendiquant ce second modèle, on est alors conduit à décrire le « Je » (qui joue ici le rôle de « participant ») ainsi :

Le Je et le Moi [...] se caractérisent immédiatement par des fonctions de développement ou d'explication : non seulement ils éprouvent les qualités en général comme déjà développées dans l'étendue de leur système, mais ils tendent à expliquer, à développer le monde exprimé par autrui, soit pour y *participer*, soit pour le démentir (je déroule le visage effrayé d'autrui, je le

---

1. *Ibid.*, p. 111.
2. Le monde trouve ainsi en autrui le « principe de sa propre négation, de son propre anéantissement ». G. Deleuze, *Lettres et autres textes*, Paris, Éditions de Minuit, 2015, p. 254.
3. *Id.*, *Spinoza et le problème et de l'expression*, *op. cit.*, p. 153-155.

développe en un monde effrayant dont la réalité me saisit, ou dont je dénonce l'irréalité)[1].

L'exemple du visage effrayé, bien que systématiquement utilisé pour décrire le rapport à autrui, n'est cependant pas suffisant pour décrire le processus d'apprentissage : il relève d'une logique vérificationniste qui n'a rien à voir avec la problématique compréhensive qu'on essaye de décrire. Il n'est en effet pas question pour l'apprenti de « démentir » le monde possible du maître et ce, non pas pour des questions d'asymétrie de position, mais parce qu'un démenti suppose qu'il existe déjà un accès possible aux signes auxquels se rapporte autrui – accès qui est précisément le but du processus de participation[2]. Le corollaire de la théorie de la participation est donc le statut de « complication » qui doit s'appliquer à l'objet, pour lequel l'exemple du visage semble insuffisant[3].

DES SIGNES À DÉVELOPPER

Après avoir rappelé les grandes coordonnées d'une théorie du monde possible deleuzienne, nous allons maintenant préciser en quel sens l'articulation avec la théorie transcendantale de l'apprentissage, essentiellement élaborée dans *Différence et répétition*, s'avère éclairante.

Savoir poser un problème

On peut d'abord se demander dans quelle mesure la catégorie d'« apprentissage » est justifiée pour décrire les phénomènes en question. Deleuze l'utilise certes à maintes reprises, mais dans le cadre d'une distinction entre l'apprentissage empirique, qui renvoie à l'usage vernaculaire du mot, et l'« apprentissage essentiel »[4], qui circonscrit une fonction transcendantale de la notion. Or, de fait, cet apprentissage essentiel n'implique qu'à la marge la question des connaissances

---

1. G. Deleuze, *Différence et répétition, op. cit.*, p. 334-335 (nous soulignons).

2. Pour le dire dans des termes plus spécifiquement deleuziens, le devenir suppose une « double capture » et une « évolution non parallèle » entre deux dimensions (G. Deleuze et C. Parnet, *Dialogues, op. cit.*, p. 8) ; c'est cette clause qui n'est pas remplie dans l'exemple du visage effrayé.

3. G. Deleuze, *Proust et les signes, op. cit.*, p. 58 : « Certains néo-platoniciens se servaient d'un mot profond pour désigner l'état originaire qui précède tout développement, tout déploiement, toute 'explication' : la complication, qui enveloppe le multiple dans l'Un et affirme l'Un du multiple ».

4. *Id., Différence et répétition, op. cit.*, p. 213.

propositionnelles : pouvoir énoncer correctement la date de naissance de Jules César ou la longueur d'un stade de football (pour reprendre des exemples mobilisés dans *Différence et répétition*) constitue bien des connaissances qui, à ce titre, s'« apprennent » et sont susceptibles d'être évaluées en termes de vrai ou de faux. Mais l'« apprentissage essentiel » dont il est question se distingue de ces compétences en ce qu'il ne se limite pas à un contenu de connaissance. Il est à cet égard intéressant que ce soit l'exemple de la nage qui soit systématiquement privilégié. Il s'agit d'abord d'un savoir incorporé, qui décrit la mise en place d'un « lien [de] complicité profonde » entre des aspects du monde et des réponses de l'organisme ; il s'agit ensuite d'un apprentissage graduel qui suppose de progressivement « pénétrer dans l'épaisseur colorée d'un problème » ; il s'agit enfin d'un apprentissage situé, au sens où les conditions d'exercice de ce savoir ne se limitent pas à une capacité de l'agent (sa capacité de parler pour énoncer la capitale de la France) mais sont en partie extérieures à lui (en l'occurrence, il s'agit de « saisir pratiquement des signes » à même le mouvement des vagues qu'on perçoit)[1]. À ce triple niveau, le savoir dont il est question correspond au « savoir-pratique » ou au *knowing-how* anglosaxon[2]. Cette intuition est confirmée par le fait que le contenu du savoir n'est jamais décrit de manière propositionnelle mais toujours à l'aide de verbes infinitifs (sur le modèle d'« apprendre à nager »). Notons d'ailleurs que cette affirmation n'est pas incompatible avec la définition d'un apprentissage spéculatif[3]. En effet, la distinction entre connaissance propositionnelle et savoir-faire ne recoupe pas la distinction commune entre théorie et pratique : il y a ainsi une différence entre savoir (comment) faire une division – qui relève de la maîtrise des règles de calcul – et savoir que le résultat d'une division particulière est x (savoir que « 4/2=2 » sans pour autant savoir faire une division) – ce qui relève d'une connaissance propositionnelle stricte. S'il semble systématiquement valoriser l'étude des conditions pratiques du savoir, Deleuze n'emprunte cependant pas la voie d'une analyse approfondie des pratiques discursives, qui ne constituent

---

1. *Ibid.*, p. 213-214.

2. Les considérations de Deleuze résonnent en effet avec la critique, par Ryle, de la « légende intellectualiste » l'idée selon laquelle une action habile ou experte serait forcément guidée par des savoirs théoriques qui impliquent la considération de propositions, et avance au contraire qu'une action intelligente renvoie plutôt à des états dispositionnels, voir G. Ryle, *La notion d'esprit* [1949], Paris, Payot, 1978, p. 30.

3. G. Deleuze, *Différence et répétition*, *op. cit.*, p. 213 : « L'apprenti [...] investit des problèmes pratiques *ou spéculatifs* » (nous soulignons).

que des illustrations de différentes images de la pensée[1]. L'important est pour lui de souligner que les savoirs faires en question sont eux-mêmes dépendants de la position d'une Idée problématique. L'exemple empirique qui sert à illustrer cette thèse est l'expérience de Köhler où le singe Sultan est mis en situation de devoir trouver sa nourriture sans pouvoir y accéder immédiatement[2]. On se situe alors au niveau de l'émergence d'un problème, qui consiste à se rapporter à une Idée, provisoirement ou définitivement virtuelle (ici, accéder à la nourriture), qui détermine rétroactivement l'engagement dans un processus individuant (qui peut alors lui-même conduire à l'acquisition d'un savoir-faire)[3]. La notion de « perspective » s'en trouve alors précisée : elle ne désigne ni un point de réception de données sensibles ; ni une opinion ou un ensemble de représentations qui codent ou structurent le monde ; mais une manière de s'engager dans un problème, posé au titre d'idéalité, et engageant à sa résolution. La détermination « problématique » de la notion de perspective précède en ce sens théoriquement toutes les autres déterminations secondaires – temporelle, spatiale, interindividuelle, etc.

L'apprentissage sensori-moteur

La deuxième caractéristique fondamentale concerne le statut non-représentationnel de la notion de perspective : l'apprentissage ne consiste pas tant à acquérir une représentation correcte du monde qu'à faire émerger certaines saillances pertinentes dans l'interaction avec l'environnement – ce que Deleuze nomme l'« éducation des sens »[4]. Deleuze ne cesse d'en appeler à une connaissance incorporée, qui relève de la « sensibilité » et de la « perception », qui consiste à développer une « familiarité pratique »

---

1. Deleuze distingue alors des pensées par « tests » ou « concours » qui décalquent leurs modalités de la pratique scolaire où « le maître donne un problème, notre tâche étant de le résoudre » et « des tentatives pédagogiques [qui] se sont proposées de faire participer des élèves, même très jeunes, à la confection des problèmes », G. Deleuze, *Différence et répétition*, *op. cit.*, p. 205-206. Ce qui affleure, c'est alors l'étude des conditions pratiques de la pensée. Un parallèle pourrait sur ce point être effectué avec l'utilisation massive, et souvent polémique, de la notion de « pratique » chez Pierre Bourdieu (par ex. contre « l'illusion scolastique » et le rêve d'une indépendance du savoir). Voir à cet égard P. Bourdieu, *Méditations pascaliennes*, Paris, Seuil, 1997, ainsi que le commentaire de J. Bouveresse, *Pierre Bourdieu, savant et politique*, Marseille, Agone, 2004, p. 117-118.

2. W. Köhler, *The Mentality of Apes*, London, Kegan Paul, 1921, p. 174 et G. Deleuze, *Différence et répétition*, *op. cit.*, p. 214.

3. G. Deleuze, *Différence et répétition*, *op. cit.*, p. 195 et 204 : « Faute de voir que le sens ou le problème est extra-propositionnel, qu'il diffère en nature de toute proposition, on rate l'essentiel, la genèse de l'acte de penser ».

4. *Ibid.*, p. 214.

avec l'environnement afin de « saisir pratiquement » les signes correspondants. La thèse explicitement développée est que, dans l'apprentissage, « il n'y a pas d'idéo-motricité, mais seulement de la sensori-motricité »[1]. Il faut manifestement entendre par « idéo-motricité » l'idée selon laquelle le mouvement à exécuter fait d'abord l'objet d'une représentation mentale ; dans le cas de l'apprentissage de la nage, l'apprenti chercherait alors à imiter le mouvement qu'il a d'abord vu exécuté par le maître et qu'il tâche de garder en tête de façon aussi précise que possible. En ce sens, la théorie « idéomotrice » est le corollaire de la théorie de l'« imitation » : le rôle du maître serait « de nous proposer des gestes à reproduire » ; et celui de l'élève d'exécuter des gestes conformes à l'image mentale qu'il a en tête. Or, cette représentation du savoir-faire pratique ne correspond ni au sens commun ni aux représentations savantes que nous nous en faisons : il est clair que le bon nageur n'est pas celui qui se représente l'ensemble des gestes à effectuer mais, au contraire, celui qui *n'a plus besoin* de se les représenter explicitement[2]. Même les partisans d'une théorie de l'imagerie motrice, qui insistent sur l'importance pour les sportifs de bien se représenter le geste à effectuer, admettent qu'il ne s'agit alors que d'une étape préliminaire qui sert surtout à constituer « une copie sensori-motrice » du geste en question afin de créer des « prédictions sensorielles » qui, seules, permettront d'effectuer correctement le mouvement[3]. L'essentiel se joue au niveau de la sensibilité et de l'élaboration de nouvelles boucles sensori-motrices[4]. Cette notion permet de prolonger la critique du représentationalisme et du présupposé dogmatique d'un monde objectif pré-donné qui serait simplement représenté par le sujet. La théorie deleuzienne des signes sensibles tient plutôt d'une approche énactive où les propriétés pertinentes pour un système ne lui préexistent pas mais sont produites par l'interaction entre le système et son environnement[5]. Pour en rendre

---

1. *Ibid.*, p. 35.

2. On parle alors généralement de gain de « fluidité » (*fluency*), voir P. J. Kellman, « Adaptive and perceptual learning technologies in medical education and training », *Military Medicine* 178/10, 2013, p. 98-106, plus part. p. 98.

3. R. Grush, « The emulation theory of representation : Motor control, imagery and perception », *Behavioral and Brain Sciences* 27/3, 2004, p. 377-396.

4. La distinction entre les théories idéo-motrices et sensori-motrices apparaît dès 1953, en référence à Jean-Henri Fabre et Henri Bergson, voir G. Deleuze, *Instincts et institutions*, Paris, Hachette, 1953, p. 29.

5. Pour une illustration de cette idée : « Nos compétences affectent notre attitude et nous ouvrent à certaines expériences que nous ne pourrions avoir autrement. Un piano met les sens du pianiste en éveil, et l'incite à jouer. Le pianiste peut, lui, voir dans le piano, dans l'organisation des touches, une série de possibilités qui ne se révèlent pas aux autres. De même, pour le surfeur, un horizon calme peut signaler, à travers une série de signes qui restent

compte, Deleuze en appelle à une théorie de la perception « hallucinatoire ». Cette expression ambiguë ne renvoie cependant pas à un idéalisme subjectiviste mais plutôt à un anti-objectivisme : si la perception « hallucine » son corrélat, c'est au sens où elle n'est pas arrimée à des objets qui lui préexisteraient mais porte plutôt sur des « points singuliers »[1]. Pour reprendre l'exemple de Köhler déjà cité, après s'être heurté à une série de difficultés, le singe Sultan appréhende soudainement les objets qui l'entourent sous un autre aspect (en focalisant son attention tantôt sur leur taille, leur forme, leur couleur, etc.)[2]. Deleuze mobilise cet exemple pour souligner que la perception n'est pas arrimée à son objet : elle ne se rapporte qu'à des « aspects » d'une scène perceptuelle et peut, au gré des préoccupations, appréhender tout autrement la même scène perceptuelle. Certes, la notion de « singularité » deleuzienne est bien plus large que la notion d'« aspect » mobilisée ici ; corrélativement, la théorie de la perception « hallucinatoire » est également plus extensive que la théorie aspectuelle de la perception qu'on vient d'évoquer[3]. Pourtant, l'exemple de Köhler permet d'illustrer ce que peut être une perception non-objectuelle telle que Deleuze l'entend ; il permet ainsi d'illustrer concrètement le type de changement de perspective non-représentationnelle auquel Deleuze fait allusion lorsqu'il décrit l'éducation des sens comme un ajustement mutuel des perceptions et du monde.

La participation : une contribution à la théorie de la « sympathie »

Il reste alors à comprendre comment la communication interperspectives peut s'établir à partir d'une synthèse qui porte justement sur

imperceptibles à celui qui ne sait pas surfer, la nécessité de se repositionner afin d'avoir une place de choix pour attaquer la prochaine vague. Avoir des compétences nous permet de détecter des significations là où, autrement, il n'y en aurait tout simplement pas. En ce sens, le corps, le monde et notre connaissance pratique nous ouvrent à une expérience réellement significative », voir A. Noë, « Against Intellectualism », *Analysis*, 65/4, 2005, p. 285. Pour un approfondissement de la comparaison avec l'énactivisme d'Alva Noë, voir C. Chamois, « Voir l'avenir. La notion d'anticipation sensorimotrice chez Alva Noë », *Intellectica* 74/1, 2021, p. 141-184.

1. G. Deleuze, *Le pli*, *op. cit.*, p. 125 : « Toute perception est hallucinatoire, *parce que la perception n'a pas d'objet* » (nous soulignons).

2. W. Köhler, *The Mentality of Apes*, London, Kegan Paul, 1921, p. 174. Voir G. Deleuze, *Différence et répétition*, *op. cit.*, p. 214.

3. L'exemple canonique est celui du canard-lapin, central pour toute une tradition wittgensteinienne qui envisage la perception comme « voir comme ». Voir par ex. J.-J. Rosat, « Comment décrire ce que nous nommons "voir" ? », dans J. Bouveresse et J.-J. Rosat (éd.), *Philosophies de la perception. Phénoménologie, grammaire et sciences cognitives*, Paris, Odile Jacob, 2003, p. 201-218.

les différences. La notion de « participation » telle qu'elle est abordée par Deleuze, à savoir comme une « synthèse disjonctive », a le mérite de décrire une modalité relationnelle tout à fait spécifique qui consiste à se « rendre sensible » à des signes qui, jusque-là, étaient imperceptibles. Dans la littérature scientifique consacrée à cette question, on parle communément de la capacité à « se mettre à la place d'autrui », à « prendre la perspective d'autrui » ou à « adopter le point de vue d'autrui ». Ces notions sont alors minutieusement décrites à partir des objets cibles auxquels elles renvoient (les actions motrices, les états mentaux ou les états émotionnels) et des processus cognitifs qu'elles impliquent ; mais il est rare que les concepts relationnels mobilisés fassent l'objet d'une analyse minutieuse. Or, le modèle deleuzien de la « participation » de l'apprenti à l'expérience du maître désigne une modalité interactionnelle qui ne peut être rabattue sur les conceptions communes de l'interaction. Pour en cerner la spécificité, il est alors utile de la distinguer d'autres notions qui cherchent également à décrire des phénomènes de communication sensible. D'abord, « participer à » ne signifie pas « propager » ou « transmettre » quelque chose. Il faut en effet distinguer le devenir par participation de la « contagion émotionnelle » : cette notion décrit un processus mimétique mécanique où la perception d'un schéma postural (bâillement, rire...) entraîne l'activation du même schéma chez l'observateur[1]. Il est alors évident qu'elle n'implique aucune hétérogénéité entre les agents (et joue plutôt sur leur similitude) car elle se situe sur un plan impersonnel de l'expérience où la différence entre ce que je perçois et ce que l'autre perçoit n'est pas thématisée. Ensuite, la participation disjonctive ne relève pas non plus d'une « fusion » partielle, comme l'impliquent les modèles de la « sympathie » ou de l' « empathie ». Certes, ces modèles ont cet intérêt, par rapport à ceux de la contagion, d'impliquer une pluralité de pôles d'expériences et de ne plus se situer au niveau d'une expérience strictement impersonnelle[2]. Cependant, le monde d'autrui n'est alors pas thématisé comme incompatible avec le mien (au sens où je peux, par exemple, coparticiper à sa douleur en éprouvant de la pitié) ; la manière dont je me rapporte au monde d'autrui relève alors d'une forme de passivité qui tranche avec

---

1. Ce modèle d'analyse des interactions est couramment évoqué, de Theodor Lipps à Vittorio Gallese. Voir A. N. Meltzoff et A. Gopnik, « The role of imitation in understanding persons and developing a theory of mind », *in* S. Baron-Cohen *et al.* (eds), *Understanding other minds,* Oxford, OUP, 1993, p. 335-366.

2. Pour une présentation des enjeux conceptuels de cette question, voir E. Pacherie, « L'empathie et ses degrés », dans A. Berthoz et G. Jorland (éd.), *L'empathie*, Paris, Odile Jacob, 2004, p. 149-181.

l'attitude plus engageante du processus d'explication qui cherche à réaliser ce qui ne se donne pas encore; enfin, pour se rapporter effectivement au monde d'autrui, ce processus d'explication implique une attitude plus cognitive ou cogitative que la stricte affectivité. On peut également distinguer la participation deleuzienne des théories classiques de la simulation. Cette notion désigne ici le processus imaginatif par lequel nous nous représentons une situation pour en inférer nos propres réactions avant de les attribuer à autrui[1]. En un sens, la théorie de la simulation implique bien un processus actif d'imagination, qui se rapproche du processus d'explication deleuzien. Mais l'expérience d'autrui alors envisagée est pour une large part rabattue sur une des versions disponibles de notre expérience passée. C'est pourquoi la simulation ainsi entendue permet jusqu'à un certain point de comprendre l'expérience d'autrui mais elle ne permet pas d'apprendre quoi que ce soit[2]. C'est la dimension de « projection » intrinsèque aux modèles de la simulation qui la distingue ainsi de la théorie de la participation. En un sens, le concept d' « imitation » peut paradoxalement s'avérer plus pertinent[3]. Si on se focalise, non pas sur la conformité de la copie par rapport à son modèle, mais sur le processus qui conduit l'apprenti à s'approprier certaines caractéristiques du modèle, on saisit bien l'influence de l'imité sur l'imitant, absente des modèles projectifs. Cependant, le concept d'imitation conduit tendanciellement à se focaliser la dimension comportementale du modèle[4]; ce faisant, on laisse de côté tout l'aspect externaliste du processus participatif et on rate du même coup la dimension d'enveloppement qui lui est inhérente. À cet égard, le paradigme de l' « objectivation » a l'avantage de souligner la dimension d'hétérogénéité entre « mon » point de vue et celui d'autrui, l'un niant certaines caractéristiques de l'autre[5]. Deleuze le reconnaît explicitement lorsqu'il

1. Pour une présentation, voir P. Carruthers, « Simulation and self-knowledge », *in* P. Carruthers et P. K. Smith (eds), *Theories of theories of mind*, Cambridge, CUP, 1996, p. 22-38.

2. À cet égard, les travaux concernant le « perspective-taking », y compris lorsqu'ils portent sur des tâches complexes qui maximisent la différence entre le sujet et autrui, ne semblent pas changer quoi que ce soit à l'enjeu général. Voir S. Wu et B. Keysar, « The effect of culture on perspective taking », *Psychological Science* 18/7, 2007, p. 600-606.

3. De fait, le rôle de l'imitation comme processus d'apprentissage a été maintes fois souligné. Voir J. Piaget, « Le rôle de l'imitation dans la formation de la représentation », *L'évolution psychiatrique* 1, 1962, p. 141-150.

4. Deleuze ne cesse de le répéter : « proposer des gestes à reproduire » est une vision particulièrement réductrice de l'apprentissage, G. Deleuze, *Différence et répétition, op. cit.*, p. 35.

5. B. L. Fredrickson et T.-A. Roberts, « Objectification Theory : Toward Understanding Women's Lived Experiences and Mental Health Risks », *Psychology of Women Quarterly* 21/2, 1997, p. 173-206.

souligne l'ascendance sartrienne de son modèle[1]. Mais ce concept a un double désavantage : d'une part, il limite l'ensemble des signes qu'on découvre à travers le monde d'autrui à un seul (soi-même en tant qu'objet perçu par l'autre) ; d'autre part, il n'envisage le changement de point de vue que comme un phénomène de transposition immédiat (ou ce que les psychologues nomment « perspective-switching ») qui est sans commune mesure avec le processus de développement progressif caractéristique de l'apprentissage. Ces divers contrepoints doivent permettre de souligner l'originalité de la conception deleuzienne. L'idée selon laquelle le rôle du maître est d'« émettre des signes » que l'apprenti doit « développer dans l'hétérogène » nous apparaît comme une contribution significative à la théorie des interactions, en spécifiant un mode de « sympathie » tout à fait particulier. Loin de faire du « devenir » un processus vague qui s'appliquerait uniformément au monde, on circonscrit en effet une dynamique de co-évolution qui lie l'apprenti au monde (par la découverte des signes sensibles) et au maître (qui joue un rôle d'embrayeur dans le processus de développement)[2]. La première dimension relève de ce qu'en introduction nous avons considéré comme une définition large du perspectivisme, entendu comme mutation du transcendantal ; la seconde dimension relève d'une définition plus stricte qui implique le monde possible exprimé par le maître. Il resterait alors à développer une réelle logique de la participation, entendue au sens deleuzien du terme, et qui à notre connaissance, demeure largement embryonnaire[3].

Camille CHAMOIS
Université libre de Bruxelles / FNRS

---

1. G. Deleuze, *Différence et répétition*, *op. cit.*, p. 334.

2. Le terme de de « co-évolution » (ou d'« évolution a-parallèle ») est justifié au sens restreint où, pour l'apprenti, la mer et le maître changent de statut au cours de l'apprentissage. Pour l'utilisation de ces termes, voir G. Deleuze, *Deux régimes de fous : textes et entretiens* (*1975-1995*), dans D. Lapoujade (éd.), Paris, Éditions de Minuit, 2003, p. 38.

3. Une confrontation avec ce que Lev Vygotski et Jérôme Bruner nomment « zone proximale de développement » ou « interaction de tutelle » semble à cet égard particulièrement prometteur, voir J. S. Bruner, *Savoir faire, savoir dire. Le développement de l'enfant*, Paris, P.U.F., 1983, p. 261-280.

RELATIONS PERSPECTIVISTES
ET ENTRELACEMENT DES VIVANTS

La pluralité est un principe essentiel pour le perspectivisme. Toutefois, celui-ci ne mène pas à un subjectivisme plat, mais bien plutôt à la mise en avant des variations infinies du monde. Bien plus encore, le perspectivisme ainsi conçu devient le moteur d'une prise en compte des relations des perspectives entre elles. C'est pourquoi l'on parle plus aisément à son propos d'un *relationnisme* que d'un relativisme. Le perspectivisme philosophique, en tant qu'il est aussi un appel à la multiplication des points de vue, tend à reconnaître une existence propre aux perspectives organiques plurielles qui composent et recomposent en permanence des mondes nécessairement différentiels, comme autant de manières d'être mises en demeure de s'articuler les unes aux autres. Dès lors, il devient légitime de s'interroger : toute composante relationnelle, quelle que soit l'échelle de l'étant, n'est-elle pas en soi facteur d'individuation tant individuel que collectif ? Tout processus perspectif ou interprétatif n'est-il pas justement le résultat de ces relations entre perspectives hétérogènes ? Quant au monde lui-même, existerait-il encore sans les relations multiples qui le constituent, sans ce processus continu qui n'est autre qu'un devenir-monde perpétuellement intriqué dans un ensemble relationnel et perspectiviste de multiplicités s'individuant ? Au sein d'un perspectivisme que l'on peut dire radical, il s'agit de partir du principe que, comme l'écrivent Vinciane Despret et Stéphane Galetic, une perspective est « une manière d'habiter le monde »[1], et de se demander si elle n'est pas fondamentalement une manière de co-habiter le monde. Mais l'on pourrait tout aussi bien partir de

---

1. V. Despret et S. Galetic, « Faire de James un lecteur anachronique de von Uexküll : esquisse d'un perspectivisme radical », dans D. Debaise (éd.), *Vie et expérimentation, Peirce, James, Dewey*, Paris, Vrin, 2007, p. 45-75, ici p. 70.

la prescription de Didier Debaise selon laquelle il faut «faire de tout être une subjectivité»[1], et se demander si tout être n'est pas une co-subjectivité et par là si tout être n'est pas avant tout inter-être. Il s'agit par-là, d'admettre une fois pour toutes que

> toutes les parties de la nature deviennent des lieux d'expérience, avec leurs caractéristiques propres et leurs manières singulières d'être en relation, démultipliant à l'infini les perspectives qui composent une nature commune[2].

Parallèlement nous poursuivons en filigrane la conception deleuzienne d'autrui comme «expression d'un monde possible»[3], comme capacité à percevoir ce que nous ne percevions pas jusque-là, et insistons ainsi sur l'entrelacement des perspectives divergentes comme fondement de toute perspective individuelle.

Si la vie est relation c'est parce qu'elle peut se concevoir comme un continuum d'interactions, où chaque mise en rapport entre perspectives, des humains aux non-humains, change sans cesse le devenir de ses protagonistes comme du monde qui les abrite. C'est en conséquence à cette vie-relation, à cet *entrelacement* vivant-vivant(s)/vivant(s)-milieux comme tendance fondamentale de la vie, que nous nous intéresserons ici. Si l'on en croit le biologiste Éric Bapteste, toute évolution du vivant semble pouvoir se rapporter à «une histoire de collectifs, [à] une histoire d'interactions»[4]. À suivre cette hypothèse, molécules, cellules, êtres vivants s'appuient les uns sur les autres, et au gré de leurs relations, de leurs entremêlements, c'est le monde (organismes-environnements) qui se transforme. Ce sont des réseaux dynamiques d'influences que découvre l'appréhension par la biologie de ces collectifs en relation, de ces multiplicités d'agents entrelacés, de ces adaptations symbiotiques qui ont façonné l'histoire du monde vivant. Mais que peuvent bien vouloir dire ces différentes recherches pour une meilleure compréhension de ces multiplicités relationnelles au cœur des perspectives s'individuant? Et que dire de l'imprévisibilité de ces co-évolutions, s'animant au cœur de la multiplication des «zones de

---

1. D. Debaise, «L'univers perspectiviste, Nature et subjectivité dans la métaphysique contemporaine», dans E. Alloa et E. During (éd.), *Choses en soi. Métaphysique du réalisme*, Paris, P.U.F., 2018, p. 500.

2. D. Debaise, «Introduction», dans *Vie et expérimentation, op. cit.*, p. 12.

3. G. Deleuze, *Logique du sens*, Paris, Éditions de Minuit, 1969, p. 357. Voir à ce sujet C. Chamois, *Un autre monde possible. Gilles Deleuze face aux perspectivismes contemporains*, Rennes, PUR, 2022.

4. E. Bapteste, *Tous entrelacés! Des gènes aux super-organismes : les réseaux de l'évolution*, Paris, Belin/Humensis, 2017, p. 21.

contact » [1], que la vie sous toutes ses formes a et fait toujours advenir au gré probabiliste de ses mélanges et de ses transformations ? Pour répondre à ce type de questionnement, on doit envisager que le monde-milieu puisse être pluralisé, qu'il soit lié à des relations spécifiques à l'intérieur de cette pluralité et par là, à des perceptions-interprétations créatrices de perspectives en mutation continuelle. Dès lors, si chaque organisme est relié à l'environnement selon une perspective propre, il n'y a assurément plus de milieu en soi, mais une quantité indéterminable de milieux ou de compositions de milieux, issus des relations complexes qui les font advenir. Et à suivre Nietzsche, si « ce sont les relations qui constituent des êtres » [2], ce sont aussi elles qui constituent les mondes perspectivistes de ces êtres. En somme, si notre hypothèse de départ fait des relations ce qui produit les êtres et les mondes, ce sont bien elles qu'il nous faudrait suivre, à même leurs mouvements déterminants et indéterminés, pour saisir la texture en mouvement de nos perspectives affectées et affectantes afin, pour le dire avec les mots de Tim Ingold, « d'étudier l'enchevêtrement mutuel des existences, et de montrer qu'ainsi, la composition du monde est un processus continuel » [3].

UNE HISTOIRE D'INTERACTIONS
ENTRE MULTIPLICITÉS DE MULTIPLICITÉS

De ces prémices découle la conception d'un monde qui jamais ne cesse de devenir autre, sujet d'une « individuation collective » [4], comme l'écrivait Simondon, résultat d'interdépendances entre individuations multiples dont il nous faut aujourd'hui revoir l'ampleur, et plus particulièrement sur un plan biologique. Car tout organisme de ce point de vue est une mosaïque, une composition d'éléments, s'imbriquant, s'organisant, se régulant selon une certaine organisation dynamique de leur collectif.

---

1. Nous reprenons ici l'expression de Donna Haraway : « Les zones de contact sont là où il y a de l'action, là où chaque interaction entraîne et modifie la suivante [...]. Les zones de contact modifient le sujet – tous les sujets – de façon surprenante », D. Haraway, *Quand les espèces se rencontrent*, trad. fr. F. Courtois-L'Heureux, Paris, Éditions La Découverte, 2021, p. 339.

2. F. Nietzsche, *Fragments posthumes* [désormais FP], dans *Œuvres philosophiques complètes*, éd. G. Colli et M. Montinari, Paris, trad. fr. J.-C. Hémery, Paris, Gallimard, 1977, FP XIV, début 1888 – début Janvier 1889, 14 [122] ; trad. fr. p. 92.

3. T. Ingold, débat présenté par Michel Lussault dans P. Descola et T. Ingold, *Être au monde, quelle expérience commune ?*, trad. fr. B. Fau, Lyon, PUL, 2014, p. 38.

4. G. Simondon, *L'individuation à la lumière des notions de forme et d'information* [2005], Grenoble, Éditions Jérôme Million, 2017, part. II, chap. III, p. 285-306.

Les réseaux d'interconnexions, évoluant ou opérant sous contraintes et processus stochastiques divers, révèlent la complexité de cette organisation relationnelle, de laquelle émergent de nouvelles compositions, de nouvelles expressions du vivant. Selon Éric Bapteste, il nous faut comprendre que cette

> architecture des réseaux d'influence contraint l'évolution des composants qui y sont entrelacés. Les entrelacs fonctionnels impactent les gènes et les protéines, leur facilité à occuper de nouveaux rôles durant l'évolution. Ce faisant, les interactions conditionnent le devenir des entités composées par ces collectifs[1].

Si tout organisme est une synthèse d'éléments multiples, c'est l'organisation de ce collectif, ses dépendances et interdépendances, ses interactions et ses enchevêtrements qu'il faut donc désormais appréhender afin de poursuivre ce « tournant conceptuel notable »[2] : tout devenir organique est un processus collectif, une histoire d'interactions.

Cela dit, on ne saisit pas encore la profondeur de cette hypothèse si, quand on évoque une synthèse d'éléments multiples, c'est encore à la constitution d'organismes pluricellulaires (animaux, plantes, champignons) en tant qu'*unités* de cellules diverses que nous pensons immanquablement. Nous oublions ainsi qu'en elle-même

> chaque cellule est une multiplicité, le produit d'influences entre-croisées [...]. Par conséquent, celle-ci peut être conçue comme un entrelacs de réseaux qui se superposent ou se croisent plutôt que comme une simple particule élémentaire du vivant[3].

Tout organisme pluricellulaire est en ce sens assimilable à ces « multiplicités de multiplicités »[4] telles que l'évoquait Deleuze. On aurait tout de même encore tort de croire que ce type d'organisation des multiplicités entre elles est absente de la vie des unicellulaires :

> Depuis quelques années, les biologistes s'aperçoivent que les collectifs de cellules sont partout. L'ampleur des interdépendances entre organismes

---

1. E. Bapteste, *Tous entrelacés!, op. cit.*, p. 100.
2. *Ibid.*, p. 101.
3. *Ibid.*, p. 109-110.
4. G. Deleuze et F. Guattari, *Mille plateaux*, Paris, Éditions de Minuit, 1980, p. 47. Voir également G. Deleuze, *Différence et répétition*, Paris, P.U.F., 1968, p. 236. Pour Deleuze, « il n'y a que des multiplicités et des multiplicités de multiplicités. C'est la pensée du pluralisme pur », cours du 10 décembre 1985, Université Vincennes, en ligne : http://www2.univ-paris8.fr/deleuze/article.php3?id_article=430, consulté le 12 février 2019.

unicellulaires a manifestement été sous-estimée, de même que la diversité des membres de ces équipes de cellules et de leurs relations [1].

Les bactéries sont capables de communiquer entre elles et de coopérer, de se partager le travail, de former des assemblées, de se donner la mort pour que d'autres vivent, de ralentir leur croissance pour que de nouvelles cellules puissent se multiplier à leur tour, ou bien encore d'élaborer des stratégies collectives face aux attaques qui les menacent. En ce sens, la relation avec l'autre fait événement, elle inaugure toujours un rapport au monde où les multiplicités communiquent entre elles, où autonomie et dépendance se confondent dans l'émergence du devenir. Les mises en relation entre cellules peuvent aller, nous le savons désormais, jusqu'à la fusion d'organismes différents, jusqu'à ce que l'on appelle, suite aux découvertes de Lynn Margulis, l'endosymbiose [2]. Ces cellules emboîtées dans d'autres rendent aujourd'hui plus « transparents » ces processus de co-construction qui offrent à la vie par ses mises en relation le surgissement de la nouveauté, de la différenciation, la possibilité même d'une évolution qui ouvre les virtualités vers leurs actualisations.

Toutefois, ne perdons pas notre fil. Nous disions que la cellule en elle-même est une multiplicité. Il nous faut désormais rectifier : la cellule est en elle-même multiplicité de multiplicités. Chaque cellule eucaryote possède en son sein un autre vivant avec son patrimoine génétique, sa pluralité organique en somme. Chaque cellule n'est-elle pas alors irrémédiablement mise en relation de multiplicités entre elles ? Si l'on en croit Bapteste :

> Chaque cellule est co-construite par une multiplicité de composants. La cellule, loin d'être un objet simple, émerge donc d'un réseau dynamique intérieur. De plus, les cellules sont aussi au cœur d'une diversité d'échanges (génétiques, métaboliques, énergétiques) et affectées par une diversité de modes de communications (chimiques, électriques). Elles sont impliquées dans des relations de compétition, de coopération, voire de compensations avec d'autres cellules […]. Les cellules appartiennent à des réseaux qui affectent leur croissance et leur survie [3].

---

1. E. Bapteste, *Tous entrelacés !, op. cit.*, p. 116.

2. Rappelons ici les recherches de Lynn Margulis, soit la découverte de l'insertion ou de l'incorporation de bactéries au sein de la cellule eucaryote primitive qui deviendront ces usines à énergie que l'on connaît, c'est-à-dire les mitochondries et les chloroplastes, qui permettront respectivement aux animaux et aux plantes la respiration et la photosynthèse, voir L. Margulis et D. Sagan, *L'univers bactériel* [1986], trad. fr. G. Blanc, Paris, Seuil, 2002 ; N. le Douarin, *Dictionnaire amoureux de la vie*, Paris, Plon, 2017, p. 286-294 ; E. Bapteste, *Tous entrelacés !, op. cit.*, p. 134-174.

3. E. Bapteste, *Tous entrelacés !, op. cit.*, p. 171.

Il nous semble ainsi que les ondulations de l'avenir du vivant, tel un tapis microbien, se réalisent, se forment, ralentissent et bondissent sous les mouvements de ces assemblés de forces s'affectant et s'individuant par le biais d'un collectif en relation. Le cas de la mycorhize est en ce sens symptomatique de ces interactions où échanges nutritionnels et protections forment un mutualisme ou, pourrait-on dire, un agencement tel qu'il est défini par Deleuze et Guattari, c'est-à-dire « précisément cette croissance des dimensions dans une multiplicité qui change nécessairement de nature à mesure qu'elle augmente ses connexions »[1]. Le co-devenir n'est-il pas alors une seule et même affirmation de la vie : celle qui commande sa poursuite, qui trouve, par la relation et le collectif, les médiums, les agencements propres à sa croissance ou à sa conservation ?

L'HOLOBIONTE : DES « ENTRE » ET DES « ET »

On appelle désormais « holobionte » (du grec *holo*, tout, et *bios*, vie), cette « unité biologique composée de l'hôte (plante ou animal) et de tous ses microbes, qui se substitue à la vision plus ancienne de l'organisme isolé »[2]. En somme, plantes ou animaux dépendent d'une collectivité plus large et donc de réseaux d'interactions entre macro-organismes et micro-organismes dont seules la vastitude et l'hétérogénéité font tenir l'ensemble et autorisent en conséquence un fonctionnement normal de l'organisme. Avec la notion d'holobionte on arrive quasiment à cette « formule magique [...] : PLURALISME = MONISME »[3] telle que la rêvaient Deleuze et Guattari dans *Mille-Plateaux*. Car, si dans cette optique de l'holobionte, « chaque individu se développe sous forme de consortium de cellules animales et de cellules microbiennes »[4], dès lors, chaque individu est bien le fait d'une co-construction reposant sur un certain pluralisme dynamique et par là relationnel, émergeant des communications des multiplicités entre elles. Le système immunitaire est symbolique de cette co-construction dans la mesure où il semble indéniablement le fruit des interactions entre un hôte et ses bactéries[5]. Il y a bien entendu des partenariats plus favorables

1. G. Deleuze et F. Guattari, *Mille plateaux, op. cit.*, p. 15.
2. M.-A. Selosse, *Jamais seul. Ces microbes qui construisent les plantes, les animaux et les civilisations*, Arles, Actes Sud, 2017, p. 78.
3. G. Deleuze et F. Guattari, *Mille plateaux, op. cit.*, p. 31.
4. E. Bapteste, *Tous entrelacés!, op. cit.*, p. 188.
5. Se reporter à ce propos à N. le Douarin, *Dictionnaire amoureux de la vie, op. cit.*, p. 609-620; E. Bapteste, *Tous entrelacés!, op. cit.*, p. 276-283; M.-A. Selosse, *Jamais seul, op. cit.*, p. 171-197.

que d'autres, autorisés ou clandestins, d'un jour ou de toujours, le pluralisme n'est jamais donné à l'avance ; il est lui-même un coup de dés. Il ne permet des agencements qu'en mouvements, susceptibles de basculer de la positivité à la négativité, du local au global.

Il paraît désormais clair que ces symbioses entre un organisme hôte et des micro-organismes bactériens doivent nous porter vers la reconsidération de la notion d'évolution qui ne saurait être dégagée de ces collectivités dynamiques de co-devenir, de co-individuations, et par là même de cet ensemble de forces en relations dont les bactéries ne peuvent désormais plus être exclues[1]. Et ne nous y trompons pas, l'homme est lui-même un holobionte, siège de plusieurs centaines d'espèces microbiennes colonisant différentes parties du corps et plus particulièrement encore l'intestin[2]. De sorte qu'il nous faudrait aller jusqu'à dire avec Selosse que si notre comportement et notre environnement influent sur notre microbiote, « l'inverse est aussi vrai »[3]. En somme, si le vivant est pris dans des réseaux de multiplicités et de processus entrelacés, il s'agit d'ajouter à ces multiplicités que nous savions déjà en relation, les composants microbiens, et de faire de toute évolution une coévolution collective d'éléments hétérogènes ou une « involution » comme le suggèrent Deleuze et Guattari, c'est-à-dire justement « cette forme d'évolution qui se fait entre hétérogènes »[4]. Ici, le multiple engendre le multiple, et c'est bien la variation de ces agencements, de ces réseaux, de leurs connexions et de leurs compositions de rapports qui ouvre le devenir du monde vers une différenciation perpétuelle ou, pour le dire différemment, vers une actualisation de ses flexibilités évolutives, de ses virtualités pré-mises-en-relation actualisantes.

On le sent bien, c'est une nouvelle fois vers Deleuze que nous tendons ici. Une raison simple à cela : Deleuze a émis selon nous une proposition particulièrement importante, marquant sa conception de la philosophie

---

1. Selon Bapteste, force est de reconnaître que « certains comportements individuels des animaux semblent [...] co-construits par un collectif : un hôte et ses microbes », E. Bapteste, *Tous entrelacés !, op. cit.*, p. 197.

2. C. Jessus (éd.), *Étonnant vivant, Découvertes et promesses du XXIᵉ siècle*, Paris, CNRS Éditions, 2017, p. 210 : « Cette association entre l'homme et ses microbiotes est donc essentielle au bien-être et à la santé et impacterait même notre humeur ».

3. M.-A. Selosse, *Jamais seul, op. cit.*, p. 192. Pour Selosse, « nous sommes si largement influencés qu'on peut dire que notre physiologie est une émergence de la symbiose », *ibid.*, p. 195. Toutefois ajoute-t-il, « il faut envisager l'interaction symétriquement, comme une symbiose dont chacun dépend et que chacun construit », *ibid.*, p. 196.

4. G. Deleuze et F. Guattari, *Mille plateaux, op. cit.*, p. 292. Voir en ce sens, C. Brives et R. Froissart, « Évolutions et involutions dans la biomédecine », *Revue d'anthropologie des connaissances*, 15/3, 2021, en ligne : http://journals.openedition.org/rac/24239 ; DOI : https://doi.org/10.4000/rac.24239, consulté le 4 décembre 2021.

comme « théorie des multiplicités »[1] : la primauté du ET sur L'ÊTRE. Ainsi nous dit-il, il faut :

> substituer le ET au EST. [...] le ET n'est même pas une relation ou une conjonction particulières, il est ce qui sous-tend toutes les relations, la route de toutes les relations, et qui fait filer les relations hors de leurs termes et hors de l'ensemble de leurs termes, et hors de tout ce qui pourrait être déterminé comme Être, Un ou Tout. Le ET comme extra-être, inter-être[2].

Avec le ET, la variation devient fonction ou plutôt naît des relations entre multiplicités. Le monde n'est plus un ensemble, mais des multiplicités en communication, des dimensions qui en s'entrecroisant se transforment. L'être se fait compositions et recompositions de ET traversés de différentes intensités, pris dans des agencements mouvants, des connexions et des disjonctions ; l'être comme ET en déplacement. Et de là, les co-fonctionnements, les co-adaptations, les co-présences, les co-devenirs, les co-créations qui font tenir ensemble les singularités, les différences comme les divergences. Car « ce qui compte dans une multiplicité, ce ne sont pas les termes ou les éléments, mais ce qu'il y a "entre", le *between*, un ensemble de relations non séparables les unes des autres »[3].

Dans une multiplicité, rien ne sert de compter les singularités ; on n'aurait toujours pas compris. Rien n'émerge d'une comptabilité, c'est au cœur du ET, de la mise en relation, dans ce « entre » que se jouent l'évolution ou les variations du vivant. Dans ce ET et ce « entre », nous reconnaissons la notion biologique d'entrelacement de Bapteste, mais également celle de réseau, du moins en tant que celui-ci se conçoit comme un tissage relationnel à dimensions multiples. Dans ce ET, ce quelque chose qui se passe entre les multiplicités, la notion d'agencement ne semble pas bien loin, dans la mesure où celui-ci est nécessairement « collectif »[4]. Si pour Deleuze, il y a bien « des agencements [qui] peuvent se grouper »[5], des agencements nomades ou sédentaires[6], chaque agencement est en lui-même « multiplicité qui comporte beaucoup de termes hétérogènes, et qui établit des liaisons, des relations entre eux [...]. Aussi la seule unité de l'agencement est de co-fonctionnement : c'est une symbiose,

---

1. G. Deleuze et C. Parnet, *Dialogues*, Paris, Flammarion, 1977, p. 179.

2. *Ibid.*, p. 71.

3. G. Deleuze, *Deux régimes de fous, textes et entretiens 1975-1995*, Paris, Éditions de Minuit, 2003, p. 285.

4. G. Deleuze et C. Parnet, *Dialogues, op. cit.*, p. 144 : « Tout agencement est collectif ».

5. G. Deleuze et F. Guattari, *Mille plateaux, op. cit.*, p. 506.

6. *Ibid.*, p. 517.

une "sympathie"»[1]. Rien, ici, ne nous semble s'opposer à un rapprochement ou à la supposition d'un écho potentiel avec la vision biologique de Bapteste selon laquelle :

> à l'origine des gènes et au cœur de leur fonctionnement, il y a des réseaux ; à l'origine et au cœur du fonctionnement des organismes unicellulaires comme multicellulaires, il y a des réseaux ; à l'origine de bien des nouveautés apparues sur cette planète depuis plus de 3 milliards d'années, il y a des réseaux ; etc. Nous vivons dans un monde de « ET » et de « CO- », dans lequel « je » peut souvent être remplacé par « nous », « il » peut souvent être remplacé par « ils ». […] le monde biologique se caractérise par une multiplicité d'entités, des molécules, des cellules, des organismes, des populations, des communautés entrelacées voire emboîtées[2].

L'idée d'une dynamique du réseau, défendue par Bapteste est donc également assez proche de la notion d'agencement, comme opération de la variation ou de ce par quoi passe le multiple pour varier, en somme de l'idée d'une individuation constituée dans *et* par des agencements collectifs, par des rencontres et des mises en relations des perspectives entre elles. De sorte que nous pourrions même aller jusqu'à avancer que le perspectivisme deleuzien permet à sa façon de décrire les phénomènes d'entrelacement analysés par Bapteste.

À suivre cette conception, en effet, la réalité n'existerait qu'agencée, en tant qu'agencement s'individuant et individuant. Ainsi, l'agencement devient une logique des multiplicités et le devenir lui-même affaire d'agencement, affaire de réseau de communication entre divergents. Et si l'on se permet de faire de l'organisme pluricellulaire un territoire, (« le territoire fait l'agencement »[3]), celui-ci devient, comme l'écrivent Deleuze et Guattari, ce qui « excède à la fois l'organisme et le milieu, et le rapport entre les deux »[4]. Nous nous trouvons là encore dans un monde (organismes-milieux) en tant que multiplicités de multiplicités débordant indépendamment de ses parties. « Toujours des choses qui se croisent, jamais des choses qui se réduisent »[5]. Et en reprenant notre fil biologique, nous pourrions dire que contraintes et contributions s'entremêlent à différents niveaux dans ce jeu des relations tant et si bien que, comme l'avance Bapteste, « l'abiotique affecte le biotique. Le biotique transforme

1. G. Deleuze et C. Parnet, *Dialogues, op. cit.*, p. 84.
2. E. Bapteste, *Tous entrelacés !, op. cit.*, p. 222.
3. G. Deleuze et F. Guattari, *Mille plateaux, op. cit.*, p. 629.
4. *Ibid.*
5. G. Deleuze et C. Parnet, *Dialogues, op. cit.*, p. 133.

l'abiotique »[1]. Le devenir territoire est un dessein mutuel. Le réseau tel que le voit Bapteste implique une infinité d'entrecroisements et d'influences, de niveaux de complexités et de dépendances. C'est pourquoi avec lui « le réseau, plus que l'arbre, invite à une vue d'ensemble. Il permet de tenir compte de plusieurs types de liens entre plusieurs types de nœuds »[2]. Le réseau-rhizome plus que l'arbre, aurions-nous envie de dire pour poursuivre notre parallèle en termes deleuziens, car si

> l'arbre est filiation, [...], le rhizome est alliance, uniquement d'alliance. L'arbre impose le verbe « être », mais le rhizome a pour tissu la conjonction « et... et... et... » Il y a dans cette conjonction assez de force pour secouer et déraciner le verbe être[3].

La différence, métaphorique ou scientifique, est claire, le réseau comme le rhizome est un *tissu de ET*, aux liens foisonnants, parsemés de directions mouvantes, de bifurcations, d'hybridations, de recombinaisons, d'alliances. Système ouvert où les relations ne se réduisent pas à leurs termes, le réseau comme le rhizome ne se laissent pas ramener à l'un; ils sont d'emblée multiplicités de multiplicités qui, de plateau en plateau, connectent une multiplicité à une autre. Et c'est une nouvelle fois dans ce *entre*, dans cet ensemble de relations non séparables les unes des autres, que gît la réserve des potentiels, dans ce *entre* que se fait la rencontre des singularités multiples au sein d'agencements qui les disposent à la création de nouvelles relations, de nouvelles dispositions, dans ce *entre* qu'émergent les différenciations et les lignes de fuite comme les pointes de déterritorialisation. L'actualisation se produit dans les rencontres, dans les relations-traductions des actions des corps les uns sur les autres ou des uns dans les autres. Le réseau est une production de consistance, de composition, il est, pour le dire avec les mots de Deleuze et Guattari, un « "tenir-ensemble" d'éléments hétérogènes »[4], tel que nous l'avons également constaté dans la cellule avec Bapteste. C'est la relation en leur cœur qui porte une infinité d'actualisation de la texture du monde. Dans le réseau et ses entrelacs, comme dans le entre de ces ET, une « réserve de devenir »[5], selon l'expression de Simondon, se porte garante de toute évolution future.

---

1. E. Bapteste, *Tous entrelacés!, op. cit.*, p. 233.
2. *Ibid.*, p. 254.
3. G. Deleuze et F. Guattari, *Mille plateaux, op. cit.*, p. 36.
4. *Ibid.*, p. 398.
5. G. Simondon, *L'individuation à la lumière des notions de forme et d'information, op. cit.*, p. 307.

DES MONDES QUI BASCULENT
LES UNS DANS LES AUTRES

L'être vivant est tout entier tendu dans la constitution de cette relation que l'expérimentation découvre, où le multiple se confronte à un multiple qui n'est pas lui, qui lui est autre. Pas d'accomplissement sans l'invention de ce rapport co-évolutif. La perception est justement ce qui rendra plus floue la frontière, la distance entre l'intérieur et l'extérieur. Dès lors, les êtres vivants ne vivent pas dans le monde, ils vivent le monde, ils font monde, jusqu'à devenir ce pli, cette adhésion commune qui servira d'articulation entre un devenir soi et un devenir autre. Car si le sentir est inséparable d'un faire, d'un agir, c'est qu'il est déjà monde, déjà *du* monde. Si la subjectivation est la création d'un dispositif ou d'un agencement propre où le soi relie le non-soi, où le dehors rejoint le dedans, où le multiple parle aux multiples, alors la perspective des étants est constitutive de cette rencontre de l'intériorité collective avec l'extériorité plurielle, où se concentre, s'éprouve, s'expérimente, la disparité des flux d'intensité comme autant de problèmes à résoudre, autant de limites à dépasser, de résistances à faire céder. La subjectivation est la possibilité d'une perspective de s'échapper de la clôture contextuelle du soi et de devenir autre ; elle est cet *effort* pour réduire l'écart. Rejoindre le dehors, faire corps avec lui, *créer une adéquation*, c'est toujours dépasser son propre dispositif intérieur. Pouvoir être au monde, cela signifie devenir en lui, actualiser ses virtualités propres et celles du monde dans un perpétuel co-agencement des forces. Le monde comme le vivant ne doivent leur existence qu'à des mises en relations constitutives. Les termes ne préexistent pas aux relations. Le rapport du vivant milieu-intérieur en relation avec un monde-milieu-extérieur est décisif. Les signes, dans le monde du vivant sont affectés et affectants, ils forment – et réforment – la perspective et donc l'agir, de niveaux de complexité en niveaux de complexité, de niveaux de signification en niveaux de signification et de nœuds de relation en nœuds de relation. Le monde des volontés de puissance s'entremêlant dans leur accroissement est, comme le dit Deleuze, un « monde de fluctuations intenses, où les identités se perdent, et où chacun ne peut se vouloir qu'en voulant aussi toutes les autres possibilités, en devenant d'innombrables "autres" »[1]. Il faudrait donc encore dire que les signes sont susceptibles de

1. G. Deleuze, *L'île déserte, Textes et entretiens 1953-1974,* Paris, Éditions de Minuit, 2002, p. 171.

devenir eux-mêmes perspective – absorption, assimilation, incorporation de la perspective du dehors par le dedans.

Il y a nécessairement co-devenir, intra, inter et infra-agencement[1] des mélodies organiques ; encore une fois des ET et des « entre ». La nature, (où organismes et milieux se confondent), est une relation-bloc-de-devenir, un cœur battant au rythme de ses conjugaisons. Nous revenons au devenir animal comme alliance, comme symbiose, non pas seulement avec les individus de son milieu, mais avec et entre les milieux :

> Ce n'est pas seulement le vivant qui passe constamment d'un milieu à un autre, ce sont les milieux qui passent l'un dans l'autre, essentiellement communiquants. Les milieux sont ouverts dans le chaos, qui les menace d'épuisement ou d'intrusion. Mais la riposte des milieux au chaos, c'est le rythme. Ce qu'il y a de commun au chaos et au rythme, c'est l'entre-deux, entre deux milieux, rythme-chaos ou chaosmos[2].

Symbiose d'éléments hétérogènes comme fondation du devenir aussi commun que distinct de la terre. Mais là où l'on pourrait penser que Deleuze rejoint von Uexküll, de la mélodie au rythme, il l'annexe en réalité tout autant qu'il le prolonge. Et à l'*Umwelt* se joint la notion de territoire en tant que celui-ci « est en fait un acte, qui affecte les milieux et les rythmes, qui les "territorialise" »[3]. Pour preuve, ce plan de consistance du chêne, dont s'est servi von Uexküll pour asseoir son propos. En somme, chaque *Umwelt*, de l'homme au renard, à la chouette, la fourmi, l'écureuil, l'oiseau, la larve, etc., découpe dans le chêne une tonalité perceptive et actantielle qui lui sera propre et toujours susceptible de varier et ce, même au sein d'individus d'une même espèce[4]. Le chêne devient le champ de tonalités diverses : tonalités de protections, d'ascensions, de supports, d'alimentations, de reproductions. « Si l'on voulait récapituler toutes les propriétés contradictoires que le chêne présente en tant qu'objet, il en résulterait un chaos »[5], et pourtant, il n'en est rien, nous dit von Uexküll. C'est là où le perspectivisme de von Uexküll[6] se transforme avec Deleuze en un hyper-perspectivisme chaosmos où les *Umwelt*, les mondes-animaux communiquent à travers leurs singularités, se réunissent sous,

---

1. G. Deleuze et F. Guattari, *Mille plateaux, op. cit.*, p. 400-402.

2. *Ibid.*, p. 384-385.

3. *Ibid.*, p. 386.

4. J. von Uexküll, *Milieu animal et milieu humain,* Paris, Éditions Payot & Rivages, 2010, p. 156.

5. *Ibid.*, p. 162.

6. C. Chamois, « Les enjeux épistémologiques de la notion d'*Umwelt* chez Jakob von Uexküll », *Tétralogiques* 21, 2016, p. 171-194.

dans, dedans, sur, le chêne, « dans un corps-à-corps d'énergies »[1]. Aucune perspective ne se pense seule, ne se vit seule. Chaque perspective est toujours dans un rapport hétérogène à d'autres perspectives; la perspective n'est jamais close sur elle-même. Les forces qui investissent la perspective qui vient aux sujets, s'entremêlent, se fondent, se confondent, se décomposent, s'affrontent, se sélectionnent. Si l'*Umwelt* est une forme de territorialisation, le territoire devient le passage des milieux, des *Umwelt*, les uns dans les autres; le territoire comme « lieu de passage », comme « premier agencement », comme « première chose qui fasse agencement »[2]. Territorialisation et déterritorialisation donnent sa consistance au territoire mais l'agencement territorial, c'est encore autre chose, c'est une relation des agencements hétérogènes entre eux, qui ne cesse de faire basculer les mondes agencés les uns dans les autres, qui ne cesse d'ouvrir de nouvelles dimensions aux agencements perspectivistes. La symphonie du territoire est une composition entre les mélodies. Le territoire est un acte aussi singulier que collectif; il est le dynamisme inhérent de la relation individuante des vivants au monde.

C'est un empirisme plastique que décrit Deleuze, toujours recommencé, éternellement différent. Et comme pour l'homme, il faut encore chercher, dans un sens profondément nietzschéen, à concevoir, sous l'unité de l'organisme animal ou végétal, ces multiplicités en relations, ces multiples âmes, ces « sujets larvaires »[3] qui ne peuvent se rencontrer sans se transformer, ou comme l'écrit Deleuze, « ces différences individuantes et individuelles, qui ne cessent de pénétrer les unes dans les autres à travers les champs d'individuation »[4]. Car c'est aussi sous influence simondonienne que Deleuze pense l'individuation dans son champ de singularités pré-individuelles, c'est-à-dire en tant qu'ensemble de rapports différentiels, d'intensités communicantes qui constituent des disparités entre différences de potentiels énergétiques :

> Tout ce qui se passe et qui apparaît est corrélatif d'ordres de différences : différence de niveau, de température, de pression, de tension, de potentiel, différence d'intensité. [...] L'intensité est la forme de la différence comme raison du sensible. Toute intensité est différentielle, différence en elle-même. [...] La disparité, c'est-à-dire la différence ou l'intensité (différence

---

1. G. Deleuze et F. Guattari, *Mille plateaux, op. cit.,* p. 395.
2. *Ibid.,* p. 397.
3. G. Deleuze, *Différence et répétition, op. cit.,* p. 107.
4. *Ibid.,* p. 327.

d'intensité), est la raison suffisante du phénomène, la condition de ce qui apparaît[1].

Deleuze est donc tout particulièrement proche de Simondon quand il fait de la communication de ce qu'il appelle des disparates la résolution, par intensité différentielle, d'une réalité problématique. Ainsi en va-t-il de la sensibilité inhérente à la perspective, qui ne s'actualise pas sans problèmes à résoudre, sans mouvements d'individuation des multiplicités se rencontrant, sans différence d'intensité, sans intensité comme différence se faisant.

LES RELATIONS PERSPECTIVISTES
CONSTITUENT LES ÊTRES

Répétons-le : la vie est relation ou elle n'est pas ; les forces organiques n'existent qu'en co-devenir. Le monde s'est démultiplié et il ne sert désormais plus à rien de compter les liens. On s'est trompé sur la nature de la relation. Elle est moins liaison entre des singularités qu'entrelacement de multiplicités qui se font faire quelque chose, comme dirait Bruno Latour. Si au vivant, il faut attribuer une histoire, celle-ci est avant tout celle d'un collectif en interaction, d'une mosaïque d'existences hétérogènes enchevêtrées. Des réseaux d'influence s'établissent partout et tout le temps. La co-construction est la règle de l'évolution. « Jamais seul » pourrait être la devise de la vie allant en différant. Pas de mécanique immuable des relations, mais des coups de dés symbiotiques, où l'être ne se transforme qu'à mesure de son passage d'un agencement à l'autre. L'imprévisibilité des co-devenirs est au cœur des zones de contact. Deleuze avait raison : il faut « substituer le ET au EST »[2]. La *vie-relation*, ainsi que nous l'avons nommée, construit un univers métastable composé d'êtres en cours d'individuation. Simondon sur ce point est sans doute indispensable. Avec lui, l'adaptation est devenue « un corrélatif de l'individuation »[3], et l'être-relation un chemin et une réserve de devenir. Pas d'individu déjà constitué face à un milieu constitué mais un individu-milieu associé en cours de constitution. Les mondes des vivants sont autant une habitation subjective multiple de l'environnement ou une pluralité de monde vécu ou propre

---

1. G. Deleuze, *Différence et répétition, op. cit.*, p. 286-287.
2. G. Deleuze et C. Parnet, *Dialogues, op. cit.*, p. 71.
3. G. Simondon, *L'individuation à la lumière des notions de forme et d'information, op. cit.*, p. 208.

(*Umwelt*) que l'effet d'une dialectique dynamique où l'être transforme l'environnement qui le transforme. Tant que le milieu reste séparé des forces relationnelles en tension qui le « chaotise », on ne peut saisir comment la nouveauté pourrait advenir, se rendre possible. La perspective du monde qui apparaît aux êtres vivants est le théâtre de sa création et de sa recréation continuelle. L'étant, au sens large, est donc lui aussi « être en tant qu'autre »[1], être perspectiviste en instance d'instauration. « Devine, ou tu seras dévoré »[2] semble dire le sphinx de la vie-relation. Ce n'est qu'en écho à ce questionnement vital et relationnel que naît une perspective, quelle qu'elle soit. Chaque perspective du monde extérieur dépend d'un flux de relations et ne se constitue qu'en tant que somme de jugements de valeur corrélatifs. À chaque être sa perspective de la réalité réclamée par l'expérience de la relation, par la continuité de l'organisme et de l'environnement en interaction.

À l'image de la réalité selon William James, la perspective est en cours. Elle est une évaluation perceptive contextuelle ou contingente de ce qui *importe* ici et maintenant, selon d'innombrables processus de subjectivation-objectivation cherchant à s'approprier le réel. La pertinence pratique de ce perspectivisme du vivant réside dans les régularités qu'il extrait des rapports de forces, dans les anticipations des sentiments de puissance qui se voient ainsi produits pour un devenir plus. Sa pertinence est néanmoins relative à la qualité des foyers de forces qui s'en emparent. Extraire du sens et établir une hiérarchie sont les maîtres-mots ou les opérations premières des rapports au monde et d'un savoir agencer l'avenir. À chaque expérience, à chaque relation conditionnelle, à chaque événement, les flux d'intensité diffèrent et différencient comme nous le disions avec Deleuze[3]. L'intensité différentielle est la matière même de l'interprétation et par là le vecteur de l'individuation. C'est peut-être justement cette errance des intensités et de leur perception-interprétation qui rend la vie capable d'essai ! À ce titre, la perspective demeure un filtre mouvant de l'information, une puissance d'affecter et d'être affecté qui ne songe à rien d'autre qu'à la satisfaction de l'être qu'elle soutient.

---

1. B. Latour, *Enquête sur les modes d'existence, Une anthropologie des modernes*, Paris, Éditions La Découverte, 2012, p. 167-169.
2. Nous reprenons ici l'expression d'É. Souriau, « Du mode d'existence de l'œuvre à faire », dans *Les différents modes d'existence*, Paris, P.U.F., 2009, p. 205.
3. G. Deleuze, *Différence et répétition, op. cit.*, p. 286-287.

Oui, la perspective soutient l'être qui la porte ou à travers lequel elle se constitue, mais pas n'importe comment. Le vivre n'est pas aveugle, il est sensible. De sorte que nous pourrions aller jusqu'à déclarer que le sens n'est pas donné par la perspective mais par la sensibilité qui s'élève à la perspective. Telle est la pragmatique relationnelle du perspectivisme de la nature qu'il appartient sans doute à une métaphysique perspectiviste de découvrir peu à peu.

Arnauld ROCHEREAU

ÉPAISSIR LE PERSPECTIVISME SCIENTIFIQUE
DE RONALD GIERE À DONNA HARAWAY

Le livre paru en 2006 de Ronald Giere doit son titre au nom qu'il donne à sa théorie épistémologique : *Scientific perspectivism*. Le perspectivisme scientifique, que l'auteur appelle aussi parfois le « réalisme perspectiviste » (*perspectival realism*), cherche à établir « une véritable alternative tant au réalisme objectiviste qu'au constructivisme social »[1]. À un autre endroit, il dit plus sommairement vouloir trouver un juste milieu entre « l'objectivisme » et le « subjectivisme »[2]. Nous commencerons par présenter le perspectivisme de Giere (sections 1 et 2) que nous comparerons, dans un second temps, aux « savoirs situés » de Donna Haraway (section 3). Cette comparaison nous permettra de mettre en exergue quelques éléments conceptuels qui font diverger les différentes versions du perspectivisme dont certaines sont plus « épaisses » que d'autres (sections 4 et 5).

LA RÉALITÉ DES COULEURS

Giere introduit le perspectivisme scientifique à partir d'un type de connaissances pré-scientifiques, à savoir les perceptions visuelles. Il se penche plus particulièrement sur la perception des couleurs. Selon

1. R. Giere, *Scientific perspectivism*, Chicago, University of Chicago Press, 2006, p. 14 : « It is perspectival realism that provides us with a genuine alternative to both objectivist realism and social constructivism ». Je discute autrement le travail de Giere dans T. De Meyer, *Qui a vu le zèbre ? L'invention de la perspective éthologique,* Paris, Les Liens qui Libèrent, à paraître, voir en particulier chap. IV, section 5.
2. R. Giere, *Scientific perspectivism, op. cit.*, p. 32 : « Color perspectivism has the great advantage that it can incorporate the features of both color subjectivism and color objectivism that give those views their initial plausibility ».

« l'objectivisme chromatique » (*color objectivism*), les couleurs existeraient indépendamment de tout observateur; elles existeraient dans les choses mêmes. Giere accorde peu de crédit à cette intuition commune qu'il écarte notamment en signalant l'existence de nombreuses espèces animales qui ne voient pas comme les humains (il mentionne à cet endroit l'éthologue Jakob von Uexküll, un penseur qui est souvent mobilisé dans les entreprises perspectivistes[1]). Au sein même de l'espèce humaine, il existe une diversité perceptuelle (songeons aux daltoniens ou aux achromates). S'il est possible de voir un même objet coloré différemment, cela signifie, selon l'épistémologue américain, que les couleurs ne sont pas dans les choses elles-mêmes.

Giere n'accepte néanmoins pas non plus la théorie inverse, celle du « subjectivisme chromatique » (*color subjectivism*), selon laquelle les couleurs n'existeraient que dans les yeux (ou l'esprit) de celui qui les voit. Il rejette cette idée, car des observateurs humains bon-voyants jugent de manière similaire la couleur d'un objet donné : « la plupart des gens voient, dans des circonstances similaires, généralement les mêmes objets comme colorés similairement »[2]. Cet accord intersubjectif serait possible grâce à une assisse objective : « les perspectives visuelles sont intersubjectivement objectives »[3]. Par-là, Giere n'entend pas que les couleurs sont réelles en elles-mêmes, mais qu'elles sont le résultat de la relation entre un objet et un système d'observation. Lorsque des animaux (humains ou autres) partagent un système visuel, ils verront les choses colorées de la même façon :

> C'est dans cette optique que j'affirme qu'il vaut mieux ne pas considérer les couleurs comme complètement objectives ou purement subjectives [...], mais comme une propriété d'une interaction entre le monde matériel et les observateurs humains[4].

Il est dommage que Giere n'interroge pas la manière dont on peut s'assurer de la similarité entre les situations alors même que cette similarité est essentielle dans son argument : comment s'assurer que deux paires

---

1. J. von Uexküll, *Milieu animal et milieu humain*, trad. fr. Charles Martin-Freville, ill. G. Kriszat, Paris, Rivages, 2010.

2. R. Giere, *Scientific perspectivism*, *op. cit.*, p. 14 : « That is, most people generally see the same objects as similarly colored in similar circumstances ».

3. *Ibid.* : « Color perspectives are intersubjectively objective ».

4. *Ibid.*, p. 38-39 : « It is in this spirit that I claim that colors are best thought of as neither completely objective nor purely subjective, neither as properties of either parts of the material world or of subjective experience, but as a property of an interaction between the material world and human observers ».

d'yeux sont similaires, que les conditions d'observation sont les mêmes, qu'on regarde le même objet, etc. ? Or, cette question pratique – comment établir les similarités entre plusieurs situations ? – est importante dans la mesure où c'est sur la base de la similarité des conditions que l'épistémologue conclut que « les couleurs sont assez réelles [*real enough*] », tout en affirmant que « leur réalité est perspectiviste » [1]. Remarquons que dans le premier volet de son argument, celui où il mentionnait Uexküll, Giere ignorait également la question complémentaire, à savoir comment établir les différences perceptives entre les humains et d'autres animaux.

LA TÊTE DANS LES ÉTOILES

Giere applique ensuite, par analogie, son « réalisme perspectiviste » aux observations scientifiques. Il commence par noter que « comme le système visuel humain, les instruments ne sont sensibles qu'à un certain genre d'*inputs* [*a particular kind of input*] » [2]. Dans des termes qui rappellent ceux d'Uexküll, l'épistémologue dit à propos de ces instruments qu'« ils sont, pour ainsi dire, aveugles à tout le reste » [3]. En plus d'être sélectifs, les instruments d'observation scientifique sont aussi biaisés : « aucun instrument n'est parfaitement transparent. En effet, l'*output* est fonction à la fois de l'*input* et de la constitution interne de l'instrument » [4].

Il est essentiel, comme Giere nous y invite, de prêter attention aux contraintes des instruments scientifiques, car ceux-ci ne permettent jamais de tout voir ; ils ne donnent pas accès à la réalité en soi. Le philosophe insiste sur le fait qu'en fonction des perspectives, c'est-à-dire en fonction des instruments d'observation, nous percevons autrement le monde.

Il développe cette idée à partir d'une image du télescope Hubble. Ce télescope a été lancé en 1991, mais à cause d'un problème technique, il n'a pu réaliser sa première image qu'en 1993. C'était la première fois, dit l'épistémologue, que l'on obtenait des images depuis un télescope situé en dehors de la terre, ce qui permettait de profiter d'une vue plus dégagée, perturbée ni par les nuages ni par la lumière anthropogène. En réalité,

---

1. *Ibid.*, p. 14 : « Colors are real enough, but I will be claiming, their reality is perspectival ».

2. *Ibid.* : « Like the human visual system, instruments are sensitive only to a particular kind of input ».

3. *Ibid.* : « They are, so to speak, blind to everything else ».

4. *Ibid.* : « No instrument is perfectly transparent. That is, the output is a function of both the input and the internal constitution of the instrument ».

des télescopes spatiaux ont été mis en service bien avant Hubble, même s'il est vrai qu'ils n'ont pu être exploités que brièvement et que les images qu'ils ont produites étaient de bien moindre qualité (les premiers télescopes spatiaux opérationnels étaient l'Orbiting Astronomical Observatory de la NASA lancé en 1968 et l'Orion-1 de l'Union soviétique lancé en 1971[1]). Sans doute, ne s'agit-il ici que d'un détail, une imprécision sans conséquence pour l'argument de l'auteur.

Cette imprécision révèle néanmoins un aspect problématique du travail de Giere, à savoir qu'il ne porte qu'une attention anecdotique à l'histoire des instruments. De fait, sa réflexion se focalise sur les mécanismes du télescope, notamment les fréquences des rayons gamma que Hubble est capable de détecter. Pour construire une image de l'univers, le télescope capte les rayons lumineux pendant quatorze heures ; l'image n'est donc pas un instantanée, mais la synthèse de rayons captés pendant un intervalle temporel relativement long. Ce dispositif permet de reconstituer ce que pourrait voir un humain qui se trouverait très près du centre de l'univers et qui serait capable de percevoir des rayons électromagnétiques.

La conclusion de Giere est que, dans ces images, absolument tout est transformé ; que ces images, par ailleurs, ne rendent compte que de certaines fréquences de rayons gamma. Le reste de l'univers est ignoré, mis de côté. À l'instar de l'abeille d'Uexküll (celle pour qui seules les fleurs existent au détriment des pistils, par exemple), pour le télescope Hubble, rien n'existe en dehors des rayons gamma qu'il capte. Une image obtenue grâce à ce télescope n'est donc pas l'image du centre de l'univers *simpliciter*, mais celle du centre de l'univers depuis une perspective partielle.

LES PIEDS SUR TERRE

La vision des couleurs et les images télescopiques permettent à Giere d'introduire son perspectivisme scientifique. Il élargit ensuite son argument à des instruments de mesure non visuels ainsi qu'aux théories scientifiques. Néanmoins, dans les limites de ce chapitre, nous préférons nous concentrer sur les deux exemples phares de *Scientific perspectivism*. Le mouvement argumentatif de Giere est en lui-même instructif : en comparant les observations scientifiques à la vision naturelle, il évite de produire des « Grands Partages » (pour utiliser un concept de

1. Sur ces télescopes, voir l'entrée Wikipédia sur le « Télescope spatial », en ligne : https://fr.wikipedia.org/wiki/T%C3%A9lescope_spatial, consulté le 6 septembre 2023.

Bruno Latour[1]). En effet, au lieu de séparer la science du sens commun, il les place dans un continuum; au lieu de distinguer catégoriquement êtres vivants et instruments mécaniques, il les étudie conjointement. Dans les années 1980, notamment dans son « Cyborg manifesto », Donna Haraway reprenait la critique des Grands Partages de Latour[2]. Dans un article intitulé « Savoirs situés » paru en 1988, elle défendait en outre une épistémologie à première vue similaire au perspectivisme de Giere[3]. Elle y analyse notamment les images scientifiques à propos desquelles elle affirme :

> Il n'y a pas de photographie non médiatisée ou de chambres noires passives dans les descriptions scientifiques des corps et des machines; il n'y a que des possibilités visuelles extrêmement spécifiées, chacune avec sa manière merveilleusement détaillée, active, partielle d'organiser le monde[4].

L'insistance d'Haraway sur la partialité de toute image scientifique correspond à l'idée centrale de Giere. Tout comme lui, Haraway met également les observations scientifiques dans la continuité des observations vivantes. Dans « Savoirs situés », elle mentionne en effet deux types d'images qui ont éveillé chez elle des interrogations épistémologiques : d'une part, des photographies qui montrent le monde tel qu'il est perçu par des insectes; d'autre part, des images télescopiques de Jupiter. Dans la foulée, elle avance :

> Toutes ces images du monde ne devraient pas être des allégories d'une mobilité et d'une interchangeabilité infinies, mais plutôt des allégories de l'élaboration de spécificités et de différences ainsi que du soin affectueux avec lequel certaines personnes s'efforcent d'apprendre à voir fidèlement à

---

1. Sur ce concept, voir notamment B. Latour, *Nous n'avons jamais été modernes. Essai d'anthropologie symétrique*, Paris, La Découverte, 1991.

2. Pour une trad. fr. de « Cyborg manifesto », voir D. Haraway, *Manifeste cyborg et autres essais. Science, fiction, féminisme*, anthologie établie par L. Allard, D. Gardey et N. Magnan, Paris, Exils, 2008, p. 29-106.

3. Pour l'article original, *cf.* D. Haraway, « Situated knowledge : The science question in feminism and the privilege of partial perspective », *Feminist studies* 14/3, 1988, p. 575-599. Pour une trad. fr. de D. Haraway, « Savoir situé » [désormais « Savoir situé »], trad. fr. P. Denis, *Manifeste cyborg*, *op. cit.*, p. 107-144. Trois collègues, Marie Kill, Laura Aristizabal et Florence Caeymaex, ont organisé à l'université de Liège un séminaire autour de cet article d'Haraway auquel elles m'avaient conviées.

4. « Savoir situé », p. 583; trad. fr. p. 118 : « There is no unmediated photograph or passive camera obscura in scientific accounts of bodies and machines; there are only highly specific visual possibilities, each with a wonderfully detailed, active, partial way of organizing the world » (nous avons légèrement corrigé la traduction de p. Denis qui a décidé de mettre « mondes » au pluriel sans raison apparente).

partir du point de vue d'un autre, même quand cet autre est l'une de nos machines[1].

Cette citation permet d'indiquer un aspect commun à l'épistémologie de Giere et à celle d'Haraway, à savoir qu'elles considèrent toutes deux les perceptions vivantes et les perceptions médiatisées par des instruments dans un continuum. Ainsi, les rapprochements entre *Scientific perspectivism* et « Situated knowledge » sont nombreux, ce que remarquait d'ailleurs Giere dans une note de bas de page : « Les féministes pourraient apprécier le parallélisme entre mon perspectivisme et celui d'Haraway »[2]. Le fragment qu'on vient de citer permet pourtant aussi de distinguer leurs versions respectives de perspectivisme, à savoir que l'un (Giere) étudie des perspectives (des instruments d'observation) telles qu'elles existent à un moment donné, alors que l'autre (Haraway) nous invite à les considérer dans le processus de leur construction. En effet, Haraway insiste sur l'effort et le travail nécessaires pour arriver à voir depuis un autre point de vue, par exemple depuis le point de vue d'un télescope.

Alors que Giere décrit en détails les mécanismes du télescope Hubble, il ne s'attarde pas sur l'histoire de sa construction ; il ne pose pas la question de ce que requiert la construction des images spatiales. Or, comme nous y invite Haraway, pour savoir ce qu'une perspective exige, il faut changer de focale : au lieu de s'intéresser à une perspective qui existe déjà, une perspective « toute faite », il faut se demander comment celle-ci a émergé. Pour un tel exercice, il est indispensable de retracer l'histoire de l'instrument et tâcher, ce faisant, de répondre à une multitude de questions. Dans le cas d'Hubble, nous pourrions nous demander d'où vient le matériel qui a permis de construire le télescope[3]. Les ingénieurs ont décidé de construire le télescope avec du verre Corning Code 7971, parce que c'est un verre qui ne se dilate et ne se contracte pas trop lorsque la température change. Sans ce verre, le télescope n'aurait pas pu exister. Quelles usines ont été nécessaires à sa construction ? Le télescope a été réalisé par PerkinElmer, une entreprise spécialisée dans la production de matériel scientifique, mais une copie a été réalisée par Kodak au cas où l'original

---

1. D. Haraway, « Savoirs situés », p. 583 ; trad. fr., p. 118 (trad. mod.) : « All these pictures of the world should not be allegories of infinite mobility and interchangeability but of elaborate specificity and difference and the loving care people might take to learn how to see faithfully from another's point of view, even when the other is our own machine ».

2. R. Giere, *Scientific perspectivism*, *op. cit.*, p. 120 : « Feminists may appreciate the parallel between my perspectivism and Haraway's ».

3. Sur l'histoire d'Hubble, voir l'entrée « Hubble space telescope » du Wikipédia anglophone, https:/en.wikipedia.or/wiki/HubbleSpaceTelescope, consulté le 6 septembre 2023.

aurait souffert d'anomalies techniques. Quelles théories étaient à l'origine de cet appareil ? Déjà dans les années 1940, des astrophysiciens, Lyman Spitzer notamment, soulignaient qu'un télescope spatial serait plus efficace que sa version terrestre (notamment parce que la lumière de fond est moins importante dans l'espace et que les rayons ultraviolets et infra-rouges n'y sont pas amoindris par l'atmosphère). Quelles institutions ont porté le projet ? La NASA, un consortium de trente-deux universités améri-caines et le Centre spatial européen sans qui le télescope n'aurait pas été mis au point. Comment apporter le télescope en orbite ? Il a fallu une navette, mais aussi, en amont de l'envol, d'énormes camions pour transporter les parties de l'instrument et les assembler. Qui a bien pu payer pour ce mégaprojet ? On pourrait se référer aux débats au Congrès amé-ricain qui pendant longtemps a refusé de soutenir Hubble. Si les sénateurs n'avaient pas adhéré au projet, il n'y aurait jamais eu de télescope. Et ainsi de suite. Cette liste de questions, qui est loin d'être exhaustive, vise surtout à faire sentir que, si Hubble a pu voir le jour, vingt ans après le lancement du projet, c'est grâce à l'agencement d'un énorme réseau et l'effort de très nombreuses équipes.

Les images télescopiques peuvent induire l'impression que les humains sont capables de se rendre là où ils veulent, qu'ils peuvent voir l'univers depuis où bon leur semble : que nous nous sommes libérés pour de bon de toute contrainte. C'est ce que Haraway appelle l'illusion ou l'allégorie de la mobilité infinie. On retrouve souvent cette allégorie dans les textes qui accompagnent les magnifiques images de l'univers dans les revues de vulgarisation scientifique. Or, il suffit de prêter attention aux processus de fabrication des outils qui permettent d'obtenir ces points de vue pour se rendre compte de la pauvreté de cette narration qui élude tout l'effort que nécessite la construction de telles images. Pour sa part, la philo-sophe tente d'inventer une nouvelle manière de parler des perspectives qui consiste à raconter (pour citer à nouveau ses termes) « l'attention affec-tueuse dont s'arment certaines personnes pour apprendre à voir fidèlement à partir du point de vue d'un autre, même quand cet autre est l'une de nos machines » [1]. Elle nous invite ainsi à nous intéresser au processus lent et exigeant qu'est la construction des images scientifiques, à mille lieux de l'illusion de la mobilité infinie.

---

1. D. Haraway, « Savoirs situés », trad. fr. p. 118 (trad. mod.).

ÉPAISSIR LE PERSPECTIVISME

C'est la temporalité dans laquelle elle se situe qui distingue Haraway de Giere. Récemment, Julien Pieron a tenté de rapprocher la manière dont Haraway conçoit le temps de celle d'Henri Bergson[1]. Celui-ci oppose à la philosophie du passé, qu'il associe à la modalité affective du « tout fait », la philosophie du présent, celle qui partage l'engouement et l'incertitude du « se faisant », de ce qui est en train de se construire. Dans un cours au Collège de France portant sur l'histoire des mathématiques, le philosophe explique ce contraste notamment grâce à un type d'images très simples : les figures géométriques[2]. La manière ancienne d'étudier les figures consiste à partir d'une forme déjà constituée : on étudie, par exemple, un triangle. Au départ de l'étude, on se donne ce triangle afin de pouvoir établir des rapports entre ses angles et ses côtés. À l'inverse, grâce aux calculs infinité-simaux, les modernes ont commencé à étudier le mouvement qui donne naissance aux figures : la différence infinitésimale, la différence évanes-cente entre un point p et le point p' qui le suit, permet d'indiquer vers où p tend, vers où il se meut. Notons que p' qui suit p, le point que p est en train de devenir, n'est pas un point réel, car il n'y a pas de point exact qui suit p dans la mesure où l'intervalle entre p et le point qui le suit, aussi petit soit-il, peut toujours être réduit. Ce qui est réel, par contre, est le devenir p' de p. La différence infinitésimale indique ainsi le mouvement qu'est en train de prendre la courbe. La courbe ou la ligne qui finit par se tracer résulte de ce mouvement en train de se réaliser en chaque instant. C'est ainsi que Bergson en vint à considérer la figure terminée, l'image que l'on peut voir, comme le résultat d'un mouvement ou, comme il le dit de façon élégante et sans métaphore, « l'enregistrement d'une durée ». Car, ajoute-t-il, « ce qu'il y a de réel dans la courbe, c'est sa tangente »[3].

Lorsqu'on cesse de considérer les figures géométriques comme données au départ et qu'on tente plutôt de rendre compte de leur formation, ou, pour reprendre le contraste de Bergson, lorsqu'on ne les considère plus comme « déjà faites », mais comme « se faisant », c'est toute la métaphy-sique qui se met à vibrer. – La temporalité n'est plus la même, car c'est le

1. J. Pieron, « Présent épais et communs latents temporels », *Lectures anthropolo-giques* 7, 2021, en ligne : https://www.lecturesanthropologigues. fr097, consulté le 6 septembre 2023.

2. H. Bergson, *Histoire de l'idée de temps. Cours au collège de France : 1902-1903*, Paris, P.U.F., 2016.

3. *Ibid.*, p. 281 : « Ce qu'il y a de réel dans la courbe, c'est sa tangente. Ce que nous appelons courbe n'est en quelque sorte que la vision extérieure, l'enregistrement extérieur de ce qui se passe en réalité dans la durée ».

présent dans toutes ses incertitudes, dans ses hésitations, dans ses tendances qui prime là où traditionnellement c'était la modalité du temps passé qui prévalait. Il est en effet très courant de concevoir les choses comme déjà jouées et décidées, comme si elles s'étaient déjà complètement déroulées. Cette approche qui fixe les choses dans le passé cadre même nos manières de penser le présent comme déterminé et, dès lors, déjà passé (chez Bergson, les différents temps correspondent à différentes manières d'être affecté : peut-on encore y changer quelque chose ou sommes-nous réduits à n'être que des spectateurs passifs ?). En changeant la conception des figures, Bergson suggère que les mathématiciens modernes auraient pu ouvrir la voie à une nouvelle philosophie du temps qui remet en mouvement les formes fixes en racontant l'incertitude propre à leur genèse et à leur développement : les choses auraient pu tourner autrement, auraient pu suivre une autre tangente. – Par ailleurs, ce qui constitue la réalité change tout autant, car ce qui est essentiel, ce ne sont plus les choses, leurs formes, leurs extériorités, mais les mouvements, les forces, les actions qui président à leur formation. Les mouvements deviennent dès lors les « blocs fondamentaux » de l'existence qu'il ne faut pas identifier à des blocs de pierre ou de ciment ni même à des briques atomiques, mais plutôt à des « blocs de devenir » :

> Ce qui est réel, c'est le devenir lui-même, le bloc de devenir, et non les termes supposés fixes dans lesquels passerait celui qui devient [1].

Dans l'article sur les « Savoirs situés », Haraway ne rapprochait pas encore explicitement sa philosophie des connaissances d'une conception singulière du temps. Néanmoins, dans un livre plus récent, elle invente un concept qui pourrait, rétrospectivement s'appliquer à son œuvre antérieure : le « présent épais ». Le présent épais n'est pas un point sur une ligne chronologique entre le passé et le présent : « Rien en lui ne doit renvoyer au passé, au présent ou au futur conventionnels » [2]. Pieron commente : « À ce temps linéaire, Haraway oppose le temps d'une présence continuée et en cours : un présent épais, nourri et comme entretissé d'héritages et d'avènements » [3]. C'est cette épaisseur du présent qui, à notre avis, caractérisait déjà la spécificité du perspectivisme d'Haraway dans les « Savoirs situés ». De la même façon que Bergson nous pousse à considérer autrement les figures (comme « l'enregistrement d'une durée »), Haraway nous invite

---

1. G. Deleuze et F. Guattari, *Mille plateaux*, Paris, Éditions de Minuit, 1980, p. 291.

2. D. Haraway, *Vivre avec le trouble*, Vaulx-en-Velin, Les Éditions des mondes à faire, 2020, p. 8.

3. J. Pieron, « Présent épais et communs latents temporels », art. cit., § 13.

à voir les images télescopiques comme « l'enregistrement d'un mouvement » ou « d'une action de masse » (pour paraphraser le philosophe français).

LA VISION ET SES TROUBLES

Avec Haraway, ce ne sont plus les perspectives telles qu'elles sont qui nous intéressent ; ce sont, à l'inverse, les perspectives en tant qu'elles sont en train de devenir ou de se former qui nous préoccupent. Nous avons affaire ici au contraste fondamental qui distingue les philosophies « processuelles » des philosophies « essentialistes ». En comparant Giere à Haraway, nous voulions montrer que ce contraste traverse également les diverses versions du perspectivisme : considère-t-on les perspectives comme déjà données (il s'agit dès lors d'en montrer les « limites » et les « biais ») ou, au contraire, les considère-t-on comme en train de se faire (la question étant alors celle du coût et du soin nécessaire à la constitution d'une perspective) ?

Ce contraste entre un perspectivisme « se faisant » et un autre « tout fait » ne recouvre pas, mais pourrait néanmoins s'ajouter au panorama des versions du perspectivisme qu'a récemment dressé Emmanuel Alloa[1]. Celui-ci identifie notamment une version « claustrale » du perspectivisme : les perspectives n'ont aucune relation les unes aux autres, chacune étant son propre étalon de la vérité. Chez Giere, nous l'avons vu, le réalisme perspectiviste se constitue grâce à la mise en rapport des perspectives : en comparant nos manières de voir un objet à celles des autres, on peut établir la réalité intersubjective des couleurs. Alloa ne discute pas Giere directement, mais sa critique de la version « additive » du perspectivisme vaut pour son perspectivisme scientifique également : « L'unité ultime [est] fournie [...] par la nature d'une chose »[2]. On approche de la nature des choses en additionnant les perspectives[3].

---

1. E. Alloa, *Partages de la perspective*, Paris, Fayard, 2020, p. 246-252 en part.

2. *Ibid.*, p. 248.

3. Alloa estime que le perspectivisme de Leibniz est de cet ordre. Il cite notamment la fameuse métaphore leibnizienne de la ville vue de multiples points de vue : cette ville existerait indépendamment et assurerait l'harmonie entre toutes les perspectives. Néanmoins, comme G. Deleuze l'affirmait lorsqu'il commentait cette métaphore, « Leibniz ne peut pas avoir d'idée faible ». L. Bouquiaux s'est également opposée à cette lecture de la métaphore de la ville chez Leibniz. Voir G. Deleuze, « Le point de vue », cours à Saint-Denis, accessible sur Youtube : https://www.youtube.com/watch?v=yEg4Tc40rWM, consulté le 6 septembre 2023, le passage cité est prononcé à 1 heure 36 minutes ; L. Bouquiaux, « La notion de *point de*

Selon Alloa, un tel perspectivisme, qui suppose un monde commun, est trop « iréniste » et « pacificateur »[1]. Avec Friedrich Nietzsche, Alloa défend une version « dynamique » ou « diagonale » du perspectivisme. Il entend ce dernier adjectif dans le sens étymologique : qui divise et oppose à la fois (*agôn* signifiant « lutte » en grec ancien). Or, à l'instar de la philosophie de Nietzsche, un des intérêts du perspectivisme d'Haraway est qu'il lie fortement les perspectives à des modes de vie : en construisant une perspective, il a fallu opérer des choix, privilégier certaines pratiques au détriment d'autres ; ces perspectives sont souvent le fruit de systèmes d'oppression sociale qui permettent (par exemple) d'avoir accès à des ouvriers bon marché pour construire des lunettes de télescope. C'est en considérant de la sorte les perspectives que le caractère « diagonale » du perspectivisme apparaît clairement : en faisant exister une perspective, c'est un ensemble d'acteurs dont on accroît l'existence au détriment d'autres.

Dans *Vivre avec le trouble*, Haraway épaissit le présent afin de susciter le trouble, car aucune situation n'est innocente ; elles sont toujours ontologiquement complexes et éthiquement compliquées. Ce trouble se trouvait déjà au cœur de « Savoirs situés » qui posait cette question choque : « Avec le sang de qui mes yeux ont-ils été façonnés [*With whose blood were my eyes crafted*] ? »[2]. On comprend que les troubles de la vision chez Haraway ne se limitent pas aux problèmes ophtalmologiques. Alors que Giere ne posait que la question des biais et des limites de la vision qu'est-ce qui en est exclu, qu'est-ce qui y est déformé ?, un peu à la façon de l'ophtalmologue –, Haraway ouvre une tout autre question, celle de la responsabilité de la vision : peut-elle répondre de ses actes, des actes qui ont permis sa constitution ?

C'est ainsi aussi qu'une perspective ne se restreint pas à la vision (ou plus largement à la connaissance), mais doit être entendue comme une action portée par un faisceau d'acteurs divers[3]. En ce sens, le

vue dans l'élaboration de la métaphysique leibnizienne », dans B. Timmermans (éd.), *Perspective. Leibniz, Whitehead, Deleuze*, Paris, Vrin, 2006, p. 23-54.

1. Pour l'utilisation de ces adjectifs, voir E. Alloa, *Partages de la perspective*, *op. cit.*, p. 53 et p. 249 respectivement.

2. D. Haraway, « Savoirs situés », p. 585 ; trad. fr., p. 121.

3. De manière convaincante, Mazviita Chirimuuta propose de penser le perspectivisme à partir du toucher plutôt que de la vision, ce qui lui permet justement d'insister davantage sur l'aspect actif (et plus spécifiquement interactif) de toute connaissance. À l'inverse de nombreuses penseuses féministes, Haraway voulait pourtant mettre la métaphore visuelle au travail, la pousser plus loin (« I would like to proceed by placing metaphorical reliance on a much maligned sensory system in feminist discourses : vision »). Elle souligne

perspectivisme que nous pourrions construire avec Haraway partagerait une intuition avec le perspectivisme que défend Hasok Chang dans un article portant sur « Le pragmatisme, le perspectivisme et l'historicité des sciences ». Lui aussi indiquait les limites du perspectivisme scientifique de Giere qui ne considère pas les perspectives comme des actions (de manière similaire à Alloa, il critique le présupposé réaliste de son perspectivisme scientifique et rejette sa notion de « réalité prêt-à-porter »[1]). Or, avec Chang (mais aussi avec Haraway et Alloa), nous pensons en effet que « le pragmatisme » (qui considère toute connaissance comme action) « renforce le perspectivisme »[2].

Thibault DE MEYER
Université de Namur

l'incorporation et l'activité qu'il y a dans toute vision. Pour la métaphore du toucher, voir M. Chirimuuta, « Vision, perspectivism, and haptic realism », *Philosophy of science* 83/5, 2016, p. 746-756. Pour le passage cité d'Haraway, voir « Savoirs situés », p. 581 ; trad. fr., p. 115.

1. H. Chang, « Pragmatism, perspectivism, and the historicity of science », *in* M. Massimi et C. D. McCoy (eds), *Understanding perspectivism. Scientific challenges and methodological prospects*, New York, Routledge, 2019, p. 22 : « The strong pragmatism I have articulated argues against the cogency of such a notion of ready-made reality and affirms the strong ontological perspectivism that Anjan Chakravartty warns us against : "there are no perspective-transcendent ontological facts or states of affairs" ».

2. *Ibid.*, p. 23 : « To sum up : pragmatism, as I articulate it in this chapter, strengthens perspectivism ». Rapprocher le perspectivisme du pragmatisme est aussi une façon de répondre au défi de Didier Debaise de ne pas faire du perspectivisme « une coquille un peu vide, une vision du monde », D. Debaise, « L'univers perspectiviste : nature et subjectivité dans la métaphysique contemporaine », dans E. Alloa et E. During (éd.), *Choses en soi. Métaphysique du réalisme*, Paris, P.U.F., 2018, p. 499.

ÉBAUCHE D'UNE DESCENTE
À LA POURSUITE DES CHAMPS PHÉNOUMÉNOLOGIQUES

LES LIMITES DE L'INVARIANTISME

On pourrait dire dans une première approximation qu'il y a une sorte d'opposition tranchée entre les notions d'*objectivité scientifique* et de *perspectivisme*. Par définition, une description scientifique d'un phénomène donné doit être *objective*, ce qui veut dire qu'au moins en principe elle ne peut pas dépendre de l'état de l'observateur qui effectue la description (par exemple de sa localisation spatiotemporelle et de son état de mouvement). On pourrait dire que l'objectivité scientifique est « constituée » *en neutralisant les perspectives subjectives*. En prétendant occuper le « point de vue de personne en particulier » (Eddington)[1], la science est censée fournir une « vue de nulle part » (Nagel)[2]. La constitution de l'objectivité scientifique dépend d'une opération de triage qui sépare les *invariants* – c'est-à-dire, les propriétés du phénomène en question qui ne dépendent pas de l'état du sujet (ou bien, du système de cordonnées utilisé pour le décrire) – de ce que l'on appellera les *variants* – c'est-à-dire, de tout ce qui change dans l'expérience du phénomène en question quand on change la perspective subjective sur lui. Cette conception de l'objectivité scientifique sera nommée ici *invariantisme*[3]. La conception invariantiste revient à soutenir que comprendre

---

1. A. Eddington, *Space, Time and Gravitation*, Cambridge, CUP, 1921.
2. T. Nagel, *The View From Nowhere*, Oxford, OUP, 1986.
3. Comme le soutiennent Deleuze et Guattari à propos de la linguistique (et l'on pourrait dire la même chose de l'anthropologie structurale), « la question des invariants structuraux – et l'idée même de structure est inséparable de tels invariants, atomiques ou relationnels – est essentielle pour la linguistique. C'est la condition sous laquelle la linguistique peut se réclamer d'une pure scientificité », G. Deleuze et F. Guattari, *Mille Plateaux. Capitalisme et Schizophrénie II*, Paris, Éditions de Minuit, 1980, p. 116.

scientifiquement veut dire comprendre ce qui ne dépend pas du point de vue, ce qui endure la variabilité perspectiviste des apparences phénoménales tout en restant identique à soi-même. Cette façon de comprendre l'objectivité scientifique peut être retracée au moins jusqu'à la conception aristotélicienne de la substance comprise comme le substrat invariant qui supporte les changements accidentels et – en passant par la réduction structurale aux propriétés, relations et armatures logiques qui sont invariantes vis-à-vis des variations linguistiques ou ethnographiques – on la retrouve à l'extrême le plus récent de l'histoire des idées, à savoir dans la description post-relativiste des interactions physiques fondamentales fournie par les théories de jauge. Or, est-ce que l'invariantisme fournit une description satisfaisante de l'objectivité scientifique ? Est-il possible de surmonter l'opposition tranchée entre objectivité scientifique et perspectivisme ? Au lieu de simplement tracer une opposition binaire entre une « science majeure ou royale des invariants » et une « science mineure ou nomade des variations continues », serait-il possible d'élever la rationalité scientifique à une conception de l'objectivité capable de garder la puissance d'abstraction conceptuelle propre de l'invariantisme tout en faisant honneur au caractère essentiellement perspectiviste de l'expérience de la nature (au double sens du génitif) ?

Afin d'adresser ces questions, on commencera en argumentant que la conception invariantiste de l'objectivité est limitée pour (au moins) deux raisons d'ordres différents. Premièrement, l'invariantisme – en rejetant comme inessentiel tout ce qui change, c'est-à-dire toutes les caractéristiques des phénomènes qui dépendent du point de vue du sujet qui l'étudie – ne satisfait qu'à moitié la prescription whiteheadienne : « Chaque schème pour l'analyse de la nature doit confronter ces deux faits : *changement* et *permanence* »[1]. En privilégiant l'endurance des invariants au détriment des variants, l'invariantisme fait abstraction d'une dimension essentielle du milieu expérientiel au sein duquel nous sommes immergés. D'un point de vue phénoménologique, l'invariantisme saute par-dessus l'expérience subjective effective pour ainsi dire, laquelle est toujours une expérience située qui ne donne accès – pour le dire dans la terminologie de Husserl – qu'aux *esquisses perspectivistes (Abschattungen)* des phénomènes. Or, ces esquisses, loin de n'être que de pures représentations subjectives qu'on devrait écarter afin d'atteindre le noyau invariant sousjacent, font partie de la structure intrinsèque des phénomènes en question.

---

1. A. N. Whitehead, *La science et le monde moderne*, trad. fr. P. Couturiau, Monaco, Éditions du Rocher, 1994, p. 109.

Par exemple, le nombre observé par un sujet qui regarde un dé dépend certainement de la position relative entre le dé et le sujet. Mais il serait tout à fait illégitime d'en conclure qu'une telle observation ne fournit qu'une information purement accessoire, et à la limite négligeable, sur le dé. En effet, un dé est « en soi-même » – c'est-à-dire indépendamment de toute observation – une structure à plusieurs faces dont chaque face présente un certain nombre qui ne peut être observé qu'à partir de certaines positions relatives. Le perspectivisme inhérent à l'expérience est la contrepartie subjective du fait que la phénoménalisation d'un objet est toujours réfractée en un spectre d'esquisses, de profils, ou de faces. En termes frégéens, nous pourrions dire que tout référent (*e.g.* Vénus), loin d'être donné en tant que tel dans l'expérience du sujet, n'apparaît que sous la forme de différents *sens* ou *modes de présentation* unilatéraux (par exemple l'étoile du matin ou l'étoile du soir) qui dépendent de la relation entre le phénomène en question et l'observateur. On pourrait dire que le perspectivisme de l'expérience est le versant subjectif du caractère multi-facétique des objets de l'expérience. L'existence d'une corrélation précise entre les transformations de l'état du sujet de l'expérience et l'esquisse observée de l'objet met à mal la thèse selon laquelle les variants ne seraient que des représentations purement subjectives dépourvues de toute information intrinsèque sur l'objet en tant que tel.

La deuxième objection que l'on fera à l'invariantisme est que la notion même d'invariance est relative à un groupe particulier de transformations. Ce qui est invariant par rapport à un certain groupe de transformations peut varier quand on considère d'autres groupes de transformations. En parti-culier, la critique kantienne peut être comprise comme une instance parti-culière de cette objection. On pourrait dire que la méthode scientifique permet de dégager des invariants définis par rapport au groupe de transfor-mations de l'état empirique d'un sujet de type humain. Mais l'expérience d'un phénomène ne dépend pas seulement de la position spatiotemporelle et de l'état de mouvement d'un tel sujet, mais aussi de ce que l'on appellera son *type transcendantal* de subjectivité, c'est-à-dire de ses facultés physio-logiques, linguistiques, conceptuelles, technologiques, et ainsi de suite. Si, d'une part, un sujet se trouve toujours dans un certain état empirique (donné par exemple par sa localisation spatiotemporelle et par son état de mouvement), un tel sujet, d'autre part, occupe aussi, en tant qu'instance d'un type transcendantal de subjectivité, une position dans ce que l'on appellera l'*espace transcendantal*, c'est-à-dire l'espace (topologique) qui classifie les différents types de subjectivité possibles. Il en résulte que les transformations de l'état empirique du sujet ne suffisent pas pour dégager des invariants vraiment universaux, c'est-à-dire des invariants valables pour tous les types de subjectivité possibles[1]. On pourrait résumer la position kantienne en disant que le perspectivisme empirique de l'expérience se redouble d'un perspectivisme transcendantal – cette position comportant une prescription méthodologique précise, à savoir celle qui appelle à enrichir le copernicanisme de la science moderne d'un « copernikantisme » transcendantal.

SUR L'IMPORTANCE
D'AVOIR PLUSIEURS TÉMOINS DU VRAI

Passons maintenant de ces considérations générales à l'analyse d'un exemple concret qui a joué un rôle central dans l'histoire que l'on veut raconter ici, à savoir l'évolution de la notion de système numérique. Supposons d'abord que – comme cela a été le cas à une certaine période de l'histoire des idées – nous n'ayons accès qu'à un langage naturel arithmétiquement enrichi par les nombres naturels $\mathbb{N} = \{0, 1, 2, \ldots\}$ (langage que nous appellerons $L_{\mathbb{N}}$). Nous pouvons comprendre ce langage comme un cadre transcendantal au sein duquel nous pouvons énoncer des propositions et évaluer leur valeur de vérité. En particulier, nous pouvons énoncer dans le langage $L_{\mathbb{N}}$ la proposition : « *Il existe un nombre x tel que x + 1 = 3* » et prouver que cette proposition est vraie. En effet, le nombre $2 \in \mathbb{N}$ témoigne de la vérité de cette proposition. Or, le langage (et plus généralement la pensée) humain(e) se caractérise par une puissance spéculative exorbitante, à savoir qu'il nous permet d'énoncer des propositions dont la vérité ne peut être prouvée en faisant appel aux ressources linguistiques et conceptuelles utilisées pour les énoncer. En particulier, nous pouvons énoncer dans le langage $L_{\mathbb{N}}$ des propositions dont la vérité ne peut pas être prouvée dans $L_{\mathbb{N}}$, comme par exemple la proposition « *Il existe un nombre x tel que x + 1 = 0* ». En effet, aucun nombre naturel ne témoigne de la vérité de cette proposition. Cependant, on ne peut pas en conclure que la proposition est fausse, quitte à tomber dans une naïveté précritique. En effet, l'impossibilité de démontrer la vérité d'une proposition formulée dans un langage particulier pourrait n'être qu'une conséquence des limitations « transcendantales » de ce langage. Or – et contrairement à ce que l'on pourrait penser si l'on

---

1. Comme il a été argumenté par Kant dans l'« Esthétique transcendantale », même l'extension spatiotemporelle qui définit les possibles états empiriques d'un sujet dépend du type transcendantal du sujet, voir E. Kant, *Critique de la raison pure*, A. J.-L. Delamarre et F. Marty à partir de la traduction de J. Barni, *Œuvres* philosophiques, t. I, « Bibliothèque de la Pléiade », Paris, Gallimard, 1980, A 19/B 33-73, p. 87-107.

interprète la critique kantienne comme une « négation abstraite » qui interdit toute relève des limites qu'elle met en évidence – on n'est pas forcé d'hypostasier un cadre transcendantal donné, d'essentialiser la pensée humaine et de mystifier ce qui dépasse ses ressources transcendantales : nous pouvons toujours essayer d'enrichir nos ressources transcendantales et de relever les limites du cadre en question. En particulier, ce dont nous ne pouvons pas parler (dans un langage donné) peut être dit en forçant des *extensions spéculatives* de nos ressources linguistiques. Les limites d'un langage ne sont point les limites *du* langage. Dans l'exemple précédent, nous pouvons définir une extension spéculative du langage $L_{\mathbb{N}}$ en remplaçant les nombres naturels par les entiers $\mathbb{Z} = \{..., -2, -1, 0, 1, 2, ...\}$. Nous pouvons maintenant affirmer que la proposition « *Il existe un nombre x tel que x + 1 = 0* » est vraie car nous pouvons trouver un témoin de sa vérité dans $\mathbb{Z}$, à savoir le nombre entier -1. Cette extension apparemment triviale des nombres naturels $\mathbb{N}$ implique un saut conceptuel hautement non trivial (par exemple, alors qu'une expression de la forme « il y a deux pommes sur la table » est facilement compréhensible, la compréhension de l'expression « il y a moins deux pommes sur la table » est plus problématique). Nous pouvons bien sûr poursuivre cette histoire et énoncer des propositions du type « *Il existe un nombre x tel que 2x + 1 = 0* » (ce qui force l'extension spéculative du langage $L_{\mathbb{Z}}$ au langage $L_{\mathbb{Q}}$ défini par le corps $\mathbb{Q}$ des nombres rationnels); « *Il existe un nombre x tel que $x^2 - 2 = 0$* » (ce qui pointe dans la direction de l'extension du langage $L_{\mathbb{Q}}$ au langage $L_{\mathbb{R}}$ défini par le corps $\mathbb{R}$ des nombres réels); « *Il existe un nombre x tel que $x^2 + 1 = 0$* » (ce qui force l'extension spéculative du langage $L_{\mathbb{R}}$ au langage $L_{\mathbb{C}}$ défini par le corps $\mathbb{C}$ des nombres complexes). En général, la dynamique spéculative de la raison (et en particulier du langage) est telle que la recherche des solutions à un problème formulé dans un régime transcendantal de rationalité donné peut nécessiter d'effectuer des extensions spéculatives du régime transcendantal en question.

Il vaut la peine de souligner qu'il peut y avoir plusieurs témoins de la vérité d'une proposition. Par exemple, les deux nombres réels $\sqrt{2}$ et $-\sqrt{2}$ temoignent de la vérité de la proposition « *Il existe un nombre x tel que $x^2 - 2 = 0$* ». Dans le cadre conceptuel qui est le nôtre dans cet essai, on pourrait dire que les différentes preuves d'une proposition fournissent (dans un langage phénoménologique) des *perspectives différentes* sur sa vérité ou bien (dans les termes de Frege) des *modes de présentation* différents de la même vérité. La thèse selon laquelle cette multiplicité de preuves différentes de la même proposition n'est qu'une sorte de redondance épistémique qui serait superflue par rapport à la seule chose importante (à savoir, que la proposition est vraie) peut être comprise comme une déclinaison particulière de la thèse invariantiste. En effet, l'invariantisme se décline ici dans la thèse selon laquelle la seule chose qui compte dans une multiplicité de démonstrations est leur invariant, à savoir l'énoncé dont la vérité a été démontrée. La thèse opposée – à savoir, la thèse selon laquelle les preuves d'une proposition font partie de la structure intrinsèque de la proposition elle-même – informe la définition constructiviste d'une proposition comme le *type de ses preuves*[1]. Par exemple, on pourrait croire que la seule chose qui compte dans un théorème mathématique est en dernière instance son énoncé. Pourtant, une compréhension approfondie du théorème exige de comprendre sa démonstration. On peut même aller plus loin et dire qu'une compréhension encore plus raffinée du théorème exige de comprendre les différentes preuves qui le démontrent. Chaque preuve d'un théorème peut être comprise comme un mode de présentation concret de son énoncé qui met en lumière un des sens du même. Dans un autre champ de l'expérience humaine, on pourrait soutenir que l'énoncé abstrait « Je t'aime » n'a (dirait Frege) aucun « sens » s'il n'est pas compris comme le type des preuves concrètes qui instancient sa vérité. Tout compte fait, on peut essayer de prouver la vérité d'une proposition dans plusieurs cadres transcendantaux (perspectivisme transcendantal) et dans chaque cadre on peut avoir plusieurs points de vue sur sa vérité (perspectivisme empirique).

Considérons maintenant la proposition «*Il existe une paire de nombres* (x, y) *telle que* $x^2 + y^2 = 1$». Il existe un continu de paires de nombres réels (x, y) qui témoignent de la vérité de cette proposition, comme par exemple les paires $(1, 0)$, $(0, 1)$ et $(\frac{1}{\sqrt{2}}, \frac{1}{\sqrt{2}})$. Si l'on marque dans un plan cartésien (x, y) tous les témoins de la vérité de cette proposition, on obtient une figure, à savoir un cercle de rayon 1 centré dans l'origine $(0, 0)$. On pourrait dire dans un langage « figuré » qu'il y a un cercle de témoins de la vérité de cette proposition dans le cadre transcendantal défini par les nombres réels. Cet exemple montre que l'existence de plusieurs perspectives sur la vérité d'une proposition dans un cadre transcendantal donné ne peut pas être comprise comme une sorte de redondance épistémique négligeable. Un résultat fondamental en géométrie algébrique (et qui justifie le nom de cette branche des mathématiques) est l'existence d'une *dualité* entre l'*algèbre* et la *géométrie*, dualité grâce à laquelle on peut comprendre l'algèbre comme une « géométrie écrite » et la géométrie

---

1. The Univalent Foundations Program, *Homotopy Type Theory : Univalent Foundations of Mathematics*, Princeton, Institute for Advanced Study, 2013, p. 8-11 et p. 41-47.

comme une « algèbre figurée »[1]. D'une part, cette dualité permet d'associer une figure géométrique à un système d'équations polynomiales. La découverte de ce fait remarquable par Descartes et Fermat au XVIIe siècle marque la naissance de la géométrie analytique, laquelle permet d'aborder des problèmes géométriques à l'aide d'un calcul algébrique. Réciproquement, la dualité algèbre-géométrie permet (sous certaines conditions) de retrouver un système d'équations à partir de la figure qui classifie les témoins de leur vérité dans le cadre transcendantal en question. Or, le système d'équations en question peut être reconstruit seulement quand on considère tous les témoins de leur vérité dans un cadre transcendantal qui contient un nombre suffisant de témoins[2]. Il en résulte que l'existence de plusieurs témoins de la vérité d'un énoncé dans un cadre transcendantal donné ne peut pas être considérée comme une sorte de redondance purement épistémique. Du point de vue constructiviste, la multiplicité des modes de présentation de la vérité d'une proposition fait partie de la structure intrinsèque de la proposition elle-même, laquelle est définie comme le type de ses preuves.

VERS UNE PHÉNOUMÉNOLOGIE SPÉCULATIVE

L'exemple des systèmes numériques nous a permis d'introduire une notion philosophique fondamentale, à savoir celle d'*extension spéculative* d'un cadre transcendantal donné[3]. Les extensions des nombres

---

1. S. Germain, *Œuvres philosophiques*, Paris, Librairie Firmin-Didot & Co., 1896, p. 223. Pour une analyse plus approfondie de la dualité algèbre-géométrie, voir G. Catren et F. Cukierman, « Grothendieck's Theory of Schemes and the Algebra-Geometry Duality », *Synthese* 200/3, 2022, p. 200-234.

2. Par ex., la paire de nombres $(1, 0)$ témoigne de la vérité de l'énoncé « $x^2 + y^2 = 1$ », mais aussi de la vérité de l'énoncé « $x + y = 1$ ». Donc, on ne peut pas retrouver l'expression « $x^2 + y^2 = 1$ » à partir d'un seul témoin de sa vérité. Or, le témoin $(\frac{1}{\sqrt{2}}, \frac{1}{\sqrt{2}})$ de la vérité de l'énoncé « $x^2 + y^2 = 1$ » ne témoigne pas de la vérité de l'énoncé « $x + y = 1$ ». Donc, on peut individualiser ou reconstruire l'énoncé « $x^2 + y^2 = 1$ » seulement quand on considère plusieurs perspectives sur sa vérité.

3. En algèbre, ce que nous avons appelé *extension spéculative* est appelé *extension algébrique*. Une extension algébrique d'un champ de nombres k est une extension L telle que tout nombre dans L est la solution d'une équation polynomiale définie sur k. Par exemple, l'extension du champ de nombres rationnels $\mathbb{Q}$ définie par le nouvel « élément ideal » $\sqrt{2}$ est algébrique puisque $\sqrt{2}$ est une solution d'une équation polynomiale définie sur $\mathbb{Q}$ (à savoir $x^2 - 2 = 0$). En revanche, l'extension de $\mathbb{Q}$ définie par le nouvel « élément idéal » π n'est pas algébrique puisque π ne peut pas être obtenu comme solution d'une équation polynomiale à coefficients dans $\mathbb{Q}$. On pourrait dire que l'adjonction de l' « élément idéal » π n'est pas requise par les limites transcendantales de $\mathbb{Q}$. Dans la séquence d'extensions introduite

naturels ℕ à l'anneau des entiers ℤ puis aux corps des nombres rationnels ℚ, des nombres réels ℝ et des nombres complexes ℂ illustrent une séquence d'extensions spéculatives[1] dans laquelle chaque terme de la séquence inclut le précédent : tout nombre naturel est un entier, tout entier est rationnel, tout nombre rationnel est réel et tout nombre réel est complexe. En particulier, le corps ℂ des nombres complexes a une propriété de clôture remarquable – celle d'être *algébriquement clos* –, ce qui fait de ℂ une sorte d'extension maximale des nombres naturels, entiers, rationnels et réels. Un corps est algébriquement clos si et seulement il n'admet pas d'extension algébrique, ce qui veut dire qu'il n'y a pas de proposition formulée dans ℂ dont la vérité ne serait témoignée que par des nombres appartenant à une extension de ℂ. Or, cette propriété de clôture n'implique pas que toute solution possible à une équation à coefficients dans ℂ appartient nécessairement à ℂ[2]. Même si le corps ℂ a cette propriété remarquable, il ne contient pas la totalité des solutions possibles à des équations définies sur ℂ. Plus généralement, étant donné un problème formulé en utilisant les ressources fournies par un certain cadre transcendantal L, il est possible de définir un ensemble de solutions dans chaque cadre transcendantal possible, qu'ils soient ou pas des extensions spéculatives de L. Mais aucun cadre transcendantal ne peut subsumer toutes les solutions possibles. Afin de relever cette forme de relativisme transcendantal débridé (et pour des raisons techniques qui dépassent le cadre de cet article), le mathématicien Alexandre Grothendieck a proposé autour des années 1960 une idée simple et révolutionnaire, à savoir celle qui consiste à considérer que la « solution » d'un système d'équations est une entité formelle (appelée *foncteur de solutions* ou, dans la version duale, *foncteur de points*) qui encode tous les ensembles des solutions qui peuvent être trouvées dans les différents cadres transcendantaux L' (un ensemble de solutions pour chaque cadre L')[3]. Plus précisément, la « solution » d'un système d'équations E est l'application qui attribue à chaque système

précédemment, l'extension de ℚ à ℝ n'est pas algébrique (ou spéculative), puisque ℝ contient aussi des nombres non algébriques tels que π ou e.

1. À l'exception de l'extension non spéculative du champ des nombres rationnels ℚ au champ des nombres réels ℝ (comme nous l'avons déjà remarqué dans la note précédente).

2. Par exemple, il n'est pas vrai que toutes les solutions (x, y) de l'équation du cercle $x^2 + y^2 = 1$ sont des nombres complexes. Par exemple, la paire $(0, 2)$ est une solution de cette équation dans le corps fini F_3, c'est-à-dire dans le corps où $a = b$ mod 3 si $a = 3n + b$ pour n un entier naturel (ce qui veut dire par exemple que dans le corps F_3 le nombre 1 est égal au nombre 4 car $4 = 3 \times 1 + 1$). En particulier, cette relation implique que $0^2 + 2^2 = 4 = 1$ dans F_3 (ce qui n'est pas vrai dans les nombres complexes).

3. G. Catren et F. Cukierman, « Grothendieck's Theory of Schemes », art. cit.

numérique L'ensemble S_L des solutions de E dans L' et à chaque « traduction » entre des systèmes numériques différents L'→L" une application entre les ensembles de solutions correspondants[1]. Par la suite, la « solution » de E – loin d'être un ensemble unique de nombres appartenant à un système numérique particulier – est la multiplicité d'ensembles S_L des solutions correspondant aux différents systèmes numériques L'. En d'autres termes, la solution d'un système d'équations E est un ensemble qui varie en fonction du domaine de rationalité dans lequel on cherche ses solutions. Loin de définir une simple collection d'ensembles de solutions S_L déconnectés (chacun défini dans un certain cadre transcendantal L'), cette collection d'ensembles des solutions est munie de ce que nous pourrions décrire comme une structure de *parallaxe functorielle* : chaque transformation de la perspective transcendantale L' à partir de laquelle le problème est abordé entraîne une transformation de l'ensemble de solutions.

Nous avons argumenté ailleurs que l'idée de Grothendieck peut être transposée en philosophie sous la forme d'un concept philosophique – que nous avons appelé *phénoumène* – censé relever les impasses de la distinction kantienne entre les phénomènes et les noumènes[2]. Très brièvement, un phénoumène P est une application qui associe à chaque type transcendantal de subjectivité T un objet P_T (lequel peut être compris comme l'objectivation du phénoumène P effectué par un sujet de type transcendantal T) et à chaque transformation entre des types transcendantaux T → T' (comme par exemple une extension spéculative T' du type T) une transformation entre les objets correspondants P_T → P_T. De cette façon, un phénoumène P se réfracte en une multiplicité d'objets, chacun résultant du cadrage de P au moyen d'un cadre transcendantal particulier. Le cadrage d'un phénoumène P défini par une perspective transcendantale T peut être compris comme une opération de constitution transcendantale de l'objet P_T. À son tour, chaque objet P_T peut être décrit comme un ensemble d'esquisses, de faces, ou de profils. De cette façon, la notion de phénoumène englobe tant le perspectivisme transcendantal (c'est-à-dire, le fait que chaque phénoumène P se réfracte en une multiplicité d'objets P_T

---

1. Étant donnée une équation polynomiale définie sur un corps k, la condition minimale imposée aux domaines de rationalité possibles k' dans lesquels nous pouvons chercher ses solutions est qu'ils doivent être des k-algèbres. Cela signifie que les éléments de k' peuvent être multipliés, additionnés et multipliés par des nombres dans k. Si ce n'était pas le cas, nous ne pourrions pas évaluer le polynôme sur k en nombres appartenant à k'.

2. G. Catren, « Le phénoumène », dans E. Alloa et E. During (éd.), *Choses en soi. Métaphysique du réalisme*, Paris, P.U.F., 2018, p. 353-369.

qui dépendent des différentes perspectives transcendantales T possibles) que le perspectivisme empirique (c'est-à-dire, le fait que chacune des objectivations P_T de P se réfracte en une multiplicité d'esquisses qui peuvent être observées en modifiant la position relative entre l'objet et un sujet de type transcendantal T). Autrement dit, un unique phénoumène P définit tout un spectre d'objectivations P_T associées aux différents types transcendantaux T (perspectivisme transcendantal) et chaque objet P_T peut être compris comme un ensemble d'esquisses (perspectivisme empirique).

Afin de fixer les idées, considérons un exemple simple de phénoumène. Supposons une pièce de monnaie D telle que l'une de ses faces est peinte d'un *vert mat foncé* et l'autre d'un *jaune brillant clair*. Ainsi, chaque face de la pièce est caractérisée par une combinaison particulière de trois propriétés – couleur, éclat et luminosité – avec deux valeurs possibles chacune, à savoir {vert, jaune}, {mat, brillant} et {foncé, clair} respectivement. L'espace transcendantal qui classifie les types de subjectivité que l'on considèrera est donné par un *espace topologique*. Un espace topologique peut être compris comme un espace défini par un ensemble de *zones* qui peuvent s'intersecter et se fusionner (de façon distributive), et cela d'une façon telle que le résultat de ces opérations est aussi une zone de l'espace (c'est-à-dire un élément de l'ensemble de zones qui définit la topologie en question). Chaque zone de cet espace topologique définit un type transcendantal de subjectivité, c'est-à-dire une perspective transcendantale. Un aspect central de cette description topologique est que les perspectives transcendantales ne sont pas associées à des « points de vue » mais plutôt à des « zones de vue », lesquelles (à la différence des localisations ponctuelles) peuvent se fusionner et avoir des intersections non triviales. Nous considérerons un espace topologique donné par un ensemble X d'organes sensoriels munis d'une structure topologique τ. Une structure topologique sur un ensemble X peut être comprise comme une collection de sous-ensembles de X (les zones) – incluant par définition l'ensemble vide $\emptyset$ et tout X (considéré comme un sous-ensemble de lui-même) – soumis aux opérations d'intersection $\cap$ et d'union $\cup$. Dans notre cas, l'ensemble X contient trois organes sensoriels, à savoir un organe C pour reconnaître les couleurs, un organe E pour reconnaître l'éclat, et un organe L pour reconnaître la luminosité. La topologie sera donnée par la collection suivante de zones de vue transcendantales : $\tau = \{\emptyset, \{C\}, \{E, C\}, \{C, L\}, \{E, C, L\}\}$. Par exemple, {C} désigne le type transcendantal des sujets qui sont équipés d'un organe C pour reconnaître les couleurs et {E, C} le type transcendantal des sujets qui sont équipés à la fois d'un organe E pour reconnaître les valeurs d'éclat et d'un organe C pour reconnaître les couleurs. Un sujet donné fera l'expérience de la pièce D à partir de sa zone de vue transcendantale particulière, constituant ainsi un objet particulier. Par exemple, un sujet de type {C} fait l'expérience de la pièce D comme un objet (que nous appellerons $D_{(C)}$) avec deux faces colorées que nous dénoterons (vert) et (jaune). À son tour, un sujet de type {E, C} fait l'expérience de la pièce D comme un objet $D_{(E, C)}$ avec deux faces définies par des combinaisons particulières d'éclat et de couleur, à savoir (mat, vert) et (brillant, jaune). La distinction phénomène-noumène est clairement dépendante de la perspective transcendantale du sujet en question, où chaque division phénomène-noumène résulte d'une certaine objectivation du même phénoumène définie par une zone de vue transcendantale particulière. Alors que pour un sujet de type {E, C} l'éclat et la couleur sont des propriétés phénoménales et que la luminosité est nouménale, pour un sujet de type {C} la couleur est une propriété phénoménale tandis que l'éclat et la luminosité sont des propriétés nouménales. Par construction, la pièce « phénouménale » D englobe toutes ces divisions phénomène-noumène. Il est intéressant de noter que pour un sujet de type {E, C, L} (c'est-à-dire un sujet qui peut reconnaître l'éclat, les couleurs et la luminosité), l'objet $D_{(E, C, L)}$ coïncide avec la « pièce en soi ». Pour un tel sujet, il n'y a pas de résidu noumenal, ce qui signifie que toutes les propriétés de la « pièce en soi » sont phénoménalisées. En d'autres termes, un sujet de type {E, C, L} peut faire l'expérience de la pièce de monnaie D dans toute sa richesse phénouménale multiforme d'éclat, de couleurs et de luminosité.

LES FAISCEAUX PHÉNOUMÉNAUX

On va maintenant approfondir notre compréhension de la notion de perspective en soulignant un aspect essentiel de cette notion, à savoir que des expériences perspectivistes différentes et partiellement similaires peuvent être *intégrées* en une expérience unique. L'expérience qui résulte d'une telle intégration a deux propriétés remarquables. Premièrement, elle ne peut pas être associée à un « point de vue » bien défini, mais plutôt à ce que l'on a appelé une « zone de vue ». Par exemple, l'expérience visuelle d'un être humain n'a pas lieu depuis un « point de vue » bien défini, car elle résulte de l'intégration binoculaire des signaux procédant de chaque œil, lesquels se trouvent dans des positions spatiales légèrement différentes. L'expérience binoculaire résultante est une expérience perspectiviste unique associée à une « zone de vue » qui inclut les zones de chaque œil. De cette façon, associer une perspective à une localité ponctuelle, c'est-à-dire à un *point* de vue, est une idéalisation. Cette idéalisation forclot ce que l'on pourrait appeler le *calcul topologique des perspectives*, lequel résulte du fait que des perspectives différentes peuvent s'intersecter, se fusionner, ou bien entretenir des rapports d'inclusions les unes par rapport aux autres. Deuxièmement, une expérience qui résulte de l'intégration de perspectives différentes introduit une forme de *profondeur expérientielle*. Par exemple, l'intégration neurologique des signaux transmis par chaque œil dans la vision binoculaire induit une forme particulière de profondeur, à savoir celle qui est associée au caractère tridimensionnel de l'expérience visuelle humaine. C'est grâce au fait que les « visions » associées à chaque œil ne sont que *partiellement* coïncidentes que leur intégration creuse le type de profondeur propre à l'expérience visuelle tridimensionnelle.

On va maintenant considérer plus en détail l'intégration d'expériences perspectivistes associées à des zones de vue transcendantales différentes. Pour cela, on va continuer à suivre conceptuellement le fil formel fourni par la révolution déclenchée par le travail de Grothendieck en géométrie algébrique. D'un point de vue formel, l'opération qui consiste à intégrer des expériences perspectivistes localement similaires est formalisée par la notion mathématique de *faisceau*. Brièvement, la notion de *faisceau* formalise l'idée selon laquelle des esquisses partiellement similaires définies par rapport à des types transcendantaux α et β sont *toujours* intégrées sous la forme d'une esquisse *unique* associée au type transcendantal donné par l'union de α et de β. Dans le cadre conceptuel qui est le nôtre, chaque zone de l'espace transcendantal définit un type de subjectivité, c'est-à-dire une perspective transcendantale. L'intersection $\alpha \cap \beta$ entre deux zones transcendantales α et β définit un type de subjectivité caractérisé par les facultés transcendantales partagées par les types α et β. À son tour, l'union $\alpha \cup \beta$ définit un type transcendantal de subjectivité caractérisé à la fois par les structures transcendantales de α et par les structures transcendantales de β, même si ces structures ne sont pas partagées par les deux types[1]. La flexibilité de la notion topologique de zone – allant de zones ponctuelles jusqu'à la zone qui coïncide avec l'espace topologique en sa totalité – nous permet de considérer différents degrés de centrage perspectiviste, allant de sujets qui occupent des « points de vue » ponctuels dans l'espace transcendantal jusqu'à des formes distribuées de subjectivité caractérisées par des « zones de vue » plus larges. En particulier, des zones transcendantales différentes peuvent être

---

1. Par ex., si le type transcendantal α se caractérise par le fait de parler guarani et espagnol et le type β par le fait de parler espagnol et hindi, alors un sujet de type $\alpha \cap \beta$ ne parle qu'espagnol et un sujet de type $\alpha \cup \beta$ parle guarani, espagnol et hindi.

incluses les unes dans les autres, ce qui induit une relation d'ordre partielle entre les zones. Cette relation d'inclusion nous permet d'introduire des *degrés de perspectivisme* associés aux notions relatives de *localité* et de *globalité*. Par exemple, on dira que la perspective transcendantale d'un sujet qui ne parle qu'espagnol est plus locale (plus proche d'un « point de vue » transcendantal) que celle d'un sujet qui parle espagnol et guarani.

Considérons maintenant un phénoumène P et les objectivations P_α et P_β de P définies par deux types transcendantaux α et β (c'est-à-dire par deux zones dans l'espace transcendantal). Considérons deux esquisses $x \in P_\alpha$ et $y \in P_\beta$ localement similaires associées aux perspectives transcendantales α et β respectivement, c'est-à-dire deux esquisses x et y qui coïncident dans la zone définie par l'intersection $\alpha \cap \beta$ (qui pourrait juste être l'ensemble vide $\emptyset$ si α et β ne partagent aucune ressource transcendantale). Autrement dit, les restrictions $x_{|\alpha\cap\beta}$ et $y_{|\alpha\cap\beta}$ de x et y à la zone de vue commune $\alpha \cap \beta$ sont égales, c'est-à-dire $x_{|\alpha\cap\beta} = y_{|\alpha\cap\beta}$ (où nous avons utilisé le fait que $x \in P_\alpha$ et $y \in P_\beta$ peuvent être restreints à la zone $\alpha \cap \beta$, laquelle est incluse à la fois dans α et β). Les esquisses $x \in P_\alpha$ et $y \in P_\beta$ qui coïncident quand on les restreint à $\alpha \cap \beta$ seront appelées *esquisses intégrables* [1]. Des esquisses intégrables combinent une *différence* (elles sont définies par rapport à des types transcendantaux différents α et β) et une *similitude* (elles coïncident quand on les restreint au type transcendantal commun $\alpha \cap \beta$). La question qui sera la nôtre maintenant est la suivante : est-il possible d'intégrer ces esquisses différentes le long de leur similitude afin d'obtenir une esquisse associée à une zone de vue plus globale dans l'espace transcendantal ? Lorsque l'on peut faire une telle intégration pour *tous* les pairs d'esquisses intégrables *de façon unique*, on dira que le phénoumène en question est un *faisceau phénouménal*.

Considérons la notion de faisceau phénouménal plus en détail. Les zones α et β définissent également (selon la définition d'une topologie) une zone $\alpha \cup \beta$ donnée par leur union. Maintenant, s'il existe une unique esquisse $z \in P_{\alpha\cup\beta}$ associée à la zone $\alpha \cup \beta$ telle que la restriction de z à la

---

1. Un commentaire technique s'impose ici. Deux zones α et β peuvent être disjointes, c'est-à-dire $\alpha \cap \beta = \emptyset$. Puisque l'opération ∩ est fermée, $\emptyset$ doit aussi être une zone de la topologie. Afin d'évaluer si deux profils $x \in P_\alpha$ et $y \in P_\beta$ coïncident ou non dans $\alpha \cap \beta = \emptyset$, le phénoumenon P doit également affecter un ensemble de profils à la zone $\emptyset$. L'objet correspondant est défini comme $P_\emptyset = \{*\}$, c'est-à-dire comme un ensemble à un seul élément (arbitraire). L'inclusion de $\emptyset$ dans tout ensemble implique l'existence de restrictions $P_\alpha \to \emptyset$ et $P_\beta \to \emptyset$, lesquelles envoient tous les éléments de P_α et P_β respectivement vers l'élément $*$. Il s'ensuit que deux profils x et y définis par rapport à des zones disjointes α et β coïncident nécessairement lorsqu'ils sont restreints à leur intersection vide $\alpha \cap \beta = \emptyset$, c'est-à-dire qu'ils sont toujours intégrables.

zone α coïncide avec x et la restriction de z à la zone β coïncide avec y, alors nous dirons que les esquisses intégrables $x \in P_\alpha$ et $y \in P_\beta$ sont effectivement intégrées dans l'esquisse z. Un phénoumène (en termes mathématiques, un *pré-faisceau*) est un *faisceau phénouménal* (en termes mathématiques, un *faisceau*) lorsqu'il satisfait la condition de faisceau, c'est-à-dire lorsque toutes les esquisses intégrables sont effectivement intégrées de façon unique. Autrement dit, un faisceau phénouménal est un phénoumène tel que des esquisses x et y associées à des types transcendantaux différents α et β qui coïncident quand on les restreint au type transcendantal commun $\alpha \cap \beta$ définissent une unique esquisse z associée au type transcendantal défini par l'union $\alpha \cup \beta$. Brièvement, un phénomène est un faisceau quand des esquisses localement similaires dans l'espace transcendantal sont uniquement recollées le long de leur similarité. Le résultat de l'opération de recollement des esquisses intégrables $x \in P_\alpha$ et $y \in P_\beta$ est une esquisse de l'objectivation $P_{\alpha \cup \beta}$ de P, c'est-à-dire une esquisse de l'objet constitué par le cadrage de P effectué depuis la zone de vue donnée par l'union « binoculaire » de α et de β. Il vaut la peine de souligner que la condition de faisceau que l'on vient de décrire a deux composantes, à savoir une condition d'*existence* (des esquisses intégrables sont toujours intégrées) et une condition d'*unicité* (il n'y a qu'une seule esquisse qui intègre un pair d'esquisses intégrables). Alors que la condition d'existence garantit que les esquisses locales intégrables génèrent des esquisses globales, la condition d'unicité garantit que les esquisses globales sont complètement définies par les esquisses locales, c'est-à-dire qu'il n'y a pas d'esquisses globales différentes qui se restreignent aux mêmes esquisses locales.

En combinant la terminologie mathématique (où l'opération de recollement est appelée *descente*) et la terminologie phénoménologique (où l'on parle de *perception de la profondeur*), nous décrirons l'opération qui consiste à recoller ensemble des esquisses associées à des perspectives transcendantales « monoculaires » différentes le long de leurs similitudes partielles en des esquisses uniques définies par rapport à une perspective transcendantale « multioculaire » comme une *descente dans les profondeurs de l'expérience*. On pourrait dire qu'un faisceau phénouménal offre une profondeur expérientielle dont seul un sujet équipé de ressources transcendantales « multiscopiques » peut faire l'expérience. Comme soutient Benjamin à propos de la traduction, l'intégration de perspectives linguistiques différentes nous permet de descendre « de précipice en précipice » et, ce faisant, de sonder « les gouffres sans fond » d'un « pur langage » qui est irréductible à toute langue locale [1].

Revenons maintenant à l'exemple d'une pièce de monnaie D avec une face peinte d'un *vert mat foncé* et une face peinte d'un *jaune brillant clair*. Comme nous l'avons déjà expliqué, la pièce D peut être comprise comme un foncteur qui attribue à chaque type transcendantal α l'ensemble des esquisses de l'objet D_α. Les objets constitués à partir de la pièce phénouménale D par les différents types transcendantaux dans la topologie $\tau = \{\emptyset, \{C\}, \{E, C\}, \{C, L\}, \{E, C, L\}\}$ sont donnés par les ensembles d'esquisses suivants :

$D_\emptyset = \{*\}$,
$D_{\{C\}} = \{\text{verte, jaune}\}$,
$D_{\{E, C\}} = \{(\text{mat, vert}), (\text{brillant, jaune})\}$,
$D_{\{C, L\}} = \{(\text{vert, foncé}), (\text{jaune, clair})\}$,
$D_{\{E, C, L\}} = \{(\text{mat, vert, foncé}), (\text{brillant, jaune, clair})\}$.

Dans les termes (kantiens) qui sont les nôtres, chaque ensemble d'esquisses correspond à l'objet multifacétique constitué par le cadrage de la pièce phénouménale D depuis la perspective transcendantale correspondante. Maintenant, ce phénoumène est-il un faisceau phénouménal ? Ce sera le cas s'il satisfait la condition de faisceau introduite précédemment, c'est-à-dire si toutes les esquisses intégrables (c'est-à-dire les esquisses qui coïncident dans les zones de vue communes aux types transcendantaux correspondants) sont recollées (sous la forme d'une esquisse associée à l'union de ces types transcendantaux) de manière unique. Considérons par exemple l'esquisse (mat, vert) de l'objet $D_{\{E, C\}}$ et l'esquisse (vert, foncé) de l'objet $D_{\{C, L\}}$. Les types transcendantaux $\{E, C\}$ et $\{C, L\}$ ont une intersection non triviale donnée par le type $\{C\}$. En d'autres termes, les types $\{E, C\}$ et $\{C, L\}$ ne sont pas disjointement différents puisque les deux sont dotés d'un organe de perception de couleurs. De plus, les esquisses (mat, vert) et (vert, foncé) coïncident lorsqu'elles sont restreintes à $\{C\}$, c'est-à-dire qu'elles sont localement similaires. En effet, les deux esquisses (mat, vert) et (vert, foncé) sont expérimentées par un sujet de type $\{C\}$ comme des esquisses de la forme (vert). Par conséquent, les esquisses (mat, vert) et (vert, foncé) sont intégrables. Afin de vérifier si elles sont intégrées ou non, nous devons considérer

1. W. Benjamin, « La Tâche du traducteur », dans *Œuvres I*, trad. fr. M. de Gandillac, R. Rochlitz et P. Rusch, Paris, Gallimard, 2000, p. 261.

l'union des types transcendantaux $\{E, C\}$ et $\{C, L\}$, c'est-à-dire le type $\{E, C, L\}$. Puisque les esquisses (mat, vert) et (vert, foncé) coïncident le long de l'intersection $\{C\}$ des zones de vue $\{E, C\}$ et $\{C, L\}$, la condition de faisceau stipule qu'il doit y avoir une esquisse globale unique associée à la zone de vue $\{E, C, L\}$ qui recolle les esquisses locales (mat, vert) et (vert, foncé). Or, l'objet $D_{\{E, C, L\}}$ constitué par le type $\{E, C, L\}$ a bien une esquisse de la forme (mat, vert, foncé) qui les recolle. Nous pourrions dire que le type transcendantal $\{E, C, L\}$ fournit une sorte de description « binoculaire » qui intègre les descriptions localement similaires associées aux types $\{E, C\}$ et $\{C, L\}$. Le lecteur peut vérifier que toutes les esquisses intégrables sont bien intégrées, ce qui signifie que le phénoumène D défini par le spectre des objets décrits ci-dessus est bien un faisceau.

Considérons maintenant un exemple de phénoumène qui n'est pas un faisceau phénouménal. Pour ce faire, imaginons une pièce de monnaie D'telle que l'une de ses faces est peinte d'un *vert mat foncé* et l'autre d'un *vert brillant clair*. Il est facile de voir que ce phénoumène ne remplit pas la condition de faisceau par rapport à la topologie $\tau = \{\emptyset, \{C\}, \{E, C\}, \{C, L\}, \{E, C, L\}\}$. Le spectre des objets définis par les types transcendantaux dans cette topologie est maintenant :

$$D_{\emptyset} = \{*\},$$
$$D_{\{C\}} = \{\text{vert}\},$$
$$D_{\{E, C\}} = \{(\text{mat, vert}), (\text{brillant, vert})\},$$
$$D_{\{C, L\}} = \{(\text{vert, foncé}), (\text{vert, clair})\},$$
$$D_{\{E, C, L\}} = \{(\text{mat, vert, foncé}), (\text{brillant, vert, clair})\}.$$

L'esquisse (mat, vert) de l'objet $D_{\{E, C\}}$ et l'esquisse (vert, clair) de l'objet $D_{\{C, L\}}$ coïncident dans l'intersection $\{E, C\} \cap \{C, L\} = \{C\}$. Cependant, l'objet $D_{\{E, C, L\}}$ n'a pas d'esquisse avec la combinaison (mat, vert, clair). Les sujets de types $\{E, C\}$ et $\{C, L\}$ ont accès à des esquisses qui sont localement similaires lorsqu'elles sont considérées comme des esquisses de l'objet $D_{\{C\}}$ observées par des sujets du type $\{C\}$. Cependant, ces esquisses localement similaires ne donnent pas lieu à une esquisse globale de l'objet $D_{\{E, C, L\}}$ constitué par le type $\{E, C, L\}$ obtenu en fusionnant les ressources transcendantales de $\{E, C\}$ et $\{C, L\}$[1]. Par conséquent, le phénoumène D'a des esquisses intégrables qui ne sont pas effectivement intégrées, ce qui signifie qu'il ne remplit pas la condition

---

1. On aurait pu faire le même argument en utilisant la paire d'esquisses (brillant, vert) et (vert, foncé). En effet, ces esquisses intégrables ne sont pas intégrées car la pièce D'n'a pas de face de la forme (brillant, vert, foncé).

de faisceau. Il s'ensuit que le phénoumène D'n'est pas un faisceau phénouménal.

À LA POURSUITE
DES CHAMPS PHÉNOUMÉNOLOGIQUES

Afin de conclure, signalons brièvement un des enrichissements
possibles de la notion de faisceau phénouménal, à savoir celui qui consiste
à élargir *homotopiquement* la notion mathématique d'égalité. Dans la définition d'un faisceau phénouménal, la relation de similarité locale entre des
esquisses $x \in P_\alpha$ et $y \in P_\beta$ assume la forme d'une *égalité* « = » entre les
restrictions $x_{|\alpha \cap \beta}$ et $y_{|\alpha \cap \beta}$ de x et y à la zone de vue commune $\alpha \cap \beta$. Or,
d'après la reconceptualisation homotopique de la notion d'égalité, deux
entités a et b (qui peuvent être numériquement différentes) sont homotopiquement égales (ce que l'on notera $a \simeq b$) s'il est possible de construire
une identification effective entre a et b[1]. Par exemple, deux points x_0 et x_1
d'un espace X sont homotopiquement égaux s'il existe une déformation
continue entre x_0 et x_1, c'est-à-dire s'il existe un chemin γ dans l'espace X
qui relie x_0 et x_1. À leur tour, deux chemins γ et λ entre deux points x_0 et x_1
d'un espace X sont homotopiquement égaux s'il existe une déformation
continue entre γ et λ, c'est-à-dire s'il existe une « homotopie » entre eux.
Or, si l'espace X a des trous (comme par exemple la surface d'un torus),
il existe des identifications γ et λ entre deux points x_0 et x_1 qui ne sont pas
homotopiquement égales, c'est-à-dire des chemins entre x_0 et x_1 qui ne
peuvent pas à leur tour être identifiées par une déformation continue. Dans
des termes leibniziens, on peut dire qu'une telle « égalité homotopique »
formalise la notion d'indiscernabilité qualitative entre des entités numériquement différentes (ce qui veut dire que le principe leibnizien de l'identité
des indiscernables n'est pas valable dans ce contexte)[2]. On peut
maintenant faire un pas de plus et comprendre une égalité homotopique
comme une proposition au sens constructiviste du terme, c'est-à-dire
comme le type des preuves de sa vérité. Autrement dit, on comprendra une
égalité homotopique $a \simeq b$ comme le type de toutes les identifications
possibles entre a et b. Loin de n'être qu'un simple rappel épistémique du

---

1. The Univalent Foundations Program, *Homotopy Type Theory, op.cit.*
2. G. Catren, « Homotopic Identities and the Limits of the Interpretation of Gauge
Theories as Descriptive Redundancy », *in* S. de Bianchi et C. Kiefer (eds), *100 Years of Gauge
Theory. Past, Present and Future Perspectives*, New York, Springer, 2020, p. 111-134 ;
id., « On Gauge-Symmetries, Indiscernibilities, and Groupoid-Theoretical Equalities »,
Studies in History and Philosophy of Science 91, 2022, p. 244-261.

fait qu'il n'y a pas de vérité sans preuves, cet enrichissement constructiviste de la notion d'égalité permet de déployer toute une structure « homotopique » intrinsèque dont la troncation peut introduire différentes pathologies[1].

On peut maintenant enrichir la notion de faisceau en tenant compte du fait que des esquisses x et y définies par des types transcendantaux différents α et β peuvent être homotopiquement égales dans la zone $\alpha \cap \beta$ sans être strictement (numériquement) identiques. Cela revient à substituer la condition d'égalité stricte $x_{|\alpha \cap \beta} = y_{|\alpha \cap \beta}$ par une condition d'égalité homotopique $x_{|\alpha \cap \beta} \simeq y_{|\alpha \cap \beta}$. Cet enrichissement homotopique de la notion de faisceau donne naissance à la notion de *champ*[2], laquelle devient nécessaire quand les « esquisses » que l'on recolle dans les intersections locales ont des symétries (ce qui a comme conséquence l'existence de plusieurs identifications possibles entre elles). Or, cette possibilité de choisir entre différentes identifications entre les esquisses locales $x \in P_\alpha$ et $y \in P_\beta$ dans l'intersection $\alpha \cap \beta$ permet de construire des entités globalement tordues. On est alors conduit à interroger la pertinence proprement phénouménologique de la notion mathématique de champ, à savoir : de quoi ferait-on l'épreuve si l'on descendait dans les profondeurs sans fond de l'expérience à la poursuite d'un champ phénouménologique ?

Gabriel CATREN
Chargé de recherche – CNRS

---

1. Dans l'exemple d'un espace X, la structure homotopique en question inclut toutes les égalités homotopiques $x_0 \simeq x_1$ entre des points de X (c'est-à-dire tous les chemins $\gamma : x_0 \to x_1$), toutes les identifications entre les chemins entre x_0 et x_1 (c'est-à-dire toutes les homotopies $h : \gamma \to \lambda$), toutes les identifications entre les homotopies entre les chemins entre x_0 et x_1 (c'est-à-dire toutes les homotopies entre des homotopies $H : h_1 \to h_2$), et ainsi de suite. Cette structure formée par les points x de l'espace X, les chemins γ entre les points, les homotopies h entre les chemins, etc. définit une structure mathématique appelée ∞-*groupoïde*.

2. Voir par ex. N. Mestrano et C. Simpson, « Stacks », *in* M. Anel et G. Catren (eds), *New Spaces in Mathematics. Formal and Conceptual Reflections*, Cambridge, CUP, 2021, p. 462-504.

LE PROBLÈME DES CONFLITS PERSPECTIFS ET SA REVANCHE

Comment réagir lorsque deux personnes jugent d'un sujet de manière contradictoire, mais qu'il ne semble possible de donner tort à aucun des deux ? Dans cet article, je défends l'idée que le relativisme apparaît comme une solution plausible à ce problème de « conflit perspectif » et que cela constitue l'un des meilleurs arguments pour la vérité de cette doctrine. Je distingue bien le relativisme du contextualisme avec lequel il est souvent confondu. Je distingue aussi des variantes sémantiques et ontologiques de ces thèses ainsi que plusieurs versions du relativisme ontologique qui ne doivent pas être assimilées : le perspectivisme, le fragmentalisme et le polycosmisme. Enfin, je montre que le relativisme, tel qu'il est ordinairement présenté, s'expose à une nouvelle forme du problème des conflits perspectifs, que j'appelle « la revanche du problème des conflits perspectifs ». Pour éviter ce problème, le relativisme doit être selon moi assorti d'une épistémologie subjectiviste.

LE PROBLÈME DES CONFLITS PERSPECTIFS

César dit que la traversée du Rubicon est un événement présent ; je dis que c'est un événement passé. Christian dit que la polygamie est moralement répréhensible ; Maurice dit qu'elle n'est pas moralement répréhensible. Jean dit que la tour Eiffel se trouve à droite ; Pierre, qui me fait face à l'autre bout du Champ-de-Mars, dit qu'elle se trouve à gauche. Je dis que les épinards sont un plat délicieux ; Pierre dit qu'ils sont infects et en tout cas, certainement pas délicieux. Je dis que c'est du sang (pointant vers une flaque au pied d'un animal agonisant) ; les jaguars diraient, parait-il, s'ils en avaient la possibilité, que c'est de la bière de maïs fermentée [1]. Le relativisme est motivé par des situations comme celles-ci, des situations où l'on a envie de dire à la fois qu'il y a : 1) un conflit entre deux points de vue : il y a deux contextes tels qu'un sujet dans le premier contexte jugerait systématiquement « x est P » et un sujet dans le second jugerait systématiquement quelque chose qui est en conflit avec « x est P », par exemple « x n'est pas P » [2]. 2) Une correction des points de vue : on doit donner raison à l'un des points de vue au moins. 3) Une exigence d'impartialité : on ne peut pas donner raison à un point de vue plutôt qu'à l'autre.

De telles situations, que l'on appellera des situations de « conflit perspectif » sont problématiques puisqu'il semble impossible d'accepter à la fois (1), (2) et (3) : leur conjonction implique une contradiction, à savoir « x est P et x n'est pas P ». Le plus tentant, pour éviter ce problème, serait évidemment de rejeter l'exigence d'impartialité (3), mais je vais supposer ici que cette « option partiale » n'est pas disponible. Avant de présenter les solutions à ce problème des conflits perspectifs, et d'expliquer comment le relativisme se distingue parmi celles-ci, j'aimerais dire quelques mots sur les contextes dans lesquels ce problème a été discuté récemment. S'ils se recoupent parfois, ces contextes sont bien distincts et cette distinction explique en partie l'absence d'un vocabulaire et d'un cadre conceptuel unifiés chez les relativistes contemporains. Les conflits perspectifs moraux ont constitué une pierre de touche importante de la méta-éthique (l'étude des présupposés métaphysiques, épistémologiques et sémantiques de la morale) à la fin du siècle dernier. Mackie s'est ainsi appuyé de manière décisive sur ces conflits pour défendre une forme d'antiréalisme moral [3]. Williams y a quant à lui vu un argument pour une forme de relativisme qu'il nomma « non objectivisme » [4]. Plus récemment, les conflits perspectifs temporels, qui constituent une version du paradoxe de MacTaggart [5], ont

---

1. E. Viveiros de Castro, « Une figure humaine peut cacher une affection-jaguar. Réponse à une question de Didier Muguet », *Multitudes* 24/1, 2006, p. 41-52.

2. Le contexte, tel qu'on l'entend ici, n'est qu'un ensemble de paramètres dont les jugements dépendent. Il n'a pas besoin d'être effectivement occupé par un sujet produisant un jugement, ni même de pouvoir être occupé par un tel sujet (on peut par ex. considérer le contexte du jaguar même si nous ne pourrions pas réellement être à sa place et si un jaguar ne pouvait pas produire un jugement proprement dit).

3. J. Mackie, *Ethics : Inventing Right and Wrong*, London, Penguin Books, 1977.

4. B. Williams, « The Point of View of the Universe : Sidgwick and the Ambitions of Ethics », in *The Sense of the Past : Essays in the History of Philosophy*, Princeton (N. J.), PUP, 2009, p. 277-296.

5. Pour une traduction française, voir S. Bourgeois-Gironde, *McTaggart, Temps, éternité, Immortalité : suivi de, Trois Essais de John McTaggart*, Paris, Éditions de l'éclat, 2000.

donné lieu à une discussion très féconde et influente sur la métaphysique du temps par le grand métaphysicien contemporain américain Kit Fine[1]. Celui-ci a noté, à la suite de Prior, le parallèle entre les problèmes posés par les perspectives temporelles (concernant le présent et les autres temps) et les perspectives égocentriques (concernant le sujet « au centre du monde » et les autres sujets) ou modales (concernant le monde actuel et les autres mondes possibles), et il a élargi les considérations de MacTaggart sur le temps à des questions concernant la métaphysique modale et la « métaphysique égocentrique » (la réalité du je et l'orientation du monde par un sujet), rejoignant ainsi des questions classiques relatives à l'actualisme (l'idée que seul le monde actuel est réel) et au solipsisme[2]. En philosophie du langage, le problème des conflits perspectifs a donné lieu à une vaste littérature à propos des « désaccords sans faute », littérature qui a assez largement réhabilité une forme de relativisme quant à la vérité de certains énoncés comme les énoncés de goût[3]. De manière peut-être plus confidentielle, la question des conflits perspectifs est aussi apparue dans la superbe discussion du solipsisme de Valberg[4], elle-même inspirée par Wittgenstein, et ainsi, indirectement, par Schopenhauer, discussion qui a inspiré la discussion de l'identité personnelle de Johnston[5] et le « présentisme égocentrique » de Hare[6]. Cette question des conflits perspectifs se trouve, enfin, à l'arrière-plan de l'étude magistrale de Moore[7] sur la notion de perspective et la cohérence de l'idéalisme transcendantal. Ce tour d'horizon ne serait cependant pas complet sans la mention de Nelson Goodman. Le dernier chapitre de son *Manières de faire des mondes* constitue à mon sens l'une des discussions les plus générales, les plus

---

1. K. Fine, « Tense and Reality », in *Modality and Tense*, Oxford, OUP, 2005, p. 261-320.

2. A. Prior, « Egocentric logic », *Noûs* 2/3, 1968, p. 191-207.

3. J. MacFarlane, « Relativism and disagreement », *Philosophical Studies* 132/1, 2007, p. 17-31 ; *id.*, *Assessment sensitivity : Relative truth and its applications*, Oxford, OUP, 2014 ; M. Kölbel, « Faultless Disagreement », *Proceedings of the Aristotelian Society* 104, 2003, p. 53-73. J'ai fait appel au relativisme sémantique à la MacFarlane pour résoudre le paradoxe du menteur, l'idée étant que celui-ci dépend du conflit entre un contexte argumentatif où l'on dispose d'un argument pour la vérité de « cette phrase est fausse » et un autre où l'on a un argument tout aussi convaincant pour la fausseté de cette même phrase. Voir A. Billon, « My own truth », *in* S. Rahman, G. Primiero et M. Marion (eds), *The Realism-Antirealism Debate in the Age of Alternative Logics*, Dordrecht, Springer, 2012, p. 25-45.

4. J. J. Valberg, *Dream, Death, and the Self*, Princeton (N. J.), PUP, 2007.

5. M. Johnston, *Surviving Death*, Princeton (N. J.), PUP, 2010, en part. p. 176-178.

6. C. Hare, *On myself, and other, less important subjects*, Oxford, OUP, 2009.

7. A. W. Moore, *Points of View*, Oxford, OUP, 2000.

explicites et les plus claires du problème des conflits perspectifs et de sa solution relativiste[1].

RENONCER À LA CORRECTION : LES SOLUTIONS
EXPRESSIVISTES, ANTIRÉALISTES ET SCEPTIQUES

Venons-en maintenant aux solutions au problème des conflits perspectifs (je rappelle qu'on ne s'intéresse qu'aux solutions impartiales, lesquelles acceptent (3)). Devant un tel conflit, on peut souhaiter renoncer à (2), et affirmer qu'on ne peut donner raison à *aucun* des points de vue. Un expressiviste quant à la morale dira par exemple qu'il n'y a pas de vérité morale et que les jugements de Christian et de Maurice ne font qu'exprimer un sentiment vis-à-vis de la polygamie, lequel ne peut pas être évalué comme vrai ou faux. Il pourra par ailleurs justifier sa thèse sémantique, expressiviste, par une thèse ontologique, antiréaliste, selon laquelle il n'y a pas de faits moraux. Un sceptique quant à la morale admettra qu'il y a peut-être des vérités dans ce domaine, mais niera qu'on puisse les connaître, et par conséquent qu'on puisse donner raison à Christian ou à Maurice. Cette solution sceptique au problème du conflit des perspectives a récemment connu un regain d'intérêt par le biais de la discussion du problème pyrrhonien des « désaccords de pairs » (le désaccord de deux chercheurs également informés et compétents est-il une bonne raison, pour eux, de suspendre leur jugement sur le sujet de leur dispute[2] ?).

RENONCER AU CONFLIT :
LES SOLUTIONS CONTEXTUALISTES

Si l'on conserve la correction (2), on pourra chercher à résoudre les problèmes de conflits perspectifs en rejetant (1), c'est-à-dire en affirmant que le conflit entre les deux points de vue n'est qu'apparent. Ainsi, lorsque je dis que les épinards sont un plat délicieux tandis que Pierre dit qu'ils ne sont pas délicieux, on peut prétendre que nous ne voulons pas dire la même chose par « délicieux ». Le sens du mot « délicieux » varierait en fonction

---

1. N. Goodman, *Manières de faire des mondes*, trad. fr. M.-D. Popelard, Rodez, Éditions Jacqueline Chambon, 1992.

2. R. Feldman, *Epistemology. Foundations of Philosophy Series*, Upper Saddle River (NJ), Prentice Hall, 2003 ; *id.*, « Epistemological Puzzles about Disagreement », *in* S. Hetherington (ed.), *Epistemology Futures*, Oxford, OUP, 2006, p. 216-236.

du contexte, de telle sorte que lorsque je dis « délicieux », je signifie quelque chose comme « délicieux pour moi, AB ou des critères de goût comme les miens », tandis que Pierre signifie quelque chose comme « délicieux pour Pierre, ou des critères de goût comme les siens ». Un tel *contextualisme sémantique* peut être assorti d'un contextualisme onto-logique affirmant que les propriétés ou les faits gustatifs sont *définis en relation à un contexte*. La propriété désignée par mon usage de « délicieux » serait ainsi (sommairement) la propriété d'être en accord avec mes critères de goût. Le contextualisme ontologique est une option populaire en (méta)métaphysique : je pense par exemple à la position des carnapiens, souvent désignée comme une forme de pluralisme méta-physique[1]. Le contextualisme est une option populaire pour résoudre les conflits perspectifs touchant aux jugements de goût ou aux jugements esthétiques. C'est aussi une option populaire pour résoudre les conflits touchants aux jugements temporels (« la traversée du Rubicon est/n'est pas un événement présent ») ou aux jugements égocentriques (« la tour Eiffel est/n'est pas à gauche »). Le contextualisme ontologique à propos des jugements temporels est affublé, depuis les écrits de MacTaggart, du nom de « théorie B du temps ». Ce contextualisme temporel prétend que le présent n'est pas une propriété intrinsèque de certains événements, qui les distingue ontologiquement des autres, mais simplement la propriété rela-tionnelle d'arriver en même temps qu'un jugement les concernant : dire que la traversée du Rubicon est un événement présent, reviendrait à dire qu'il a la propriété d'être simultané avec ce jugement (il s'agit d'une conception que l'on peut dire aussi « éternaliste » puisqu'elle semble ne privilégier aucun instant, ou encore « statique », puisqu'elle semble devoir nier la réalité du passage du temps[2]).

MAINTENIR CORRECTION ET CONFLIT :
LA SOLUTION RELATIVISTE

Ces deux conflits et résolutions perspectifs, qui renoncent respec-tivement à la correction et au conflit, sont généralement peu satisfaisantes, car il est difficile, dans un certain nombre de cas au moins, de se défaire de l'idée qu'*il y a bien un conflit entre deux points de vue pourtant corrects.*

---

1. R. Carnap, « Empiricism, Semantics, and Ontology », *Revue Internationale de Philosophie* 4/11, 1950, p. 20-40. Voir aussi A. Billon et P. Vellozzo, « What is the point of persistent disputes ? The meta-analytic answer », *Dialectica*, à paraître.

2. D. H. Mellor, *Real Time II*, London, Routledge, 1998.

On peut songer, par exemple aux jugements de goût ou aux jugements esthétiques qui semblent donner lieu à de réels désaccords, mais aussi aux jugements temporels. Lorsque je perçois le défilé des gilets jaunes comme il entre sur la place de la République, phénoménologiquement, celui-ci ne me paraît pas présent *pour moi*, ou présent *en relation au 15 janvier 2020*, il me paraît présent *tout court*. Et le jugement temporel que j'appuie sur cette expérience perceptive affirme que le défilé est présent tout court lui aussi, pas présent relativement à la date d'aujourd'hui. Mais si cela est vrai, alors il faut dire que ce jugement est bien en conflit avec des points de vue passés ou futurs sur le même événement.

Le relativisme constitue précisément une manière de résoudre les conflits perspectifs *sans renoncer à l'idée que les jugements en présence sont non seulement corrects tous les deux, mais bel et bien en conflit.* Le relativiste sémantique pour les jugements de goût affirmera ainsi que nous signifions bien la même chose, vous et moi, par « délicieux » – nous signifions quelque chose comme « délicieux tout court » quel que soit le contexte dans lequel nous utilisons ce terme – mais que la vérité de nos jugements est relative au contexte dans lequel nous les évaluons. Ainsi, mon jugement « les épinards sont un plat délicieux » contredirait votre jugement « les épinards ne sont pas un plat délicieux »; mais depuis le contexte où je me trouve, contexte qui inclut mes critères gustatifs, mon jugement serait vrai et le vôtre serait faux. Depuis le contexte où vous vous trouvez, ce serait exactement l'inverse.

Un tel relativisme sémantique a récemment été défendu par le philosophe du langage John MacFarlane à propos non seulement des jugements de goût, mais aussi des jugements portant sur la connaissance, sur la modalité épistémique (« pour autant que je sache, Pierre doit arriver demain ») et les futurs contingents (« il y aura une bataille navale demain »)[1]. Le relativisme sémantique peut être accompagné d'un relativisme ontologique, lequel affirme que non seulement la vérité des jugements conflictuels est relative au contexte où ils sont évalués, mais que les faits que ces jugements désignent eux-mêmes ne sont le cas, ou, pour utiliser un anglicisme commode que je vais m'autoriser, « n'obtiennent », que relativement à certains contextes. Un relativiste ontologique pour le goût dira ainsi que le plat d'épinards exemplifie la propriété d'être (intrinsèquement) délicieux, mais qu'il ne l'exemplifie que relativement à certains contextes évaluatifs. Un contextualiste ontologique dira par contre que le plat d'épinard

---

1. En philosophie du langage, le problème des conflits perspectifs est généralement désigné comme celui des « désaccords sans faute ».

exemplifie les propriétés relationnelles d'être délicieux pour certains contextes (par exemple, le mien) et non délicieux pour d'autres (par exemple, le vôtre).

Il faut ici souligner deux points très importants. En premier lieu, il est possible d'être relativiste de manière locale, restreinte, plutôt qu'universelle. MacFarlane est par exemple relativiste pour les jugements de goût, les jugements portant sur les futurs contingents et la modalité épistémique : cela n'implique aucunement qu'il doive être relativiste quant à d'autres domaines, par exemple en ce qui concerne les jugements mathématiques ou physiques. Nelson Goodman est de son côté un relativiste universel, à l'instar de bien des philosophes postmodernes et de certains textes de Nietzsche. En second lieu, on peut être un relativiste et même un relativiste ontologique sans supposer que les faits dont « l'obtention » est relative à un contexte sont, d'une certaine manière, constitués ou construits par un sujet dans ce contexte. Pour le dire autrement, on peut être relativiste quant à un certain domaine tout en étant réaliste plutôt que constructiviste ou idéaliste quant à ce domaine. Le métaphysicien Kit Fine défend ainsi une forme de relativisme ontologique quant aux faits temporels qui est explicitement réaliste quant à ces faits.

Ces deux points sont liés, dans la mesure où il est difficile d'être à la fois un relativiste universel et un réaliste. Le relativiste réaliste semble en effet avoir besoin d'affirmer *catégoriquement* que l'obtention de certains faits ou l'exemplification de certaines propriétés est relative à un contexte : il s'agit pour lui d'une vérité ou d'un fait absolu, d'un fait pour ainsi dire constitutif de la réalité métaphysique. Mais le relativiste universel ne peut pas affirmer une telle chose catégoriquement : à cause de son universalité, sa philosophie relativiste ne vaut pas absolument ; elle est elle-même relative. Ce point est particulièrement explicite chez Nelson Goodman qui admet, conformément à son relativisme universel, que sa philosophie relativiste est erronée relativement à certains contextes. Dans ses termes, il y a une multiplicité de mondes, mais il faut ajouter qu'il y a un monde, ou peut-être devrait-on dire un méta-monde, dans lequel ce n'est pas le cas. L'idée même d'une réalité métaphysique semble incompatible avec un tel relativisme universel.

LA VARIÉTÉ DES RELATIVISMES ONTOLOGIQUES : PERSPECTIVISME, POLYCOSMISME, FRAGMENTALISME

À partir de maintenant, nous allons nous focaliser sur le relativisme ontologique, qu'il soit réaliste ou constructiviste. J'ai dit que pour le relativiste ontologique, l'exemplification de certaines propriétés, et plus généralement l'obtention de certains faits est relative à un contexte. Il y a plusieurs manières de comprendre cela. La manière la plus simple consiste à supposer l'existence de « perspectives évaluatives » associées aux contextes conflictuels. Ces perspectives seront comme différentes dimensions de la réalité, dimensions vis-à-vis desquelles cette dernière varie. On peut appeler « perspectiviste » cette interprétation du relativisme ontologique. Le perspectivisme est assez naturel dans le cas temporel. Si je veux affirmer que le caractère présent est bien une propriété intrinsèque de certains événements et que César et moi avons tous deux raison en ce qui concerne le caractère présent de la traversée du Rubicon, on pourra par exemple affirmer qu'il existe en plus de la somme des événements du monde une série d'instants qui sont autant de perspectives temporelles sur ces événements. Relativement à ma perspective présente, la traversée du Rubicon est passée, mais ce n'est pas le cas relativement à la perspective de César franchissant ce fleuve.

Kit Fine a remarqué qu'il existait une autre interprétation du relativisme, déjà proposée, d'ailleurs, par Nelson Goodman[1]. Plutôt que de supposer la réalité de différentes perspectives conflictuelles sur un monde unifié et unique, on peut avancer qu'il existe plusieurs mondes conflictuels ou un monde divisé en plusieurs fragments conflictuels. Kit Fine parle de « fragmentalisme » dans les deux cas, mais il me semble plus judicieux de parler de « polycosmisme » ou « théorie multimonde » dans le premier cas et de conserver « fragmentalisme » pour le second cas. Tandis que pour le perspectiviste, le problème du conflit perspectif est résolu par le fait que les faits « x est P » et « x n'est pas P » n'obtiennent pas relativement à la même perspective, pour le polycosmiste ou le fragmentaliste, il est résolu par le fait que ces deux faits n'obtiennent pas dans le même monde et le même fragment du monde. Comme y insiste Lipman, le polycosmiste et le fragmentaliste doivent, de manière décisive, se doter d'une logique non classique qui empêche de déduire la contradiction « x est P et non P » du fait

---

1. K. Fine, « Tense and Reality », art. cit.

que x est P (dans un monde ou un fragment) et x n'est pas P (dans un autre monde ou fragment)[1].

En comparaison avec le perspectivisme, le fragmentalisme et le polycosmisme ont l'avantage d'être plus économes ontologiquement, puisqu'ils n'ajoutent pas des perspectives évaluatives à l'ensemble de ce qui existe. C'est l'une des raisons pour lesquelles Kit Fine défend une interprétation fragmentaliste du relativisme ontologique et, il me semble, l'une des raisons pour lesquelles Nelson Goodman en défend une interprétation polycosmique. Il faut bien comprendre, cependant, que ces deux interprétations ont elles aussi un coût. Si, par exemple, Christian et Maurice n'habitent pas le même monde, alors, il faut admettre qu'ils ne parlent littéralement pas de la même chose lorsqu'ils décrivent le monde qui les environne, et en particulier lorsqu'ils parlent de ce qui, dans ce monde, est bien ou mal.

LA REVANCHE DES CONFLITS PERSPECTIFS

Je voudrais dans cette partie présenter ce qui me semble être un problème majeur du relativisme ontologique, problème qui ne peut être résolu sans que celui-ci soit assorti d'une épistémologie elle-même perspectiviste ou « subjectiviste ».

J'ai insisté sur le fait qu'il fallait bien distinguer la solution relativiste au problème des conflits perspectifs de toute forme de contextualisme. Le relativiste se définit en effet par le fait que, contrairement au contextualiste, il prend au sérieux l'idée que les points de vue opposés qui donnent lieu au problème des conflits perspectifs sont bien réellement en conflit. Si l'on nomme C1 et C2 les deux contextes à l'origine de notre conflit perspectif, alors le contextualiste affirme que x est seulement P-pour-C1 (ou -en-relation-à-C1) et non P-pour-C2 de sorte que le conflit n'était qu'apparent. Le relativiste, mais pas le contextualiste, peut affirmer que x est intrinsèquement P et pas seulement P-pour-C1. Si l'on prend un peu de recul cependant, pour décrire la solution que celui-ci propose, on peut légitimement se demander s'il ne se paye pas de mots. Il semble en effet devoir affirmer – et c'est ainsi que nous l'avons présenté – que x n'a P intrinsèquement que relativement à C1 (et pas relativement à C2). Cela pose deux problèmes. Tout d'abord, il semble ainsi faire disparaître le conflit auquel il tenait tant puisque les propriétés contradictoires ne sont possédées par

---

1. M. Lipman, « On Fine's fragmentalism », *Philosophical Studies* 172/12, 2015, p. 3119-3133.

notre objet x que relativement à des contextes différents C1 et C2. Plus profondément, on peut se demander si entre *posséder, relativement à C1 seulement, une propriété intrinsèque P* et *posséder absolument une propriété relationnelle P-pour-C1*, il y a plus de différence qu'entre un bonnet blanc et un blanc bonnet ou un gros chat et un GROS CHAT. Cette objection prétend ainsi qu'entre le relativisme et le contextualisme il n'y a qu'une différence de mots, et pas de différence substantielle. Elle prétend que les deux sont, pour ainsi dire, des « variantes notationnelles » l'une de l'autre. Cette objection peut être rendue plus concrète si l'on souligne que pour chaque propriété intrinsèque possédée relativement à un contexte C on peut définir une propriété relationnelle pour C, mais possédée absolument (et vice-versa), et qu'il est difficile de voir ce qui pourra interdire de préférer l'attribution d'une de ces deux propriétés plutôt que celle de sa concurrente.

Face à cette objection, le relativiste peut renoncer, lorsqu'il prend du recul et détaille sa théorie, à expliciter la relativisation à un contexte. Plutôt que de dire que x possède la propriété intrinsèque P relativement à C1 et pas relativement à C2, il affirmera simplement d'un côté que x est intrinsè-quement P et de l'autre qu'il ne l'est pas. Cette réponse pèche cependant par le fait qu'elle semble tout à fait *ad hoc* : qu'est-ce qui justifie que le rela-tiviste omette en présentant sa théorie, la relativisation qui est au cœur de sa théorie ? Par ailleurs, elle semble exposer le relativiste à des incohérences qu'il prétendait éviter, puisque si l'on peut affirmer que x est P et affirmer qu'il n'est pas P (sans considération de contexte), il semble qu'on pourra affirmer que x est P et non P. Pour éviter cette conclusion, il pourra tâcher de favoriser le contexte dans lequel il se trouve, disons C1, en affirmant seulement que x est intrinsèquement P tout court, et que x n'est pas intrinsè-quement P, mais relativement au contexte C2 seulement. Cela lui permettra par ailleurs d'échapper également à l'objection du caractère *ad hoc* : il dit que x est intrinsèquement P *simpliciter* et pas non-P *simpliciter* pour la bonne raison que c'est ce qui apparaît de son contexte et qu'il privilégie le point de vue associé à celui-ci. Mais alors, évidemment, il aura renoncé à toute impartialité et rejeté (3). Le relativiste semble ainsi confronté à un trilemme impossible entre l'incohérence (et le caractère *ad hoc*), la partia-lité et le renoncement contextualiste au conflit, trilemme qui doit rappeler immanquablement le problème des conflits perspectifs qu'il se proposait de résoudre, et qui peut, à vrai dire, être considéré comme la revanche de celui-ci. Le relativisme ne semble pas nous avoir bien avancé.

UNE SOLUTION SUBJECTIVISTE

Je ne suis pas le premier à mettre le doigt sur cette revanche du problème des conflits perspectifs. Celle-ci a été évoquée, en passant, dans un contexte légèrement différent par Merlo[1]. Elle préside aussi, il me semble, de manière plus ou moins explicite, à une bonne partie des discussions contemporaines sur le conflit des perspectives et la cohérence du relativisme. Elle explique que plusieurs philosophes ayant considéré le problème des conflits perspectifs dans les cas égocentriques ou temporels aient opté pour des conclusions partiales envers le présent (présentistes), ou même partiales envers eux-mêmes (solipsistes)[2], ou alors qu'ils aient défendu des logiques non classiques à même d'exorciser les contradictions inévitables en empêchant que l'on puisse en déduire tout et n'importe quoi (à la manière de Priest, et de certaines suggestions de Fine[3]). Aucune de ces manœuvres ne permet cependant d'apporter une solution satisfaisante à la revanche du problème des conflits perspectifs. La première a le tort d'être partiale. Quant à la seconde, même si elle va dans la bonne direction, elle ne répond pas à l'accusation de caractère *ad hoc* : elle ne semble pas pouvoir justifier le refus d'expliciter la relativisation qui est au cœur de la théorie relativiste autrement que par le souci d'éviter d'être confronté à la revanche du problème des confits perspectifs, et d'être assimilable, *in fine*, à une forme de contextualisme qui néglige la dimension véritablement conflictuelle des conflits perspectifs.

Il n'y a, à mon sens, qu'une seule manière d'éviter la revanche du problème des conflits perspectifs. C'est d'assortir le relativisme auquel ce problème mène d'une méta-métaphysique, ou plus précisément d'une épistémologie de la métaphysique, subjectiviste. Je m'explique. Au sens où je l'entends, un jugement est plus objectif (et donc moins subjectif) qu'un autre s'il dépend moins du contexte que lui, que ce soit dans sa formulation ou son contenu. Notons, avant de donner des exemples, que l'objectivité telle que je l'ai définie admet des degrés, il ne s'agit pas d'une notion binaire.

– Mon jugement « je mesure 1,80 m. » est moins objectif que : « AB mesure 1,80 m. », dans la mesure où je suis le seul à pouvoir

---

1. G. Merlo, « Specialness and egalitarianism », *Thought : A Journal of Philosophy* 2/3, 2013, p. 248-257 ; ici p. 252.

2. C. Hare, *On myself, and other, less important subjects*, Oxford, OUP, 2009 ; G. Merlo, « Subjectivism and the Mental », *Dialectica* 70/3, 2016, p. 311-342.

3. K. Fine, « Tense and Reality », art. cit.

légitimement utiliser ce jugement pour signifier que AB mesure 1,80 m., mais n'importe qui peut utiliser le second jugement pour exprimer le même fait. Si par ailleurs il y a des *faits égocentriques*, c'est-à-dire des faits qui correspondent à mon usage de la première personne et à mon impression que le monde est centré sur moi, le fait que je mesure 1,80 m. est différent du fait que AB mesure 1,80 m. et je suis le seul à pouvoir le connaître.

– Mes jugements sur mes expériences justifiés par introspection seront, de la même manière, moins objectifs que mes jugements sur mes expériences justifiés par mon observation dans un miroir (imaginez que je puisse déceler ma douleur à la fois par introspection et par l'observation de mon visage atrocement contracté dans le miroir). Je suis en effet le seul à avoir un accès introspectif à mes propres états mentaux tandis que n'importe qui peut m'observer de l'extérieur comme je m'observe dans un miroir.

C'est en ce sens du terme « objectif », notons-le, que la science s'efforce d'être objective : elle s'efforce à juger le monde d'une manière qui dépend le moins possible du contexte et permet ainsi d'arriver à un consensus d'experts[1]. Idéalement, les jugements scientifiques devraient pouvoir être endossés par n'importe quel être rationnel (susceptible d'enquêter suffisamment longtemps). On peut aussi remarquer que le fait de prendre du recul sur une situation permet toujours de parvenir à un jugement plus objectif. Le désaccord entre Christian et Maurice sur la polygamie suggère que leurs jugements ne sont pas tout à fait objectifs. En prenant du recul, ils peuvent cependant tous deux convenir non pas que la polygamie est bonne ou mauvaise, mais qu'elle est mauvaise selon Christian, et bonne selon Maurice. Ce dernier jugement est plus objectif que celui qui les opposait. On peut parler d' « ascension objective » pour désigner cette prise de recul qui mène d'un jugement subjectif à un jugement plus objectif.

Une épistémologie de la métaphysique subjectiviste, c'est une épistémologie qui affirme que si l'on veut connaître la réalité métaphysique du monde, par opposition à ses apparences, il faut se méfier des jugements les plus objectifs, et s'en remettre généralement à des jugements très subjectifs. Une telle épistémologie peut être justifiée facilement en affirmant que je connais mieux la nature réelle de certaines choses quand je suis en contact avec elle que lorsque je m'éloigne d'elle, mais que la nécessité de ce contact rend alors mes jugements les plus perspicaces

---

1. N. Oreskes, *Why Trust Science ?*, Princeton, PUP, 2020.

subjectifs[1]. Or, et c'est le point décisif, ce subjectivisme permet d'éviter la revanche du problème des conflits perspectifs en affirmant simplement que même s'il est vrai que, lorsqu'on prend du recul, le relativisme et le contextualisme peuvent sembler équivalents, cette prise de recul, cette ascension objective, est tout simplement trompeuse.

L'épistémologie subjectiviste se marie du reste très bien avec le relativisme : elle permet d'expliquer facilement pourquoi les points de vue conflictuels peuvent être tous les deux corrects même s'ils sont en conflit. Ils sont en conflit parce qu'ils sont subjectifs, et dépendent du contexte. Et ils sont corrects tous les deux, pour le subjectiviste, précisément parce qu'ils sont subjectifs et dépendent d'une forme de contact avec leur objet. Assez curieusement, cependant, les auteurs anglo-saxons qui ont considéré le problème des conflits perspectifs, et même ceux qui ont défendu une forme de relativisme, n'ont pas généralement considéré et encore moins défendu une épistémologie de la métaphysique subjectiviste. Le traitement de la morale par Bernard Williams – je pense notamment à sa critique du système de la morale – constitue, à ma connaissance, la seule exception[2]. Réciproquement, les philosophes qui, comme Thomas Nagel, ont travaillé sur le subjectivisme, n'ont pas explicitement considéré le problème des conflits perspectifs ou le relativisme (Thomas Nagel s'est focalisé sur l'opposition entre point de vue subjectif et point de vue objectif plutôt que sur les conflits qui peuvent exister entre différents points de vue subjectifs)[3].

PROBLÈMES ET PERSPECTIVES

L'épistémologie subjectiviste permet, je pense, de stabiliser le relativisme en le mettant à l'abri de la revanche des conflits perspectifs. Je n'en ai présenté, cependant, qu'une ébauche. Le relativiste qui s'appuie sur une épistémologie subjectiviste est confronté à d'importants défis. Il doit en particulier expliquer comment il peut prendre en compte

---

1. Je défends ce point plus précisément ailleurs. La théorie féministe du point de vue défend une forme de subjectivisme sur des bases tout autres. Voir A. Billon, « Perspective », dans Maxime Kristanek (éd.), *L'encyclopédie Philosophique*, 2018, en ligne : https://encyclo-philo.fr/perspective-a, consulté le 1ᵉʳ avril 2018 ; *id.*, *Tout près des choses : un récit métaphysique*, Paris, Elliot, 2024 ; S. Harding, (ed.) *The Feminist Standpoint Theory Reader*, New York-London, Routledge, 2004.

2. B. Williams, *Ethics and the Limits of Philosophy*, London, Fontana, 1985 ; *id.*, « The Point of View of the Universe : Sidgwick and the Ambitions of Ethics », in *The Sense of the Past : Essays in the History of Philosophy*, Princeton (N. J.), PUP, 2009, p. 277-296.

3. T. Nagel, *Le Point de Vue de Nulle Part*, Paris, Éditions de l'éclat, 1993.

l'exigence d'impartialité, ou même simplement être sensible à cette exigence, tout en étant subjectiviste. Il doit, pour le dire autrement, expliquer comment il peut transcender son petit point de vue subjectif personnel sans s'en remettre à l'objectivité. De la même manière, le partisan d'une épistémologie subjectiviste en métaphysique doit pouvoir montrer qu'il n'aboutit pas à une conception du monde problématique, par exemple une conception du monde incompatible avec le verdict de nos meilleures sciences, ou une conception du monde tout simplement trop peu plausible. Répondre à ces défis sortirait largement du cadre de cet article. Je m'y attelle dans un livre à paraître prochainement, qui défend une métaphysique radicalement subjectiviste, relativiste et réaliste[1]. J'y montre en particulier que celle-ci peut prendre en compte facilement et de manière impartiale les points de vue d'autrui, et qu'elle permet de résoudre un grand nombre de problèmes classiques de la métaphysique.

Alexandre BILLON
Université Lille, CNRS, UMR 8163
STL – Savoirs, Textes, Langage

---

1. A. Billon, *Tout près des choses*, *op. cit.*

Achevé d'imprimer en décembre 2023
La Manufacture - *Imprimeur* – 52200 Langres – Tél. : (33) 325 845 892
Imprimé en France – N° : 230935 – Dépôt légal : décembre 2023